本书为教育部人文社会科学重点研究基地重大项目
"西南民族地区发展力教育提升研究"（项目号：13JJD880009）最终成果

西南民族地区发展力提升的教育文化路径

THE PATH OF EDUCATION CULTURE FOR
IMPROVING THE DEVELOPMENT OF
SOUTHWEST ETHNIC MINORITY AREAS

倪胜利　张　磊 ◎ 著

人民出版社

责任编辑：翟金明

图书在版编目（CIP）数据

西南民族地区发展力提升的教育文化路径／倪胜利，张磊 著 . —北京：
人民出版社，2022.4

ISBN 978－7－01－022795－5

I. ①西…　II. ①倪… ②张…　III.①民族地区－地方教育－发展－
研究－西南地区　IV. ① G527.7

中国版本图书馆 CIP 数据核字（2020）第 249327 号

西南民族地区发展力提升的教育文化路径

XINAN MINZU DIQU FAZHANLI TISHENG DE JIAOYU WENHUA LUJING

倪胜利　张磊　著

人 民 出 版 社 出版发行

（100706　北京市东城区隆福寺街 99 号）

北京中科印刷有限公司印刷　新华书店经销

2022 年 4 月第 1 版　2022 年 4 月北京第 1 次印刷

开本：710 毫米 ×1000 毫米 1/16　印张：19

字数：295 千字

ISBN 978－7－01－022795－5　定价：88.00 元

邮购地址 100706　北京市东城区隆福寺街 99 号

人民东方图书销售中心　电话（010）65250042　65289539

目　录

前　言

　　发展是当今时代的主题。新中国成立七十多年来，我国综合实力大幅提升，经济社会全面协调发展，少数民族地区发展取得显著成绩，具备全面建成小康社会的基础条件。然而，由于历史、自然和地理等原因，民族地区发展依然面临着一些突出问题和特殊困难，如经济发展总体滞后、区域发展不平衡、资源环境约束大、对外开放不够、创新发展能力弱、民族地区人口整体素质有待提高、民族传统文化传承发展亟待加强、脱贫攻坚任务艰巨。随着我国经济发展进入新常态，国际国内发展环境复杂性因素增加，民族地区发展面临新的挑战。一方面，新技术革命使发达地区传统的职业领域发生变化，世界范围内不稳定、不确定、不平衡因素显著增多，发展的风险挑战加大。另一方面，民族地区正向着新型工业化、信息化、城镇化、农业现代化深入推进，脱贫攻坚和实现全面小康的双重任务、发展经济和保护环境的双重责任、加快发展和维护团结稳定的双重压力，都是民族地区发展必须面对的现实。

　　2017年，国务院印发《"十三五"促进民族地区和人口较少民族发展规划》，提出坚持创新、协调、绿色、开放、共享的新发展理念，始终把少数民族和民族地区加快发展摆在更加突出的战略位置，以推动民族团结、社会和谐、人民幸福为宗旨，以增强自我发展能力、提高公共服务水平、改善民生为重点，以完善体制机制和扶持政策为保障，更加注重民族因素与区域因素相结合，更加注重发展经济与改善民生相结合，更加注重释放政策动力与激发内生动力相结合，更加注重推动改革创新与对内对外开放相结合，着力解决制约少数民族和民族地区发展的突出短板和薄弱环节，着力促进少数民族事业发展。该规划把"提高教育发展水平"列为"优先保障和改善民生"的头等要务，对办好各级各类教育、科学稳妥推行双语教育、建立完善教师队伍建设长效机制等重点任务进行了部署。事实上，该规划提出的"增强发展内生动力""传承弘扬民族文化""加强人力资源开发"等多项重大举措，最终都要落实于教育层面。民族教育的优先发展，对民族地区发展力的提升具有重要的基础性、先导性和全局性作用。

2015 年颁布的《国务院关于加快发展民族教育的决定》，提出了2020 年民族教育发展的主要目标：整体发展水平及主要指标接近或达到全国平均水平，逐步实现基本公共教育服务均等化。民族地区学前两年、三年毛入园率分别达到 80%、70%。义务教育学校办学条件基本实现标准化，九年义务教育巩固率达到 95%，努力消除辍学现象，基本实现县域内均衡发展。高中阶段教育全面普及，普通高中与职业高中比例大体相当，中职免费教育基本实现。高等教育入学机会不断增加，高考录取率不断提高，学科专业结构基本合理，应用型、复合型、技术技能型人才培养能力显著提升。国家通用语言文字教育基础薄弱地区学前教育阶段基本普及两年双语教育，义务教育阶段全面普及双语教育。新增劳动力平均受教育年限接近或达到全国平均水平，主要劳动年龄人口平均受教育年限明显提高，从业人员继续教育年参与率达到 50%。各级各类教育质量显著提高，服务民族地区全面建成小康社会的能力显著增强。党的十九大报告指出，要提高民族地区教育质量和水平。

在国家层面的顶层设计和统一部署下，西南民族地区迎来了新的发展机遇。西南民族地区主要是指四川、云南、贵州、西藏、广西、重庆六省（自治区、直辖市）中少数民族分布较为集中的区域。该地区长期生活着五十多个少数民族，呈现出"大散居、小聚居、交错杂居"的特点。西南民族地区自然环境的主要特点是面积广大、地形复杂、资源富集、自然生态多样；人文环境的主要特点是民族众多、文化多元、人文生态丰富多彩。自然条件是经济发展的物质基础和基本条件；人文环境则是依据不同自然生态而发展起来的文化系统，它影响和决定着发展主体的全面素质构成，包括情感、心理、价值观、知识及能力系统，是民族发展的内源性动力和创造力所在。

　　西南民族地区的发展力深深地蕴含于民族文化之中。文化是凝聚之力，融汇民族精神、心理、情感、道德及价值观；文化是形塑之力，将自然状态的生命个体塑造成适应社会化生存的个体；文化是和合之力，以生生之德促进理解与合作，使人与人、人与自然和谐共生；文化是无形之力，具有潜移默化、不为而成之功；文化是绵延之力，生生不息，代代相传；文化是生产之力，直接生产并再生产着思想、知识、智慧，是民族社会得以前进和发展的巨大精神母体。文化之根越强大，由之孕育的民族也越强大；文化之根越深远，它的未来也越长久；文化之根越丰富，就越具有再生产的力量。概言之，文化之中具有无穷的正向能。探讨民族社会发展之路，根本途径在于挖掘民族文化中蕴含的无穷力量。从国家长远战略看，西南民族地区作为新丝绸之路经济带建设的重要地区，地理位置很独特：北接渝新欧干线与陆上丝绸之路相通，南经北部湾和印度洋与海上丝绸之路相连。陆上丝绸之路与海上丝绸之路在这里联结，能量与信息在这里融通交汇，从而使这个地区充满了难以想象的发展空间和机遇。这个地区要真正实现腾飞，关键是人的素质的提升，人的素质则与其文化之根密切关联。在这个辽阔的地区，比那些丰富的自然资源更重要的是其丰富多彩的文化资源。

在打赢脱贫攻坚战、全面建成小康社会的现实背景下，西南民族地区要想实现自身的可持续发展、高质量发展，必须基于自身实际，贯彻落实新发展理念，在"以国内大循环为主体、国内国际双循环相互促进的新发展格局"和新一轮西部大开发中，探寻增强自身内生发展力的路径。因此，立足西南民族地区独特的自然资源、民族文化和发展现状，通过教育途径传承民族优秀传统文化，开发民族智力资源，增强民族主体的内生发展动力和自我发展能力，是提升西南民族地区发展力的关键。

通过教育文化提升西南民族地区发展力，一个重要途径是民族文化课程资源建设。现代化和全球化背景下的文化选择，是民族教育面临的巨大挑战。民族文化中有什么精彩的东西能重新焕发出时代的生命力，并经由"一带一路"再度走出国门，走向世界？能够通达世界的民族文化，不仅仅是形式上的"不一样"，还须是艺术的精品和优秀文化的结晶，并具有内在的开放性与包容性。民族文化课程资源建设实质上是将地方性的少数民族传统文化，通过挖掘、发现、提升，使之融入人类文化；是将原生态的民族文化以时代精神对之重新编码，使之结构化、符号化、制度化，成为人类共同的精神财富。西南民族地区少数民族丰富多彩的文化犹如浩瀚的大海，而教育对文化的选择，就是要从那些人们习以为常的文化形态中，发觉人们视而不见的价值和意义。

通过教育文化提升西南民族地区发展力，核心在于开发民族智力资源，提升人的本质力量，从而激发民族发展的内在动力。民族智力资源的合理开发和可持续发展，是一切可持续发展的基础。智力资源具有民族性特征，不同自然人文生态环境中，主体接受的刺激及作出的合适反应，有其独特方式和结构的稳定性，其形态发生与民族历史文化背景和自然生态环境密切关联。有全息的感受才有可能产生主体对环境变化的合理应对。这种能力是随着实践不断增长的。可持续发展的智力资源，必然是有活性的智力结构，它生成于、存在于、生长于充满复杂关系的实际生存环境。每一种文化的核心价值系统，都凝结着民族千百年来累积的智慧。这一现实必须成为西南民族教育的基本出发点。我们在考虑教育的诸多好处时，也当清醒地意识到它的不足之处。割裂生活的知识灌输，可以成就适应某种课程的智力条件拥有者，满足其应付特定目标的考试需要，但难以培养有活性的智力结构。民族智力资源的合理开发关系未来的可持续发展，是提升民族发展力的根本立足点。

　　民族教育是否从民族生活的实际出发，是否考虑到来自不同历史文化背景的学生的智力倾向和认知特征，这还涉及一个深层次的教育公平问题。联合国教科文组织 2016 年发布的《全球教育检测报告》指出，教育不平等与巨大的收入差距交织在一起，增加了暴力和冲突的风险。教育体系应该尊重当地文化和多元知识体系，并提供使用当地语言的教学。在教育中反对一切形式的排斥，成为当代世界教育发展的重要趋势。民族教育领域存在着一些差异和矛盾，从而使教育中的排斥现象呈现一定程度的复杂性。从社会的、文化的、历史的、现实的等不同的视角来看，排斥有公开的也有隐蔽的，有表面的也有深层的，还有一些普遍的排斥，其存在具有一定历史阶段的必然性。如某种智力倾向在学校教育的系统中有丰富的和优质的教育资源支持，从而能得到充分的发展，而另一些则被排斥。教育公平关涉民族发展力提升的根本动力源，关系民族和谐社会的建设，只有清醒地认识到现实中存在的问题，将反排斥落实到教育教学和管理中，才有可能为可持续发展奠定牢固的基础。教育排斥与机会不均等，会经由起始点的微小差异而在系统演化的进程中逐渐放大，因此，起始点的文化建构成为超越一切重要举措的教育设计，这是我们着力提倡加大力度发展民族地区学前教育的理论依据。提升民族地区发展力的教育路径，主要包括民族文化课程资源建设、民族智力资源开发、多元文化教师培养、双语教育、职业教育、学前教育、公民教育等，所有这些方面的努力，都体现着国际教育发展的根本趋势和人类的共同利益。

本书内容涉及如下几个方面：第一章对发展力的理论基础和基本内涵进行阐述，为本书奠定思想理论基础；第二章审视西南民族地区面临的发展形势与现状，提出实现跨越式发展的思路；第三章论述教育文化与民族社会发展的关系及互动发展历程，揭示教育文化对于民族社会发展的重要意义；第四章考察西南民族地区教育发展现状和存在的问题，并提出教育发展的基本思路；第五章讨论西南民族地区发展力教育提升的重点内容，即民族文化课程资源建设；第六章论述西南民族地区发展力教育提升的根本着力点，即民族智力资源合理开发和可持续发展；第七章阐述民族教育文化重点建设工程，讨论多元文化教师培养、职业教育和教育反贫困等方面的价值意义、存在问题及建设思路。需要说明的是，本书在描述和分析西南民族地区及其教育发展现状时，使用的是国家和地方相关部门发布的西南地区的统计数据。这是因为相关统计数据以西南地区各省（自治区、直辖市）为单位，没有统计西南民族地区的单列数据，但总体上也能反映西南民族地区的发展现状。

第一章 发展力的基本理论

当前，世界发展经历百年未有之大变局，国际环境不确定性增加，我国国内经济进入新常态下寻求高质量发展的新阶段。在国内外环境发生显著变化的大背景下，党中央作出了"逐步形成以国内大循环为主体、国内国际双循环相互促进的新发展格局"的重大战略决策部署。与此同时，新时代推进西部大开发形成新格局的号角也已吹响。在此背景下，地理位置相对边缘、经济发展相对滞后的西南民族地区，迎来了实现跨越式发展的重大机遇，面临着现代化、全球化发展的双重任务。西南民族地区独特而多样的自然资源和民族文化特征，决定了其不同于一般发达国家和地区的发展路径。西南民族地区要想实现自身的可持续发展、高质量发展，必须基于自身实际，贯彻落实新发展理念，在"双循环"互促体系和新一轮西部大开发中，探寻增强自身内生发展力的路径。因此，科学理解西南民族地区发展力提升的理论基础和基本内涵，是本书首先要回答的基本理论问题。

第一节 发展理论

当今世界范围的发展总体上呈现多元化、多极化趋势，发展的内生性、整体性和综合性是普遍关注的问题，外生性和依附性则使发展中国家陷入困境。西南民族地区经济发展和现代化进程，应从世界范围的经济发展历程中汲取经验，从世界发展理论中得到思想启示，以构建符合自身实际的发展理念。审视现代化理论、全球化理论、可持续发展理论，是西南民族发展问题研究的出发点。

一、现代化理论

与全国东部地区相比，西南民族地区发展相对滞后，加速实现现代化是当今西南民族地区发展的主旋律。梳理西方和我国的现代化理论，对于思考西南民族地区的现代化发展问题具有重要意义。

（一）西方现代化理论

"现代化"概念引领理论研究的潮流，至少可追溯至 20 世纪 50 年代，当时美国学者们在讨论贫困、经济发展不平衡等问题时，意识到世界范围内由农业社会向工业社会的转变导致的政治、经济、文化、社会等多方面的根本性变化，都可以归结为现代化的过程。丹尼尔·勒纳（Daniel Lerner）在《传统社会的消失：中东现代化》（1958）一书中，将中东地区从传统社会向现代社会的转变理解为一个现代化过程。之后出现了一系列有影响的现代化理论，并形成了在研究内容、研究对象、视角立场等方面各有特点的不同派别。这些都可视为经典现代化理论，其研究所涉的主要领域有：政治上的民主化和法制化，经济上的工业化、专业化、规模化，现代社会的城市化、福利化、流动化、信息传播，个体的开放性、参与性、独立性、平等性，文化领域的宗教世俗化、观念理性化、教育大众化，等等。

　　现代化理论描述了自工业革命以来，人类社会发生根本性转变的过程。随着工业文明的出现，人类认识世界和改造世界的力量不断增强，也越来越倾向于把握和控制一切。现代化本质上是反传统的，而传统在一个"化"的过程中丧失殆尽。与以往时代的彻底决裂和向未来未知世界开放的努力，充满了不确定性，从而使当代人类走进"风险社会"。乌尔里希·贝克在《风险社会》一书中说："正如现代化消解了十九世纪封建社会的结构并产生了工业社会一样，今天的现代化正在消解工业社会，而另一种现代性则正在形成之中。"[①]

　　现代化所带来的风险景象，体现在诸如环境污染、资源枯竭、人口膨胀、生态破坏等一系列灾难性危机。根据贝克的理论，风险是人类在工业化进程中自我孕育出来的。具有自发性并受自组织动力学支配的这类问题，会随着工业化的发展而越来越多。因此对于决策者来说，在做这类决策时不能不考虑其后果和应承担的责任和义务。当然，其他的社会成员、组织机构、企事业单位，都要承担风险的责任和义务。这不仅对国家的战略决策和治理提出了更高的要求，也使培养具有高度自觉性和责任感的公民素质成为时代的诉求。

　　现代化的危机源于单纯追求经济增长的模式，对由之将会带来的影响和威胁视而不见、充耳不闻，有可能从根本上导致现代化的毁灭。这种现象也能以马克思主义经典中提出的"掘墓人"模型来解释——人类亲手创造出来反对自身的、异己的对象世界日益强大，终有可能埋葬了自身。贝克以"自反性现代化"揭示"创造性地（自我）毁灭整整一个时代——工业社会——的可能性"[②]，试图通过批判和反思，将现代化跃

---

① 〔德〕乌尔里希·贝克：《风险社会》，何博闻译，译林出版社2004年版，第3页。
② 〔德〕乌尔里希·贝克等：《自反性现代化》，赵文书译，商务印书馆2001年版，第5页。

升到一个新阶段。现代化与西方资本主义的工业化不可等同起来，工业社会未必就是现代社会，从根本上来看，单纯追求物质利益的发展与现代文明是相悖的。"我们正在见证的不是现代性的终结，而是现代性的开端——这是一种超越了古典工业设计的现代性。"①

20 世纪中叶以后兴起的后现代主义思潮，从理论上对现代性和现代化运动进行了深入的反思和批判。批判社会学的代表人物丹尼尔·贝尔（Daniel Bell），以工业发展状况为标准，把社会发展分成"前工业社会""工业社会"和"后工业社会"，从传播学角度，对现代主义向后现代主义的反文化蜕变以及享乐主义泛滥进行了反思和批判。让·利奥塔（Jean Lyotard）一反自培根以来的知识观，指出在后工业社会和后现代状态下，知识不再是客观的终极真理而具有情境性和多元性，提醒人们关注差异，反对普遍价值标准的不公正运用。后现代主义为反思现代化提供了独特的视角和方法，让人视野开阔，看问题更深入透彻；但其重在批判，而对现代化之后的继续发展难以有所建树。

在对传统的现代化进行反思和批判的基础上，兴起了一些新的理论研究领域，如新发展观、可持续发展理论、全球发展理论、生态现代化理论、再现代化理论等。一些来自先期进入后现代国家的学者，如德国社会学家乌尔里希·贝克（Ulrich Beck）、英国社会学家安东尼·吉登斯（Anthony Giddens）和斯科特·拉什（Scott Lash）等提出"第二现代"的观念，试图在现代与后现代之间开辟"第三条道路"。

（二）中国现代化理论

我国有学者提出了"第二次现代化"理论，试图揭示由工业经济向

---

① ［德］乌尔里希·贝克：《风险社会》，何博闻译，译林出版社 2004 年版，第 3 页。

知识经济、工业文明向信息文明转变的过程及其深刻变化。该理论认为，从18世纪至21世纪末，世界现代化进程可分为两大阶段：第一阶段现代化是经典现代化，主要特点是工业化、城市化、民主化，重视社会福利和经济增长等；第二阶段现代化是新型现代化，主要特点是知识化、信息化、绿色化，重视创新驱动和提高生活质量等。没有完成第一次现代化的国家和地区可推动两次现代化协调发展，这种模式被称为"综合现代化"。①

第二次现代化理论以发展的眼光来看待现代化进程，并将我国的现代化纳入世界现代化进程，在理论和实践上的努力和探索是可贵的。我国的现代化与世界现代化既有共同特征，也有自己的独特性。新中国成立后初期提出的"四个现代化"（工业现代化、农业现代化、国防现代化、科学技术现代化）的国家战略目标，也以中国特色社会主义现代化理论加以深化和拓展。党的十三大提出"三步走"的战略目标，明确到21世纪中叶基本实现现代化，达到中等发达国家水平。党的十七大提出科学发展观与和谐社会构建的思想。党的十八大提出坚持走中国特色新型工业化、信息化、城镇化、农业现代化道路，还提出了现代化建设新目标：建设美丽中国，深化生态文明体制改革，推动形成人与自然和谐发展的现代化建设新格局。党的十九大提出建成富强民主文明和谐美丽的社会主义现代化强国的战略目标。

新时代围绕如何全面建设社会主义现代化这一重大问题，习近平总书记提出了一系列新思想新观点。他指出，实现社会主义现代化和中华民族伟大复兴是坚持和发展中国特色社会主义的总任务，要在全面建成小康社会的基础上，分"两步走"全面建成社会主义现代化强

---

① 何传启：《从世界历史发展进程看现代化（历史轨迹）》，《人民日报》2016年1月17日。

国。他强调,"我们要建设的现代化是人与自然和谐共生的现代化",要"推进国家治理体系和治理能力现代化","要在坚持以经济建设为中心的同时,全面推进经济建设、政治建设、文化建设、社会建设、生态文明建设,促进现代化建设各个环节、各个方面协调发展"。① 这些重大战略思想、重大理论观点,深化了我们党对社会主义现代化建设规律的认识,有力指导和推动了我国社会主义现代化建设迈出坚实步伐。

我国现代化与西方发达国家有很大不同。西方发达国家是一个"串联式"的发展过程,工业化、城镇化、农业现代化、信息化顺序发展。我国作为后发型国家,决定了发展是一个"并联式"的过程,工业化、信息化、城镇化、农业现代化是叠加发展的。我国现代化发展的成功实践表明,现代化的道路不止一条。只有基于我国独特的历史文化传统和现实国情,坚持走自己的发展道路,才能探索出正确的现代化道路。这启示我们思考,我国西南民族地区的现代化发展,不能照搬发达国家和我国东部沿海地区的发展模式,而要结合西南民族地区的自然、文化、人口等实际特点探索自己的现代化发展道路。"双循环"新发展格局下,西南民族地区现代化发展迎来了前所未有的机遇,打开了向国内和世界全面开放的窗口。这就要求西南民族地区抓住国内和全球经济结构优化升级带来的新机遇,深化改革开放,加快绿色发展,加大生态文明建设力度,充分发挥自然资源丰富和人文资源多样的独特优势,抢占未来发展制高点,推动高质量可持续发展。

教育现代化是我国现代化进程的重要组成部分。习近平总书记指出,

---

① 中共中央宣传部编:《习近平新时代中国特色社会主义思想学习纲要》,学习出版社、人民出版社 2019 年版,第 59 页。

"现代化的本质是人的现代化"[①]。尤其对于西南民族地区来说，人的发展是一切现代化的基础和动力源泉。教育现代化则是促进人的现代化的关键。我国教育现代化进程的总体部署是到 2035 年达到如下主要目标：完成服务于全民终身学习的现代教育体系建构；将有质量的学前教育普及全国；让优质均衡的义务教育成为现实；普及高中教育；显著提升职业教育服务能力；明显提升高等教育竞争力；保证残疾少年儿童都能得到适合他们发展条件的教育；教育治理要形成的新格局，就是达到全社会的共同参与。实现教育现代化，会遇到许多突出的矛盾，其中最重要的是传统与现代性的矛盾。我们把教育看作是一个文化过程，而文化是有连续性的。民族教育不能脱离民族文化之根，而文化之根总是指一种历史的连续性。文化的断裂不利于民族社会发展的内生动力增长，甚至可以摧毁民族文化创新力，固守传统则不能适应现代化转型。处理好这对关系，是西南民族地区发展力教育提升研究不可回避的话题。

二、全球化思潮

当今时代，人类社会发展的主流话语就是全球化，全球化符合历史前进的内在逻辑，也是时代发展的客观现实。全球化这个概念本身，内涵丰富，意义深远，绝非一个孤立的理论体系所能囊括。与之既有区别又有联系的依附理论、世界体系理论，以及全球化理论本身，都值得深入思考和探讨。西南民族地区经济发展长期滞后，导致其发展在某种程度上处于一种边缘化的地位。在"一带一路"建设、新一轮西部大开发、构建"双循环"新发展格局的大背景下，西南民族地区的发展逐渐从封

[①]　中共中央文献研究室编：《习近平关于社会主义经济建设论述摘编》，中央文献出版社 2017 年版，第 164 页。

闭走向开放、从边缘走向前沿，开始与国内、国际两个大体系进行频繁与深入的循环与互动。探讨西南民族地区发展问题，需要从全球化思想中汲取理论资源，以进一步明确发展方向。

（一）依附理论

依附理论是关于后发展国家与发达国家关系的学说，也可以解释后发展地区与发达地区之前的关系。在现代化过程中，发达与不发达、先发与后发、中心与边缘、核心与外围等两极之间地位不平等，发展不平衡，导致前者对后者的主宰和控制，而后者则处于依赖和从属前者的发展状态。这种发展态势会产生"拥有者获得"[①]的马太效应，致使发达国家报酬递增，不发达国家日益贫穷。依附理论于 20 世纪 40 年代发端于曾是西方殖民地的拉丁美洲国家，其思想源头可追溯至马克思主义经典理论。

依附理论的主要代表人物是巴西著名经济学家奥托尼奥·多斯·桑托斯（Theotonio dos Santos），著有《依附论》《帝国主义和依附》《依附论的新特点》等书。在他看来，"所谓依附，我们指的是某些国家的经济受到它们所依从的一些国家经济的发展和扩大的影响"[②]。他认为垄断资本主义对外围国家的剥削是通过跨国公司来实现的，他将之视为"世界一体化进程中的细胞"，是国际化进程的产物，与经济的集中、垄断和大企业的发展有直接关系。他指出依附条件下的发展有两种模式，一是以跨国公司为主角的新的国际分工，二是在资本主义国际体系范围

---

① [美] 米歇尔·沃尔德罗普：《复杂——诞生于秩序与混沌边缘的科学》，陈玲译，生活·读书·新知三联书店 1997 年版，第 4 页。

② [巴西] 特奥托尼奥·多斯·桑托斯：《帝国主义与依附》，杨衍永等译，社会科学文献出版社 1999 年版，第 302 页。

内以国家为中心的国家资本主义。

美国经济学家保罗·巴兰（Paul Baran）提出了"中心—边缘"模型，以此来阐释随着资本主义的发展而出现的发达与不发达两极对立的局面，发达国家是以不发达国家为代价的，这可以解释"为什么落后的资本主义国家没有沿着其他资本主义国家的历史所常见的资本主义发展道路前进，以及为什么它们一直还是没有什么进展或进展缓慢"①。法国经济学家萨米尔·阿明（Samir Amin）认为，由发展中国家生产初级产品，发达资本主义国家生产工业制成品的国际分工，是国际范围经济发展中不平等关系之所以产生的根本原因。

总的来看，依附理论关注的发展中国家与发达国家的不平等关系，这种状况的持续存在使两者之间的差距不断扩大。对于如何改变这种局面，依附理论中的主流观点倾向于走社会主义道路。依附理论丰富和发展了马克思主义的政治经济学，透彻分析了发展中国家面临的问题，为其发展做出了有益的探索。该理论对于思考我国欠发达地区的发展现实和未来道路主要有以下几点启示：（1）坚持走中国特色社会主义道路；（2）完善社会主义市场经济体制，不断探索新的经济发展方式；（3）东部与西部、城市与乡村协调统一，均衡发展；（4）处理好外援性发展与内源性发展的关系问题；（5）探索"后发优势"以获得超越性的发展。

（二）世界体系理论

20世纪50年代，一些现代化理论家认为不发达国家的现代化就是"西方化"。对这种"西方中心论"，伊曼纽尔·沃勒斯坦（Immanuel Wallerstein）开创的"世界体系理论"作出了回应。

---

① ［美］保罗·巴兰：《增长的政治经济学》，蔡中兴、杨宇光译，商务印书馆2000年版，第222页。

　　沃勒斯坦把世界看作一个社会整体系统，有范围、结构、成员集团、合理规则和凝聚力，并从政治、经济、文明三个方面进行综合性的研究。他认为有两种世界体系，一种是控制大片地域，具有一定的政治制度和中央集权统治，依靠政治权力以纳贡的形式从直接生产者手中掠夺经济剩余，被称为帝国；另一种大约 15 世纪末 16 世纪初出现的与帝国不同的"世界经济体"，它幅员辽阔，不存在单一政体，具有劳动分工和不同文化制度单位，利用不平等交换机制使经济剩余从"边缘"流动到"中心"，是一个没有权力中心的经济实体，是前所未有的世界体系。他以"中心—半边缘—边缘"结构的发展变化和运作机制，揭示了经济全球化时代资本主义世界体系的矛盾、困境和发展趋势。居于"中心"地位的是发展程度最高的发达国家，发展中国家处在"半边缘"状态，发挥着动态的缓解功能，完全依附型的国家则处在"边缘"地位。"一体化"和"不平等"是这个世界体系的本质特征，其产生的根本原因在于资本主义生产方式，它以市场联系各个地区，从而造成了整体的关联性和政治、经济及文化三个维度上的不平等。①

　　世界体系理论的另一个重要奠基人安德烈·弗兰克（Andre Frank）认为："世界体系并非如沃勒斯坦在欧洲的路灯下看到的资本主义世界体系，而是在全球学视野中理解的世界主义历史体系。换言之，世界体系不是 500 年历史的欧洲资本主义体系，而是 5000 年历史的人类历史体系。从这个意义上讲，世界体系应当包括资本主义世界体系和前资本主义时期的各种体系，诸如中华帝国、印度莫卧儿帝国、奥斯曼帝国、阿拉伯帝国等，而不是单一的欧洲资本主义世界经济体系。"② 确如所

---

① 陶海洋：《依附理论的发展及其主要观点》，《社会主义研究》2007 年第 5 期。
② 吴苑华：《世界体系是 5000 年历史的人类历史体系：安德烈·冈德·弗兰克的马克思主义世界体系理论研究》，《中国社会科学报》2012 年 3 月 14 日。

言，仅仅在几百年前，欧洲还是世界经济体的边缘，而中国社会经济繁荣、物资丰富，全球性贸易极为活跃。欧洲为购买中国商品需要从美洲掠夺黄金和白银。

"中心与边缘"不是静态的不变的格局，而是一个不断变化的世界。沃勒斯坦认为："占人类四分之一的中国人民，将会在决定人类共同命运（的历史进程）中起重大的作用。"[①] 按照弗兰克的说法，如果从封闭性的欧洲中心主义知识霸权中解放出来，人们会发现，亚洲在现代早期历史的大部分时间里处于中心地位，欧洲则是被吸收到一个早已存在的以亚洲为中心的世界体系之中，而不是相反。所以在他看来，最重要的问题不是欧洲发生了什么，而是亚洲以及亚洲的中国和印度发生了什么。[②]

如今中国倡导建构"人类命运共同体"，是对"中心与边缘"理论的一种超越。这个理念将世界看作一个同呼吸、共命运的共同体，中国将要发挥的是建设者、引领者、推动者的作用，是要使整个世界朝着更加公平合理、健康稳定的方向发展。尽管人们对"世界体系理论"存在很多分歧意见和争论，其思想启示意义也不能忽视。该理论"历史地"和"全球地"分析问题，"逻辑"与"历史"、横向与纵向关联交叉，具有整体性思维的特点，对经济发展过程中"地震"式和"海啸"式突变的形成，有着深刻的洞察力和阐释力。

（三）全球化理论

全球化是 20 世纪 90 年代以来的热门话题，是讨论发展理念不容忽

---

① ［美］伊曼纽尔·沃勒斯坦：《现代世界体系》（第 1 卷），郭方、刘新成、张文刚译，高等教育出版社 1998 年版，第 1—2 页。
② ［德］弗兰克：《白银资本——重视经济全球化中的东方》，刘北成译，中央编译出版社 2013 年版，第 7—8 页。

视的历史条件。当代世界发展主体的多元化和多极化，是以文化差异为基点来确认的，发展被看作是包括经济增长、权利、政府、文化价值相互关联的整体性进程。对全球化概念的多视角、多方位的解读，对于认识我们当前所处的时代是十分必要的。

西方学者关于全球化有各种不同视角的认识。D. 洛耶（David Loye）认为："所谓'全球化'，就是认为我们生活的绝大部分内容都由全球化过程所决定，而在这一过程中国家或区域的文化、经济的隔绝都烟消云散了。但有些人对全球化的真实性提出了质疑，另外一些人则把全球化的经济看作对全球共同体的生存的最大威胁……实际上，全球化的挑战是创立一个让大家充分参与的全球社会，并由适当的全球经济来支撑，从而使区域自主性和全球凝聚力都达到最大化，以便与真正有机体系统的量子相干性相一致。"①

美国社会学家罗兰·罗伯森（Roland Robertson）从文化视角理解和关注全球化问题，他说："全球化既指世界的压缩，又指认为世界是一个整体的意识的增强。"②新自由主义经济学家看到的是经济活动在世界范围内的相互依赖，一些英美学者把全球化看成是资本主义的全球扩张。英国社会学家马丁·阿尔布劳（Martin Albrow）认为全球化表现为由一些特殊形式和迹象构成的社会转变，如实践、价值、技术与其他人类产物在全球的传播，全球性的实践对民众生活发挥越来越大的影响，全球化成为塑造人类行为的一个焦点或前提。③安东尼·吉登

---

① ［美］D. 洛耶：《进化的挑战：人类动因对进化的冲击》，胡恩华等译，社会科学文献出版社 2004 年版，第 68 页。

② ［美］罗兰·罗伯森：《全球化：社会理论和全球文化》，梁光严译，上海人民出版社 2000 年版，第 11 页。

③ ［英］马丁·阿尔布劳：《全球时代：超越现代性之外的国家和社会》，高湘泽、冯玲译，商务印书馆 2001 年版，第 137—138 页。

斯（Anthony Giddens）把全球化视为生活中的时空巨变，是世界范围内的社会关系跨越遥远距离的联结和强化，他指出，"在现代，时空伸延的水平比任何一个前现代时期都要高得多，发生在此地和异地的社会形式和事件之间的关系都相应地'延伸开来'。不同的社会情境或不同的地域之间的连接方式，成了跨越作为整体的地表的全球性网络，就此而论，全球化本质上是指这个延伸过程"①。马歇尔·麦克卢汉（Marshall McLuhan）用"地球村"描绘时空的消失和全球社会的形成，信息传播速度加快促成地球空间变小，进而达到时间上的同步性。每个人、每个地区都成为彼此相连的有机整体，人们在信息网络中成为地球村落的居民，命运紧密相连。他对信息时代的到来作了准确的预言。还有学者用"全方位的一体化""不断强化的网络化""世界的同质化""区域共同体内部的分化"等来阐释全球化。

很多学者把全球化看作全球政治、经济、文化不断渗透、相互融合、共同发展的过程。里斯本小组（The Group of Lisbon）指出："人们可以区分出众多的全球化过程：金融全球化；市场和市场战略全球化，特别是竞争全球化；技术全球化和与此相联系的知识、科学研究、发明创造的全球化；生活方式、消费行为与文化生活的全球化；调节与控制机会的全球化；作为一个世界从政治上紧密结合在一起的全球化；观察和意识的全球化。"②罗马俱乐部的全球化研究，则是着眼于人与自然的关系、人类面临的共同问题和共同利益，试图通过对人口、工业化、资源、环境、贫困、教育等全球性问题的系统研究，提高人们的全球意

---

① ［英］安东尼·吉登斯：《现代性的后果》，田禾译，译林出版社 2000 年版，第 56—57 页。

② 里斯本小组：《竞争的极限：经济全球化与人类未来》，中央编译出版社 2000 年版，第 50—51 页。

识，采取必要的措施，以使人类摆脱困境。

当今世界有一股反全球化的逆流，将诸如金融危机、恐怖主义、霸权主义、经济失衡、贫富差距扩大等问题归结为经济全球化的必然结果，显然值得质疑。全球化是一个客观的事实也是历史的必然，正如2017年年初习近平主席在达沃斯论坛所表述的观点，全球化是社会生产力发展的客观要求和科技进步的必然结果。① 经济全球化为世界经济增长提供了强劲动力，促进了商品和资本流动、科技和文明进步、各国人民交往。在经济全球化的背景下出现的问题，有复杂的原因，将之简单地归结为经济全球化是简单化思维的特征。"全球治理""人类命运共同体"这些提法表达了中国将在未来世界秩序重建中发挥的作用。总的来说，人们不可能超越自身的价值立场和文化背景来谈论全球化问题，各种因素随机作用构成了全球化问题的复杂性。可以预见，在相当长时期内，全球化仍是时代的主旋律。

三、可持续发展理论

发展理念是在不断变化的。最初发展一般用来指经济增长，随着物质财富的增加和生存条件的改善，人们逐渐认识到增长与发展有着不同含义。要使社会向着更美好和更人道的生活持续前进，发展需包含生存、自尊、自由等意义。亨廷顿认为发展概念包含五个方面的目标：增长、公平、民主、稳定、自主。② 从布伦特兰报告《我们共同的未来》

① 中共中央文献研究室编：《习近平关于社会主义经济建设论述摘编》，中央文献出版社2017年版，第308页。
② ［美］亨廷顿：《现代化：理论与历史经验的再探讨》，张景明译，上海译文出版社1993年版，第333页。

（1987）到《地球宪章》和《21世纪议程》（1987），可持续发展理论逐步从理论探讨转向推动现实发生改变。

党的十八届五中全会提出了创新、协调、绿色、开放、共享的新发展理念。创新发展解决发展动力问题；协调发展解决发展不平衡问题；绿色发展解决人与自然和谐问题；开放发展解决发展内外联动问题；共享发展解决社会公平正义问题。[①] 新发展理念强调了发展的整体性、协调性、平衡性、包容性、可持续性，其最终落脚点是实现高质量的可持续发展，这是对可持续发展理论的进一步丰富。

可持续发展理念定位于既要满足当代人的需要，又要兼顾后代发展的需要。发展不能超越资源和环境的承载能力，要根据生态系统持续性的条件和限制因素调整生产和生活方式。随着全球化进程，可持续发展理论不断丰富，人类对发展问题的认识在时空向度上发生了深刻的变化。从纯粹的经济增长到自然和人类社会的可持续发展，从环境的可持续发展到人自身以及人与自然的和谐与可持续发展，发展的理念在一步步升华。各个领域的可持续发展问题，都有自己的侧重点，研究对象、目标及方法也各不相同。

经济的可持续发展，需要关注经济增长的局限性和潜力及其对社会环境的影响。经济学采用定量分析方法研究环境保护与经济发展的关系，对投入产出进行分析以研究环境政策对可持续发展的影响。环境化解能力上限和环境可持续条件下限也是其关注的重点。可持续发展的策略包括关心环境、社会公正，以限制个人和社会层面的消费来实现可持续发展；致力于减少贫困、加强企业责任与问责制度、建立健全市场全球治理制度、公平分享资源等。

---

① 任理轩：《关系我国发展全局的一场深刻变革——深入学习贯彻习近平同志关于"五大发展理念"的重要论述》，《人民日报》2015年11月4日。

　　社会的可持续发展，需要关注文化、制度、传统等方面发展的可持续性。社会学家将收入分配不平等、贫富差距过大视为影响可持续发展的重要因素，因为这会导致对有限资源的抢夺，使环境进一步恶化。要处理好发展与生态系统的可持续性，需要充分发挥各种社会机构的作用。排斥和歧视必然导致社会系统难以维持，为使人们生活在一个可持续发展的环境中，首先，必须确保基本的人权，致力于教育平等、社会公正、机会均等；其次，为人的自由全面发展提供良好的条件；再次，满足体面工作和健康生活的需要；最后，需要国家层面的廉政建设、监督管理、决策制定及民众参与和监督。

　　生态系统的可持续发展，需要考虑环境的脆弱性和人类活动对环境的影响。保护和恢复已经遭受巨大破坏的地球生态系统是一个重大挑战和急迫任务。具体包括空气和水质量、可再生能源的优化利用、环境和土地退化、生物多样性的毁灭、自然遗产的丧失等问题。气候变化、城市化进程和农村改造、自然灾害等，都是关乎生态可持续发展的不可忽略的重要方面。应对气候变化，需要国际合作，须有可执行的量化指标；城市化进程必须解决好诸如人口流动、空气排放、化学物质和噪声污染、垃圾处理和废物回收等问题；农村改造包括可持续的农业方式、化肥和农药处理、水土流失和沙化、转基因食品等；灾害预防包括自然灾害预警、人口密度、过度建设、处境危险人群安置等问题。

　　文化的可持续发展，以多元化和包容性为宗旨，避免文化的单一化和同质化。具体包括不同文化与文明系统之间的相互理解和包容。世界和平是人类可持续发展的必要条件，它是建立在相互理解和宽容之基础上的；保护文化遗产和自然遗产，不仅包括非物质形态的文化遗产如各种艺术、工艺、仪式、口述传统等，也包括种类繁多的物质如工具、器物等宝贵的文化遗产；尊重本土知识和价值观，文化多样性常体现在本土的和其他形式的传统知识、地方语言、农作方式、生活方式、当地自然生态认知等。它们能延续千百年，足以表明其自然的可持续性。

基于环境问题而来的可持续发展理念，如今已经远远超出了环境的视界。发展在本质上与"可持续"相关，不可持续就没有发展。经济、社会、生态、文化的可持续发展，是一个密切相关的整体系统。经济基础、社会制度、自然条件、文化软实力，一方面各有其可持续发展的具体条件和要解决的特殊问题；另一方面它们之间交互作用相辅相成，构成不可或缺的有机联系。本书限于篇幅，将把探讨的重点放在人的可持续发展，以教育促进西南民族智力资源开发，实质就是促进人的可持续发展。

人的可持续发展是可持续发展理念从"物"向"人"的升华，是可持续发展体系中最大的价值目标，也是可持续发展的动力源泉。人的可持续发展是指人类或个体既能满足当时的需要，又能保证其身心和谐、均衡、持久的发展力不受损害，也就是谋求肉体和精神、现在与未来的和谐统一的发展。[①] 马克思主义认为，人类社会发展的根本目的是实现人的自由全面发展。教育同生产劳动相结合则是造就全面发展的人的唯一方法。这就意味着要实现人的可持续发展，必须树立终身教育的理念，通过教育与劳动实践的结合，全面展示和占有作为"完整的人"的本质，满足人的物质和精神需要，提升人的主体性、能动性、创造性，提高人的自由度。[②]

可持续发展的教育关注的核心问题有三个方面：一是将可持续发展

---

① 杨蔚、陈文杰、林建成：《人的可持续发展的人学辨义》，《北京交通大学学报（社会科学版）》2010 年第 4 期。
② 唐海燕：《经济发展中"人的可持续发展"解读——基于"发展"与"反发展"的伦理辨析》，《教育观察》2012 年第 6 期。

的理念、内容、知识、途径等问题，作为教育和教学的内容，这需要在课程的设置和教育的全过程中渗透可持续发展的教育。二是关注个体的可持续发展，这主要涉及个体智力资源的合理开发和可持续发展。所谓智力资源可持续发展，就是学生在离开学校之后，能够在实际的生存环境中保持智力的继续发展和智慧的不断增长。三是民族社会的可持续发展，这需要从民族文化之根去挖掘动力之源和智慧资源。

第二节　发展力的内涵

发展力是尚未成为现实的力量，它蕴含着未来的一切可能，在实现的过程中逐步展开其全部的丰富性。发展由小到大、由简单到复杂、由低级到高级不断丰富和完善，是一个前进和上升的历史过程，是变化和适应的过程，也是创造和更新的过程。探讨西南民族地区发展力提升的理论内涵，社会发展力、经济发展力、文化发展力、人的发展力及其相互之间的关系，都是需要加以关注的重要方面。所有这些构成了相互关联的整体，彼此相互交叉和渗透，又相互促进或制衡。发展力是多种性质的力的合力，诸如源动力、创造力、生命力、组织力、持续力等，都是发展力要素中难解难分的重要组成部分。

一、源动力

动力是发展力的根本基础。关于人类社会发展的动力，马克思主义之前的哲学对此的解释各有侧重：唯心论者侧重理性、情感、意志的作用；唯物论者强调物质力量和客观因素的作用；综合论者将物质力量与精神力量、主观与客观、经济基础与上层建筑通通包罗，一概视为平等的要素，所有要素的综合作用推动了社会发展。马克思主义则是从经济基础与上层建筑的互动中来阐释社会发展的动力机制，将人类创造物质财富的生产活动看作最基本的前提。在《政治经济学批判》序言中，马克思指出："物质生活的生产方式制约着整个社会生活、政治生活和精神生活的过程。不是人们的意识决定人们的存在，相反，是人们的社会存在决定人们的意识。社会的物质生产力发展到一定阶段，便同它们一直在其中运动的现存生产关系或财产关系（这只是生产关系的法律用语）发生矛盾，于是这些关系便由生产力的发展形式变为生产力的桎梏。那时社会革命的时代就到来了。随着经济基础的变更，全部庞大的上层建筑也或慢或快地发生变革……无论哪一个社会形态，在它们所能容纳的全部生产力发挥出来以前，是决不会灭亡的；而新的更高的生产关系，在它存在的物质条件在旧社会的胎胞里成熟以前，是决不会出现的。"① 这既不同于以往唯心论和唯物论片面强调精神或物质作用的观点，也不同于综合论者毫无重点不分主次的平等作用观点。马克思不仅指出经济基础对上层建筑的决定性作用，也指出了后者对前者的反作用以及上层建筑的各种因素与经济活动的交互作用。

恩格斯晚年也强调各种因素相互作用的综合性力量对社会发展的推动作用，但其作用是不同的。他指出："我们把经济条件看作归根到底制约着历史发展的东西。""政治、法律、哲学、宗教、文学、艺术等等的发展是以经济发展为基础的。但是，它们又都互相作用并对经济基础

---

① 《马克思恩格斯选集》第2卷，人民出版社1995年版，第32—33页。

发生作用。并非只有经济状况才是原因，才是积极的，而其余一切都不过是消极的结果。这是在归根到底总是得到实现的经济必然性的基础上的互相作用……在这些现实关系中，经济关系不管受到其他关系——政治和意识形态的——多大影响，归根到底还是具有决定意义的。"① 各种动力因素在推动社会发展过程中的地位和作用是不同的。终极动因和决定性的作用始终来自生产活动和经济的因素。马克思主义的社会发展学说，是我们认识人类社会发展动力机制的理论基础，也是后文阐释民族社会发展和民族教育文化关系的根本立场和出发点。

二、创造力

发展需要动力，而发展力也有个动力基础，那就是创造力。创造力的源泉在底层和边缘地带。对于一个发展着的系统来说，中心是确立性和稳固性占统治地位的地带；而在底层与边缘地带，游离于中心的个体要素总处在动荡与不确定之中。这也是系统与外部进行能量和信息交换的地方，称为"混沌边缘"。按复杂理论的说法，混沌边缘"便是一个系统中的各种因素从无真正静止在某一个状态中，但也没有动荡至解体的那个地方。混沌的边缘就是生命有足够的稳定性来支撑自己的存在，又有足够的创造性使自己名副其实为生命的那个地方；混沌的边缘是新思想和发明性遗传基因始终一点一点地蚕食着现状的边缘的地方。在这个地方，即使是最顽固的保守派也会最终被推翻"，"是进化过程中万古不变的稳定性突然被整个物种的演变所取代的时刻。混沌的边缘是一个经常变换在停滞与无政府两种状态之间的战区，这便是复杂系统能够自

---

① 《马克思恩格斯全集》第4卷，人民出版社1995年版，第32页。

发地调整和存活的地带"①。真正的社会变革总是从边缘和底层开始。推动历史发展的真正动力，来自底层的动力系统的激发。人民创造历史这个说法蕴含着深刻的道理。对于万民百姓来说，穷则思变，变则通。崇德广业，开辟生存发展之路，须将创业的理想付之于民众的实践，以焕发无穷无尽的创造力。

我国自改革开放以来，已经掀起几波万众创业的浪潮。第一次是改革开放之初为缓解城镇知青返城造成的职业压力；第二次是90年代随着社会主义市场经济体制改革而来的"全民下海"浪潮；第三次是21世纪初国家开始实施"积极的就业政策"而激发的创业热情。今天，再次掀起创业的浪潮。"大众创业""万众创新"于2015年正式写入政府工作报告。创业主体呈现多元化，不仅包括大学生，还有失业人员、农民工、海归人员以及传统行业的人们都在加入创业队伍。全民创业不仅是解决失业和大学生就业的有效途径，也是社会发展力提升的根本途径。此番全民创业浪潮，除了政府为缓解就业压力而实时推出鼓励创业的优惠政策之外，第四次工业革命带来的契机，也成为创业浪潮的动力。在线医疗、在线教育、在线咨询等各种借数字平台应运而生的传统行业，如雨后春笋般涌现。创业浪潮所激发的力量带来新的经济增长点，对于推动经济的发展将无疑起到巨大的作用。热情之余，还是要冷静地思考一个问题：创造的品质不只是心志和热情。创造力来自个性和独特性，处处模仿别人，亦步亦趋，没有发展前途；创造力来自丰富性，内心世界贫乏，思维简单化，也谈不上发展；创造力需要改革和探索精神的支撑，墨守成规、满足现状，是没有发展的动力的；创造力需要灵活性，头脑僵化，思路不通，难以开辟前进的道路。发展就意味着

---

① ［美］米歇尔·沃尔德罗普：《复杂：诞生于秩序与混沌边缘的科学》，陈玲译，生活·读书·新知三联书店1997年版，第5页。

创新，创新是在已有基础上的进取，没有什么创新和发明是从天上掉下来的。因此，创新需要知识和经验的积累，需要教育文化长久的孕育之功。

三、生命力

发展力系于生命之根。生命的本质特征包括新陈代谢、应激性、自维生、自学习、自适应、遗传变异等，正因为有这些特性，生命才能够保持生生不息的活性和连续性。无论对于自主行为的个体，还是对由个体构成的集体和联合体，直至民族社会和国家，生命力的共同特征都是显而易见的。从系统论的观点来看，个体自身也是一个整体，人类个体的有机生命，都是由许多原本不属于他的其他生命体共同构成，如果没有那些寄存于人体内的无以计数的微生物，人的生命就无法维持。因此可以说，人体根本就是一个生态系统。① 而由具有自主行为的个体构成的更大的系统，则在更高的层次上体现生态的关联性。生命总是在自我更新之中，因为它是开放的系统，不断地和外部进行着能量和信息的交换，通过吐故纳新，获得生存的资源。生命是复杂适应性系统，自身内部是一个生态关联的整体，通过自身的调节功能，使其保持着对外的一致性，从而体现出独立性和自主性。而它同外部世界之间，也是一个相互适应的关系，能够根据不断变化的外部环境来调整自己的行为，并利用一切可以利用的资源获得适应性生存。

生命力对于发展还具有一个最重要的功能——生境的开辟。对一个生命系统来说，生境可以看作能够引起自身被复制的环境的集合。在经

① ［美］刘易斯·托玛斯：《细胞生命的礼赞》，李绍明译，湖南科学技术出版社 1997 年版，第 1 页。

济学与生态学中常发生这样的事情：一个新的行业或一种新生物（或者生物中一种新型行为）的出现，将改变系统的适应性景观。一种新技术也像一个不断演化的生态系统，它的诞生会引发更多的技术出现，形成一个技术之网。它一方面使进入这个生境的新生者爆发式地演化和创造，另一方面又使一些旧的技术大面积灭绝，例如汽车的出现使以马为运输工具的技术失去存在的价值，它连带铁匠铺、快速马车、水槽、马厩、养马人等一起消失。而随着汽车的出现，道路、加油站、快餐厅、汽车旅店、交警等交通事业纷纷出现。新的商品和新的服务设施开始发展壮大，每一项新内容的插入都是因为以前出现的商品和服务设施为它们开辟了空间。这个过程在复杂理论研究者看来，是报酬递增率的一个范例：每当一项新技术为其他商品和服务开辟了合适的空间时，进入这个新的空间的人就会在极大的诱惑下尽力帮助这项技术发展和繁荣。更有甚者，这个进程正是锁定现象背后的主要驱动力：一种特定的技术能够提供给依附于它的其他技术的新空间越大，就越难以改变这种技术发展的方向，除非有一种较之强得多的技术出现。①

当今时代，借助数字平台和互联网技术发展起来的一系列新的行业和职业领域，形成了有着巨大跨度的适应性景观，一些传统领域逐渐失去生存的空间，难免大面积灭绝的命运；而获得了新生命力的行业，则因为有资源丰富的生境而具有可观的发展前途。

四、组织力

组织力是一种和合之力，是协调关系、调动资源共谋发展的能

---

① ［美］米歇尔·沃尔德罗普：《复杂：诞生于秩序与混沌边缘的科学》，陈玲译，生活·读书·新知三联书店1997年版，第160页。

力。系统能够从小到大、从低级到高级、从简单到复杂不断地发展和完善，靠的就是协同与合作的组织力量。对于作为发展力重要组成部分的组织力，一般有两种意义的认识。其一，组织的概念，意味着存在主体意识和自主行为的组织者，靠着对共同利益的关注和洞察，以强有力的组织管理措施，将各种独立分散的要素凝聚成有共同目标的发展力量。这个意义上的组织力，常用来指领导者和管理者的能力。其二，组织力也指协同的要素涌现出的和合之力。在没有外部控制者施加作用的情况下系统自发形成的结构与秩序，可用自组织动力学来阐释。

　　并不是说，系统对自身内部要素的协调就是自组织。协同学创立者赫尔曼·哈肯（H. Haken）将自组织定义为：如果系统在获得空间的、时间的或功能的结构过程中，没有外界的特定干预，我们便说系统是自组织的。这里"特定"一词指的是，那种结构和功能并非外界强加给系统的，而且外界是以非特定的方式作用于系统的。[①] 自发形成的结构与秩序普遍存在于从自然到人类社会的一切领域。城市中同类的商店会聚集在一起形成购物中心，城市会越来越大发展出功能齐全的政治、经济、文化体系；社会经济组织也是如此，由个人形成公司，由公司形成集团，由集团再形成更大的经济共同体。经济联盟、政治联盟、军事联盟、文化联盟、科学研究共同体的形成等，都可以用协同学的原理来认识和阐释。此外，社会的突发事件，也是一种协同效应。在所有这些现象中，结构形成的过程似乎不可避免地朝某一方向前进，本来无序的独立要素都被卷入新的有序结构，而且其行为受主导行为模式的支配。"只要整个群体的行为似乎突然倾向于一种新的观念——也许是一种风尚，

[①]　[西德] 赫尔曼·哈肯：《信息与自组织——复杂系统的宏观方法》，郭治安等译，四川教育出版社 1988 年版，第 29 页。

或倾向于一种文化思潮，诸如一种新的画派或一种新的文学风格"①，都可以促成更大的有序结构的形成。

组织是会思考的机器，能够产生个体无法比拟的思想和智慧。这就是"涌现"（emergence）的力量。何为涌现？它"是指复杂系统中的行为个体根据各自行为规则相互作用所产生的没有事先计划但实际却发生了的一种行为模式。在偶然事件中，整体行为模式不能根据其个体行为规则进行预测。也可以表述为，整体模式不能还原为个体行为"②。所谓整体状态都具有涌现的特征，例如单只蚂蚁或蜜蜂的行为看上去漫无目的，而蚁群或蜂群的行为则非常有序，在某种程度上几乎可以用"智慧"来形容。人们很难想象，究竟是什么原因让这些个体间简单地相互作用，竟然产生了一种远远超过个体能力的涌现行为，而这一切，是在没有一个居于中心地位的执行者进行指挥和控制的情况下发生的。互联网也是如此，由无数终端构成的网络，似乎具有了某种个体难以抗拒和离弃的吸引力，从而整体涌现出超出个体之上的智慧。"在生活的每一个地方，我们都面临着复杂适应系统中的涌现现象——蚁群、神经网络系统、人体免疫系统、因特网和全球经济系统等。在这些复杂系统中，整体的行为要比其各个部分复杂得多。"③尽管人们对遍及自然与人类社会的涌现现象还有许多未知之谜，但有一点是明确的，必须有自主行为的要素间的相互作用，才会有超越个体的涌现。这使人类社会发展中提倡的交往与合作，有了科学的依据。这也可以用来解释，何以中国传统文

----

① 　[西德] 赫尔曼·哈肯：《协同学：大自然构成的奥秘》，凌复华译，上海译文出版社2001年版，第8页。

② 　[英] 拉尔夫·斯泰西：《组织中的复杂性与创造性》，宋学锋、曹庆仁译，四川人民出版社2000年版，第255页。

③ 　[美] 约翰·霍兰：《涌现：从混沌到有序》，陈禹等译，上海科学技术出版社2001年版，第4页。

化精神中的"和合"理念具有跨越遥远时空的永恒的价值和意义，它根本上就是宇宙与自然成就事物的"隐秩序"。今天我们提"全球共同利益"，这个概念本身就具有组织力和感召力，遵循这种价值引导，能够获得无穷的发展力量。

组织与自组织两者并非根本对立的动力机制。好的组织者，关注来自底层的基础建构，给子系统以充分发展的空间和自由度，以从根本上解决系统发展力提升问题。社会的有序发展是以构成社会的基本要素——个体成员主体性发展为根基的，是从实现了自由全面发展的个体成员之间的相互作用中涌现出来的。如何调动个体的积极性，激发生命的活力与创造性，是组织力得以体现的关键。

五、持续力

发展内在地包含着"可持续"性，不可持续就谈不上发展。环境的可持续发展、经济的可持续发展、人的可持续发展等，都意味着有一种后续的、绵延的、持久不断地增长和循环的力量的作用，这也是生生不息的生命系统的根本特征。可持续发展的力量来自哪里？地球上从自然中涌现出来的生命系统，进化到人类这样的高级智慧生命，已有几十亿年的历史，何以一直在持续发展着的生命系统，如今却深切地意识到自身面临着生存的危机。

"整体地球"的思想来自洛夫洛克（Lovelock），他认为地球上的有机系统和无机系统密切关联，就像一个独立的生命体。他用古希腊神话中大地女神盖娅（Gaia）来命名它，这就是著名的"盖娅假说"（Gaia Hypothesis）。在这个理论中，整个地球被看作一种自组织生命系统，包含微生物、植物、动物、山川、海洋甚至大陆运动与气候变化。"生命像一个整体一样小心翼翼地调节着地球。整个地球作为一个生命体连同森林和海洋这些器官在演化。"① 这是一种有积极意义的世界观，强调对整体性和共同进化的关注及其对生态系统中各种要素之间相互作用的机制的研究。深层生态学理论提出的一些重要观点，可以为人类可持续发展提供重要的思想资源。其一，生态系统的各种因素普遍联系和相互作用，使生态系统成为一个和谐的有机整体；其二，生态系统层次结构的等级性、生态系统的组织性和有序性，表现为结构和功能的整体性；其三，生态系统发展的动态性，表现为它的时空有序性和时空结构的整体性。从生态学的观点来看，多样性是维持生态系统稳定的重要因素。物种越丰富，个体数量越大，环境条件越复杂，生态系统的多样性也就越大，稳定性也就越大。深层生态学极力倡导生命形式的多样性和人类文化形式的多样性，将其视为社会进步的标志。生态系统中各要素的相互依赖性、系统整体的平衡性、有机性和整体性等特征，所体现的是一种和传统的机械论自然观迥然不同的本质。在深层生态学看来，自然系统经历长期演化而形成的这些完善的功能，为人类学会如何更好地生存和延续提供了模式。与自然和谐共生的生存方式必然是按照生态学模式规划的。②

　　人类得以持续发展的根本机制，深深地植根于大自然的合作共生法则，"包括我们人类在内的所有较大生物体都是以下事实的活生生的证据：破坏性活动不可能持久地起作用。最终，侵略者总是毁灭自己，为其他懂得如何合作和共存的生物开辟道路。对生存而言，生命的相互合作和创造力比它们之间的相互斗争重要得多"③。确如所言，与自然和谐

---

① ［美］约翰·布里格斯、［英］F.戴维·皮特：《混沌七鉴：来自易学的永恒智慧》，陈忠、金纬译，上海科技教育出版社 2001 年版，第 151 页。

② 雷毅：《深层生态学思想研究》，清华大学出版社 2001 年版，第 85 页。

③ ［美］D.洛耶：《进化的挑战：人类动因对进化的冲击》，胡恩华、钱赵华、颜剑英译，社会科学文献出版社 2004 年版，第 43 页。

共生，是数百万年来人类之所以能够生存下来并保持不断进化发展所遵循的根本法则。

第三节　主体的发展力

人是社会发展的主体。主体的力量是发展力中具有决定性的力量。西南民族地区发展滞后，关键在于主体的发展力不足。以教育途径全面提升西南民族地区人口素质，是解放生产力、发展生产力的根本所在。

一、以人为本的逻辑起点

探讨主体的发展要从对人的本质的理解起始。迄今为止，马克思主义人的全面发展理论仍是指路明灯。全面发展的起点是人的需要的丰富性和多样性。而人的需要起始于和动物一样简单而直接的维持生存的基本需要。"已经得到满足的第一个需要本身、满足需要的活动和已经获得的为满足需要而用的工具又引起新的需要，而这种新的需要的产生是第一个历史活动。"[①] 第一个需要就是自然需要，第一个历史活动就是劳动，人的需要在劳动实践的基础上形成和发展。人类随着为满足基本需要而进行的对象性活动，需要的内容和类型不断地丰富和完善，需要的层次不断提高。

全面发展是一个逐步实现的历史过程，是基于人的本质需要的多样

---

① 《马克思恩格斯选集》第 1 卷，人民出版社 2012 年版，第 159 页。

性和丰富性，在社会性的生产和生活中得以实现的。人的本质需要得从"有总体的生命表现"的"完整的人"的意义上来看。"私有财产的积极的扬弃，就是说，为了人并且通过人对人的本质和人的生命、对象性的人和人的作品的感性的占有，不应当仅仅被理解为直接的、片面的享受，不应当仅仅被理解为所有、拥有。人以一种全面的方式，就是说，作为一个完整的人，占有自己的全面的本质。人对世界的任何一种人的关系——视觉、听觉、嗅觉、味觉、触觉、思维、直观、情感、愿望、活动、爱——总之，他的个体的一切器官，正像在形式上直接是社会的器官的那些器官一样，是通过自己的对象性关系，即通过自己同对象的关系对对象的占有；对人的现实的占有；这些器官同对象的关系，是人的现实的实现，是人的能动和人的受动，因为按人的方式来理解的受动，是人的一种自我享受。"① 私有财产作为外在于人的存在物，对它的拥有和占有并不是人的本质的实现。完整的人与世界的关系是全方位的和多层次的，通过生理的、心理的和思维的各种机能与世界发生联系，并且在这个过程中不断丰富和完善。人的本质规定是多种多样的，人的现实的存在也是多种多样的。完整的人首先意味着内在的富有，"富有的人同时就是需要有人的生命表现的完整性的人，在这样的人的身上，他自己的实现表现为内在的必然性、作为需要而存在。"②

由上所述，需要可从三个层次来看：第一是人的生存或生理需要；第二是有别于动物的谋生或占有需要；第三是作为一个完整的人全面占有自己本质的需要。通过对马克思主义的"人本学"考察，我们再次感受到，对主体发展力的认识，有了坚实的理论基础和可靠的逻辑起点。它使我们看到，人之所以为人，其区别于动物的类的本质特性是自由自

① 马克思：《1844年经济学哲学手稿》，人民出版社2018年版，第234—235页。
② 马克思：《1844年经济学哲学手稿》，人民出版社2018年版，第240页。

觉的创造性活动。人的本质力量来自需要的丰富性和多样性，它是一个由贫困到富有的历史运动。然而，人是否作为一个"完整的人"，实现了其本质的全部丰富性，还需要一个向着本质的回归运动。时刻反思人之为人的全部丰富的规定性，才能为主体力量的发挥奠定基础。

值得进一步思考的问题：人的本质也需要从人与世界的一切关系来理解，包括人与人的关系及人与自然的关系。我们身体的各种器官不仅是社会的器官，也是自然的器官，因为它们在漫长的进化过程里，从与自然的关系中，获得了某种相对稳定的形态。而这些形态与自然存在着对象性的关系，以它业已形成的方式来感知和认识世界并同世界交流，又在一个后续的过程中不断发生着改变。当时代演进到人与自然关系恶化的地步，我们不得不将人与自然的关系，纳入对人的本质的思考之中。

二、从必然王国走向自由王国

主体力量的发挥，在于作为一个"完整的人"全面占有自己的本质，实现其所有既成的现实，即那些历史地形成的器官和身心的需要。这是人的发展的理想状态，只有获得了人性的彻底解放的人，真正从必然王国走出的人，才能达到这种全面发展的状态。马克思在《资本论》中说："事实上，自由王国只是在必要性和外在目的规定要做的劳动终止的地方才开始"，"在这个必然王国的彼岸，作为目的本身的人类能力的发展，真正的自由王国，就开始了。但是，这个自由王国只有建立在必然王国的基础上，才能繁荣起来"。[①] 人类维持生存，得遵循自然必然性，

----

① 马克思：《资本论》（纪念版）第 3 卷，人民出版社 2018 年版，第 928—929 页。

受制于物的同时也受物化的社会关系所制约，这就是必然性王国。人类共同控制物质生产活动，自觉支配社会关系及人与自然关系的社会状态，是"自由人的联合体"，那就是一个自由的王国。"在那里，每个人的自由发展是一切人的自由发展的条件"①，那是一个人人实现了自身的和谐，继而是人与人、人与社会、人与自然和谐的"大同"世界。

人类社会的发展是从必然王国走向自由王国。必然性一般用来指外在于人的、客观的自然规律，必然也含有受制约和限制之义。巴鲁赫·斯宾诺莎（Baruch Spinoza）说："凡是仅仅由自身本性的必然性而存在，其行为仅仅由它自身决定的东西叫做自由（libera）。反之，凡一物的存在及其行为均按一定的方式为他物所决定，便叫做必然（necessaria）或受制（coata）。"②在他看来，自由的人遵从理性而行事，即依据必然性采取行动，"他的行动完全取决于可以单独从他自己的本性加以理解的诸种原因，而且这些原因必然决定他采取行动。其实，自由并不排除行动的必然性，反而以这种必然性为前提"③。黑格尔和马克思、恩格斯的自由观，也是建立在对必然性的认识基础上，恩格斯在《反杜林论》中指出，"自由就在于根据对自然界的必然性的认识来支配我们自己和外部自然"④。

认识人类所处的必然王国有两个维度：一是自然必然性王国，二是历史必然性王国。从前者来看，人类的劳动是人化自然的过程，是人和自然之间物质变换的方式，是人类生存所必需的自然条件。人类认识和能力的有限与自然界的无限，是一个终极的必然性，绝对的、完全的自

---

① 《马克思恩格斯选集》第1卷，人民出版社2012年版，第422页。
② ［荷］巴鲁赫·斯宾诺莎：《伦理学》，贺麟译，商务印书馆1983年版，第4页。
③ ［荷］巴鲁赫·斯宾诺莎：《政治论》，冯炳昆译，商务印书馆1999年版，第16页。
④ 《马克思恩格斯选集》第3卷，人民出版社2012年版，第492页。

由是不可能的。历史必然性王国首先是指不合理的生产关系和生产方式是一种时间性的存在。满足生存需要所必需的生产活动，对劳动者来说是外化或异化；对资本家来说表现为对他人劳动的占有。这种颠倒是基于一定的历史出发点或基础的生产力发展的必然性，是一种历史性的存在。这种不合理的关系必然会成为各个时代推动变革的主要动因，因而，那不过是"暂时性的必然性"王国。① 从必然王国走向自由王国，指的是历史必然性的王国。按照马克思主义的学说，原始社会、奴隶社会、封建社会、资本主义社会为必然王国，而其后，经由社会主义到共产主义的事业，则是向着自由王国的迈进。它将消灭一些人占有另一些人剩余劳动的剥削制度，使劳动的自然必然性不再仅仅是一部分人面临的问题，让每个人都成为平等的劳动者。劳动的普遍化使必要劳动相对减少而自由时间增多。

我们谈人的发展，一个根本的问题在于：人的发展空间的大小是由自由时间的多少决定的，而社会的自由时间以剩余劳动为基础，它也是整个社会发展和全部文化的物质基础。"整个人类的发展，就其超出对人的自然存在直接需要的发展来说无非是对这种自由时间的运用，并且整个人类发展的前提就是把这种自由时间的运用作为必要的基础。"② 自由时间是发展的必备条件，如果时间和生命全都用于必要劳动，完全受必然性的支配，就不会有发展。无论对个体还是人类整体来说，有了自由时间才会有发展。自由王国建立在自由时间之基础上。发展生产力，提高劳动生产率，根本目的就在于缩短必要劳动时间增加自由时间，用以扩大活动和发展的空间。只有建立了合理的生产方式和生产关系的制度，才能有计划地、合理地安排生产活动以获得更多的自由时间。如

---

① 赵家祥：《必然王国与自由王国的含义及其关系》，《北京大学学报》2013 年第 6 期。
② 《马克思恩格斯全集》第 32 卷，人民出版社 1998 年版，第 215 页。

此，人才能发展出更多的需要和更强的能力。能力和素质提高了的人，又能以极大的创造性和能力促进生产力的更大发展，正如马克思所说："节约劳动时间等于增加自由时间，即增加使个人得到充分发展的时间，而个人的充分发展又作为最大生产力作用于生产力。"①

一个更高层次上的循环机制是，由全面发展的"自由人联合体"构成的社会里，平等、自由而全面发展的人之间相互作用，促进作为社会共同财富的历史遗留下来的文化——科学、艺术、交往方式等等向着更高的层次发展，而这又能为一切人的发展提供更好条件，从而使个体的发展获得更大的自由度和全面性。

三、人的发展面临的现实问题及解放途径

人的本质力量的提升以人的解放为前提。对自身奴役状态的觉悟和意识，则是走向自由和解放道路的起点。对人的自由全面发展造成的桎梏，主要来自劳动的异化、专业化带来的片面发展、金钱的奴役、技术化蜕变等。当今时代，人的解放面临着一些突出的问题，需要从以下方面着力。

第一，消除异化劳动，回归人的本质，把自我解放与人类解放的崇高事业联系起来。马克思曾经指出工业文明伊始工人的劳动异化现象。今天，劳动的异化现象并未彻底消失。从根本上来说，只要劳动尚未成为第一需要，为生存而进行的劳动就将在很大程度上使人禁锢于必然性之中。劳动的异化将随着人类创造出高度发达的社会生产力和发展出全面的社会关系，并通过对这种生产力和社会关系的共同的、合理的控制

---

① 《马克思恩格斯全集》第 31 卷，人民出版社 1998 年版，第 107—108 页。

而得以改变。但是，全面占有人的本质，从而彻底消除劳动的异化，也不是自然而然可以实现的，必须有精神力量的价值引导，才能通过积极的实践来解决。

"回归人的本质"成为每一个体发展面临的首要问题。所谓回归人的本质，并不是回到人的自然属性，而是反思自身与外部世界的关系，因为本质得从人与社会的关系来认识。马克思指出："任何解放都是使人的世界即各种关系回归于人自身……只有当现实的个人把抽象的公民复归于自身，并且作为个人，在自己的经验生活、自己的个体劳动、自己的个体关系中间，成为类存在物的时候，只有当人认识到自身'固有的力量'是社会力量，并把这种力量组织起来因而不再把社会力量以政治力量的形式同自身分离的时候，只有到了那个时候，人的解放才能完成。"①将自身与社会统一起来，就是将内部世界与外部世界统一起来。

"回归人的本质"有助于精神力量的提升。人性以及全部的精神财富都是在以往发展的基础上生成的。从科学哲学视角来看，人是复杂的适应性系统，自然界一切此类的系统都通过"自参考""自维生""自学习""自适应"得以不断进化，而从自然中涌现出的有自我意识的人，更是自觉其存在并自为而发展的。中国古代先哲老子以传统的中国话语方式表达这个普遍法则："夫物芸芸，各复归其根。归根曰静，是曰复命，复命曰常，知常曰明。不知常，妄作，凶。知常容，容乃公，公乃王，王乃天，天乃道，道乃久，没身不殆。"②"常"就必然性；"容"就是相容与适应。要做到"知常"，得复归根性。芸芸万物生生不息的全部奥妙尽在其中。在这个回归人的本质的"自参考"过程中，逻辑与历

---

① 《马克思恩格斯文集》第1卷，人民出版社2009年版，第46页。
② 陈鼓应注译：《老子今注今译》，商务印书馆2003年版，第134页。

史密切关联、有机融合，逻辑关联的历史和历史连续的逻辑成为不可分割的整体。回归体现了主体的自觉意识和生命的连续性，从而成为主体的安身立命之本。

"君子务本，本立而道生"。有自主价值的人选择人生，失去自主价值的人被决定。当一个人把工作视为实现生命价值和本质意义的实践活动，他就能真正从劳动中获得幸福，并且能以创造性的劳动实现人生的价值，全面占有人的本质的丰富性进而充分享受人生。教育的价值便在于激发人性中的本质力量，提升人的道德精神，帮助人认识劳动创造世界的价值和意义。

第二，全面提升素质，拓宽人生道路，克服由分工和专业化带来的片面发展。在"物的依赖"阶段，随着物质财富的增长和交往的复杂化，人的需要和能力的层次得以提高和完善，但是人的本质的丰富性的实现却有了新的桎梏。马克思曾经指出资本主义条件下的工人是"畸形的人""片面的人""局部的人"。"终生从事同一种简单操作的工人，把自己的整个身体变成这种操作的自动的片面的器官"①。当今日益专业化的普遍趋势则使这种不自由状态以另一种方式呈现。"如果这个人的生活条件使他只能牺牲其他一切特性而单方面地发展某一特性，如果生活条件只提供给他发展这一种特性的材料和时间，那末这个人就不能超出单方面的、畸形的发展。"② 由于各个领域的高度专业化，一个人必须花费人生最宝贵的时间用于学习专业知识和技能，以便积累从事专业所需的人力资本。当代教育主要发挥了这种为未来职业做准备的功能。如此培养出来的人，不仅缺乏个性、创造性和自由意志，其生命的全面性、丰富性也大打折扣。专业发展在使人的一部分价值

---

① 《马克思恩格斯文集》第 5 卷，人民出版社 2009 年版，第 393 页。
② 《马克思恩格斯全集》第 3 卷，人民出版社 1960 年版，第 295—296 页。

得以实现的同时丧失了其他的人生价值，与"完整的人"应该享受的丰富的人生相去甚远。

全面发展并不是学校课程所能够教会的，它是人的本质的全部丰富性在文化过程之中的展开。按照马克思的说法，全面发展是历史地形成的。在一个知识大爆炸的时代，任何人都不可能掌握全面的知识。以有限的时间、精力和智力资源条件面对一个无限开放的、瞬息万变的世界，需要的是学习的能力而不是具体的、全面的知识。本质丰富的人总是那些充满着主体性的个体，能主动发挥自身力量开辟生存的道路，为自由不懈奋斗。当今时代很多父母把孩子提前送入学校学习课程看得比一切重要，以便"赢在起跑线上"，这是一个很大的误区。在文化生命的起始点，应该为个体提供全方位接触世界、体验人生的机会。学校教育应创设有利于全面发展的生活情景，有劳动、有交往，而不只是坐在教室里学习课程。我们关于民族地区加强学前教育的思考，也是基于马克思人的全面发展学说而提出的。

第三，坚守精神高地，摆脱物役状态。消费主义和物质欲望的盛行，对人的精神造成了一些负面影响。从积极意义来说，维持生存的需要并让日子过得好一点无可非议，但必须把握好尺度，人心的道德建设须臾不可放弃。这看上去与发展力没有直接关系，实质上在最深刻的层次上关联着未来的可持续发展。人的道德精神不从物役的桎梏下解放出来，发展是难以持续下去的。正义的、合理的社会，是人人各尽所能，各取所需。各取所需就是向社会索取的不超出自己的实际需要，如此方能不为物役。厉行勤俭节约、提倡低碳生活与刺激消费、拉动内需以促进经济增长，这些看上去相冲突的理念应该统一起来。摆脱物欲的羁绊，需要坚守精神的高地。物质欲望与精神自由是个很古老的哲学话题，是自始至终贯穿于人的解放运动的难题。黑格尔说物质的实质是重量，精神的实质是自由。① 重量引人下坠，精神使人陟升。上升的力量在于摆脱重物，有所放弃才有所得，放弃一部分物质利益，才能有自由发展的空间。

第四，张扬生命意义，遏制技术异化。马克思深刻地阐释了由劳动的异化、物的依赖以及片面发展对人的自由全面发展造成的桎梏，也曾指出，由于机器代替了手工劳动，从而使一部分人退回到野蛮的劳动，并使一部分工人变成机器，变得愚钝和痴呆。在涉及科学技术问题时，他说自然科学是"通过工业日益在实践上进入人的生活，改造人的生活，并为人的解放做准备，尽管它不得不直接地使非人化充分发展"②。工具理性主义泛滥导致主体性的丧失，这是 20 世纪以来日益突出的新问题。由文化过程塑造的人类个体，也从肉体、心理到精神意识方面在越来越大的程度上为技术所改造。

教育的重要功能，就是对社会的复制和再生产。为了适应工业社会的需要而培养的人，并未在价值定位上着眼于人之为人的全面要素，掌握工具性的知识和技能成为学校教育的主要任务。作为手段、路径与过程的专业化成为教育的目的，这就使教育蜕变为一种教学的技术。教育的技术化蜕变与作为辅助手段的教育技术是两个完全不同的概念，但两者之间是有联系的，其关系在于：对技术过分依赖导致手段变为目的的异化。技术只需要培训，不需要思想、个性和创造性。现代教育中技术化倾向处处可见。课程实施的过程与结果的检验都可以用技术的方式应对，通过技术化的培训，考试变得简单易对付，因为技术过程排斥复杂性和不确定性，只要按照程序操作就可达到预定目标。教育一旦演变为技术和专业知识的培训，就失去了追求使人智慧和高尚的目标。

① ［英］罗素：《西方哲学史》下卷，马元德译，商务印书馆 1976 年版，第 283 页。
② 马克思：《1844 年经济学哲学手稿》，人民出版社 2000 年版，第 89 页。

总的来说，人的全面发展是一个历史过程，是实践努力的方向。实现人的全面发展，社会的政治经济制度是重要的外部条件，而教育文化的作用，则要为其提供精神建构的全部文化资源。正如马克思所言，"生产劳动同智育和体育相结合，它不仅是提高社会生产的一种方法，而且是造就全面发展的人唯一方法"①。好的教育"会使他们摆脱现代这种分工为每个人造成的片面性"，为塑造"完整的人"提供充分的发展条件。对个体自身来说，首先需要主体的自觉意识，不断反思自身存在的意义；保持开放心态，扩大生存和交往的空间；丰富生存体验，增进对世界各种关系和意义的感知、认知和理解；还要对现代生活背景下人的奴役状态有清醒的意识，树立崇高的道德精神，自觉发挥主体的力量。

第四节　文化力

发展力说到底是文化力。因为影响发展的所有因素中，人是决定性的因素，而人是文化的产物。文化孕育了具有永恒意义的崇高精神，凝聚了人类在漫长的历史过程中积累的智慧资源，丰富了人性和人的内心世界，塑造了人之为人所需要的条件，从而为发展提供了永不衰竭的超越性力量。西南民族地区多样化的民族文化，蕴藏着丰富的智慧资源，挖掘这些智慧资源对于提升民族地区的发展力具有十分重要的意义。

文化被视为一种力量。从广义来说，它是社会发展的精神动力和形

---

① 《马克思恩格斯选集》第 3 卷，人民出版社 2012 年版，第 710 页。

塑之力，也是具有价值导向的引领力。在社会的政治、经济、军事、科学、教育、生活等一切领域，无不渗透着文化力，都为文化力所塑造和建构。从狭义来看，它指相对经济发展而言的一种"软实力"，它被认为是"一个国家维护和实现国家利益的决策和行动的能力，其力量源泉是基于该国在国际社会的文化认同感而产生的亲和力、吸引力、影响力和凝聚力。硬实力（经济、军事）通常依靠'施压'迫使他国非自愿接受，是直接的、即时的、集中的、显性的；软实力则通常依靠'吸引'得到他国自愿认同，是间接的、历时的、弥散的、隐性的"[①]。物质的力量具有直接性，精神的力量是间接的，然而却是长久的。硬实力是"攻物"的，软实力是"化人"的。解读文化，发挥文化力，是提升发展力的重要途径，从某种意义上说甚至是根本途径。

文化是无形之力。人文世界的化成，依据的是天地系统运作之道。天文地理，都是有路数的。"化"的奥妙在"默而成之"，正可谓"桃李不言，下自成蹊"。物化、风化、人化、濡化、涵化、教化还有现代化、信息化、数字化等，人类社会一切系统的演进都遵从着一种隐秩序。"化"使边界模糊，使界限消失，各种独立的要素浑然而成为一体。孔子谈"内修七教，外行三至"的社会教化功能，以"布诸天下四方而不窕，纳诸寻常之室而不塞"来形容，当教化之功弥漫渗透于万民百姓，"则民之弃恶如汤之灌雪焉"[②]。文化实质上就是"不言之教"。老子说："不言之教，无为之益，天下希及之。"[③]没有什么可与"不言""无为"之教益相比。遵循了自然根本法则的化育过程有"不为而成"之妙。有了无形之力，老子无为而无不为，黄帝尧舜氏垂衣裳而天下治。思想的

---

① 高占祥：《文化力》，北京大学出版社 2007 年版，第 2 页。
② 王国轩、王秀梅译注：《孔子家语》，中华书局 2009 年版，第 19—20 页。
③ 陈鼓应注译：《老子今注今译》，商务印书馆 2003 年版，第 239 页。

力量、道德的力量、爱的力量与金钱的力量、物欲的力量、恶的力量形成价值观的交战，文化的战争无所不在，处处能感觉到无形的力量的存在。发挥好文化的正能量，就会有潜移默化、不为而成之功。

文化是绵延之力。老子说"执古之道，以御今之有"①，儒家经典中多有"稽古""重华""缉熙""袭迹""继往"等词语，表达的是遵循先哲开辟的文明道路前行的文脉和道统。即使在"孝"道中，不仅含有上下的秩序，也还有前后相继的秩序。所谓"历史感"和"历史意义"，指的就是文化的连续性。中华文明绵延数千年，展现出比世界上任何其他文明都更为突出的可持续发展品性。历史上中华民族经历过各种灾难，遭受过各种打击和碰撞，但从未使文明的连续性中断，反而每经历一次打击就愈加强大。今天我们看到，弘扬传统文化、构建中国话语体系、向着文化之根的回归，再次成为时代的最强音。这正体现了中华文化的博大精深。中国文化走向世界，已经成为一种历史必然。

文化是柔和之力。文化靠生生之德促进生命系统之间的相互适应与合作，因而能使系统从小到大、从低级到高级步步演进、日益强大。文明的发端就意味着人类将远离野蛮与霸道一步步走向和谐共生。在老子看来，柔弱胜刚强，而"强梁者不得其死"；儒家推崇"德昭天下""协和万邦"的圣王，视"聪明睿智，神武而不杀者"②有神明之德。直至今日，传统文化的和平精神依然在推动人类事业上显示出巨大的力量。在国际关系上，中国提出永远不称霸，坚持走和平发展的道路，实施"一带一路"建设、帮助发展中国家等一系列重大举措，都具有文化功能的意义。人心的归顺不是靠武力而是靠文化，得人心者得天下。

文化是生产之力。文化直接生产并再生产着像思想、理念这样的精

---

① 陈鼓应注译：《老子今注今译》，商务印书馆 2003 年版，第 126 页。
② （清）李光地：《周易折中》，李一忻点校，九州出版社 2002 年版，第 824 页。

神力量，又通过精神的力量生产出物质力量。人的道德精神、思维方式、知识能力等都是文化孕育的。人类认识世界、改造世界的力量不断强大，从根本上说来自人类知识和经验的积累，而这一切都是通过文化过程得以实现的。文化是人类社会得以前进和发展的巨大精神母体。文化之根越强大，由之孕育的人类也越强大；文化之根越深远，它的未来也越长久；文化之根越丰富，就越具有再生产的力量。这当然不是从文化工业视角来看待文化生产和文化再生产，而是从文化作为生命系统的生产与再生产的角度。人文成化本于天地之道，和于自然过程，"生而不有，为而不恃，长而不宰"①，因而文化之力能够生生不息，源远流长。

文化有形塑之力。所谓"以文化人"，是从个体的社会化过程来看，由一个自然状态的生命体成长为适应社会化生存的有独立人格的公民，从身体到心理到认知，一切都是在一个漫长的文化过程中被塑造起来的。当今时代，文化对个体的影响从胎儿时期就已经开始，甚至更早。及至出生后，从哺育到学语到幼儿教育，继而还有持续十几年的学校教育，都是以文化人的过程。人受文化的形塑之力而呈现出特定文化的类的特征，不仅受到学校文化和主流文化的影响，还受到家庭和社区文化的影响。研究民族教育，还要特别关注民族社会传统文化对个体文化心理、思维方式、行为习惯、智力特征等各方面的影响。

文化有凝聚之力。文化都是特定人类种群的文化，不同自然人文生态环境中的人类种群，在漫长的生存实践中，形成了特定的生产和生活方式及具有类的特征的文化模式。它凝聚着民族的精神、价值观、道德情感及一切方面的已有成就和历史经验，从而具有了使一个民族

---

① 陈鼓应注译：《老子今注今译》，商务印书馆2003年版，第260页。

成为一个民族的那些特有的东西。凝聚力来自共识，共识则来自共同的生活。凝聚力使每一个独立的个体为着共同的利益和共同的目标联合为一个整体。文化共识将个体联结为群体，群体联结为社会，社会联结为国家。中国社会就是一个巨大的民族大家庭。这是一个由数千年的文化之力凝聚起来的整体。它内在的丰富性和整体的认同感，必将在未来发展中释放出巨大能量，从而推动中国社会在实现大同理想的道路上阔步前进。

文化之力不可尽数，诸如其所具有的引领力、创造力和合力等都是人所共识的。概而言之，文化之所以有力量，因为它蕴含着丰富的正向能。世间万物相互作用的力量各种各样，有刚猛的力、有冲撞的力、有粉碎的力、有摧毁的力，这些力作用于事物，也会得到完全对等的反作用力。与这些力完全不同性质的，是柔软的力、融合的力、凝聚的力、渗透的力，是一些促成事物发展的力。还存在着"无力者的力"，将刚猛之力化于无形。文化力从本质上看，柔中有刚，弱中有强，碰撞中有融合，排斥中有吸纳，形散而神聚，遍布而无遗。

探讨民族社会发展之路，根本途径在于挖掘民族文化中蕴含的无穷力量。中华文化博大精深，蕴含丰富的精神资源和发展的动力资源，日益显示出对发展所具有的根本性力量。我们理应对自身的文化充满自信，大力弘扬文化精神并充分发挥其在现代化建设中的作用。这是可持续发展的内在力量。

中华民族多元一体的格局，是其文化博大精深的重要原因之一。民族的多样性和自然人文生态的差异性，使多元文化的碰撞与交流在更大的时空环境中展开，为文化要素的优化组合提供了历史条件和现实可能性，从而通过相互间的渗透与融合，增加了文化整体内涵的丰富性。各民族自身的传统文化是构成中华民族文化整体的一个有机组成部分，而一个民族赖以生存和发展的根本动力来自它的文化，文化是民族的血脉，也是人们共同的精神家园。因此，对民族自身传统文化的自觉与自信，对民族社会的发展都具有基础性的意义。教育提升民族发展力的现实路径，是以民族文化的内源性发展作为逻辑起点的。

第二章　西南民族地区发展的形势与现状

　　新时代西南民族地区迎来了内外互通、全方位开放的新发展格局，要适应这种新形势，实现可持续发展，根本上要立足民族地区现有的自然资源、人文环境和困难处境，探寻符合自身实际的发展路径。千百年来，秉承天地之厚德的西南诸民族，以与自然生态相适应的生产和生活方式谋求生存与发展，孕育了形态各异、五彩纷呈的灿烂文化，从而使这片土地蕴含了比其自然资源更为丰厚的人文资源。为了人并通过人的发展，就是要通过挖掘人文资源，以文化人，提升文化力，从而激发民族发展的内在动力和创造力，更合理地开发和利用自然资源，推动民族和谐、社会可持续发展。

第一节　时代背景

　　中国日益成为当今世界舞台上极具影响力的参与者。了解中国在世界的地位、发展现状及全球化战略，对确立西南民族地区发展的价值定位有重要的现实意义。

一、现代化进程

中国真正将"现代化"作为一项事业推进，是自新中国成立后起步的。20世纪最后的几十年里，"现代化"逐渐成为时代的最强音并推动中国的现实发生跨越式转变。迄今为止，人类历史上速度最快、规模最大、最有成效的脱贫运动发生在中国。2015年11月，中共中央、国务院发布关于打赢脱贫攻坚战的决定，全面部署未来五年脱贫攻坚工作。2016年3月，《中华人民共和国国民经济和社会发展第十三个五年规划纲要》发布，对全力实施脱贫攻坚总体目标作出战略部署。新中国成立70多年来，已有7亿多农村贫困人口脱贫。精准扶贫、精准脱贫行动有力地促进了贫困人口发展权的实现，为全面建成小康社会打下了坚实基础。

已经取得的成就令世人瞩目，也使国人坚定了道路自信和制度自信。然而，客观地认识发展的现状，分析存在的问题，对进一步发展至关重要。从现代化视角来看，我国发展还不均衡。目前从全国范围看，一些地区的工业化和城镇化水平有待提高，传统工业类型占很大比重；农业人口比重大，一些地区农业生产方式还未采用先进的耕作方式，仍然要完成从传统的农业社会向现代社会转变的任务。根据第二次现代化理论，欠发达国家实现现代化要经历三个阶段：初等—中等—发达国家水平。发达国家的现代化水平最高，中等发达国家的现代化水平超过世界平均水平但低于发达国家水平，初等发达国家的现代化水平低于世界平均水平，而欠发达国家的现代化水平一般低于发达国家平均水平的30%。《中国现代化报告2014—2015——工业现代化研究》提供的数据显示，2012年在人口超过百万的131个国家中，美国等21个发达国家约占16%，发展中国家约占84%。中国处在发展中国家的中间水平，第一次现代化指数排在131个国家的第58位；第二次现代化指数和综合现代化指数排在 56 和 62 位。第一次现代化是以工业化、城市化和民主化为典型特征的经典现代化;第二次现代化是以知识化、信息化和绿色化为典型特征的新现代化;综合现代化是以两次现代化协调发展为主要特征的新兴现代化。根据国家现代化指数年均增长率预测,在 2020 年完成第一次现代化,全面建成小康社会;2040 年左右超过世界平均水平,成为中等发达国家,基本实现现代化;2080 年左右成为发达国家,全面实现现代化。该报告显示,2012 年,美国等 27 个国家已经进入第二次现代化,中国等 100 个国家处于第一次现代化。中国第二次现代化指数表显示,西南地区除了重庆在大陆各省(自治区、直辖市)中名列第八位,其他省区处于在全国较低水平,倒数前三位依次为云南、贵州、西藏,广西排在倒数第六位。[①]

《中国现代化报告 2016——服务业现代化研究》通过对全球 131 个国家过去 30 年的服务业现代化水平进行定量评价,指出目前我国服务业现代化指数为 35,约为发达国家平均值的 1/3,在 131 个国家中排在第 59 位。对此,报告提出我国应该优先发展知识型服务业,以便尽早实现从工业经济到知识经济的转型。赶超发达国家,我国目前面临着两次转型:一是从工业经济向服务经济转型,二是从服务经济向知识经济转型。专家建议,我国应制定明确路线图,在 2030 年前后完成第一次服务业现代化,建成流通服务强国;在 2050 年前后基本实现服务业现代化,建成知识经济强国;在 21 世纪末全面实现服务业现代化,建成知识经济发达国家。[②]

---

① 中国现代化战略研究课题组、中国科学院中国现代化研究中心编:《中国现代化报告 2014—2015——工业现代化研究》,北京大学出版社 2015 年版,第 300、321 页。
② 詹媛:《〈中国现代化报告 2016〉发布:绘制未来 30 年我国服务业现代化路线图》,《光明日报》2016 年 6 月 27 日。

城市化是第一次现代化核心目标之一。《中国现代化报告2013——城市现代化研究》提供的数据显示，2011年，我国城市人口首次超过农村人口，城市现代化成为国家现代化的主体工程。报告根据联合国《世界城市化展望2011》和相关资料估算，到2050年中国城市总数有可能达到1632个；大城市人口将占城市总人口的约60%，中城市人口占19%，小城市人口占21%。2050年中国城市人口比例约为77%—81%，城市人口约11亿—12亿。报告认为，在21世纪的前50年，中国的城市现代化将会遇到巨大挑战。首先是人口压力，11亿城市人口将超过发达国家城市人口总和。其次是资源和环境压力，目前中国约有118个资源型城市，其中约44个为资源枯竭型城市；缺水城市约有400多个，其中严重缺水城市114个；现在又遇到了雾霾天气的困扰。最后是自然灾害的压力。2011年，在人口超过75万的城市中有24个位于干旱和半干旱地区，约有93个城市有比较严重的自然灾害，包括飓风、干旱、洪水、地震和滑坡等。①

关于民族地区推进新型城镇化建设，2016年12月国务院发布的《"十三五"促进民族地区和人口较少民族发展规划》要求民族地区应充分考虑地广人稀、地处边疆的特点，坚持因地制宜、固土守边的原则，研究制定推进新型城镇化的特殊政策措施。一方面，要加快中心城市建设，增强辐射带动能力，运用政府和社会资本合作等方式，有效缓解市政建设资金压力；另一方面，要支持中小城市、重点镇、特色镇发展，重点建设一批边贸重镇、产业大镇、工业强镇和旅游名镇。加快城镇产业集聚和人口集中，吸引各类企业向县城和中心镇汇聚，增强城镇可持续发展能力。充分尊重农牧民意愿，完善收益形成与返还机制，促进农

---

① 李大庆：《〈中国现代化报告2013〉出炉》，《科技日报》2014年4月25日。

牧民就近就地城镇化。围绕国家新型城镇化综合试点，培育发展一批山地城镇、生态城镇、旅游城镇等特色城镇，积极探索边境地区、集中连片特困地区、人口较少民族地区新型城镇化的有效路径。

世界上发达国家和地区与后发国家和地区的现代化发展规律，对我国不均衡的区域发展也有启示意义。后发国家和地区的发展路径并非像发达国家和地区那样只有一种"单线进化"的模式，而要走出一条具有自身特色的现代化道路。要在借鉴发达地区经验的基础上，坚持自主创新、内生发展。完全照搬别人经验，沿袭别人走过的老路，是没有发展前途的。

二、"一带一路"与西南民族地区发展

"一带一路"是中国在世界多极化、经济全球化、文化多样化和互联网时代背景下提出的发展倡议，旨在促进经济要素有序自由流动、资源高效配置和市场深度融合，推动沿线国家和地区协调一致，开展更大范围、更高水平、更深层次的区域合作，共同打造开放、包容、均衡、普惠的区域经济合作架构。"一带一路"倡议是国际合作及全球治理新模式的积极探索，也是推动经济全球化的有效举措，它符合全球共同利益，必将为世界和平发展增添新的正能量。

"丝绸之路经济带"是在古丝绸之路概念基础上形成的一个新的经济发展区域，包括西北五省区，还有西南地区的重庆、四川、云南、广西。事实上，地处西南腹地的贵州，近几年也在通过积极主动的努力，不断打造新的实力，加以自身独特的地理条件和丰富的古丝路文化资源，融入新丝绸之路经济带中。国家发展改革委、外交部、商务部联合发布的《推动共建丝绸之路经济带和21世纪海上丝绸之路的愿景与行

动》指出了中国各地区所具有的优势和开放态势，对西南地区做出的战略规划是："发挥广西与东盟国家陆海相邻的独特优势，加快北部湾经济区和珠江—西江经济带开放发展，构建面向东盟区域的国际通道，打造西南、中南地区开放发展新的战略支点，形成21世纪海上丝绸之路与丝绸之路经济带有机衔接的重要门户。发挥云南区位优势，推进与周边国家的国际运输通道建设，打造大湄公河次区域经济合作新高地，建设成为面向南亚、东南亚的辐射中心。推进西藏与尼泊尔等国家边境贸易和旅游文化合作。"国家层面，将遵循开放合作、和谐包容、市场运作、互利共赢的原则，致力于构建全方位、多层次、复合型的互联互通网络，实现沿线各国多元、自主、平衡、可持续的发展。互联互通项目将推动沿线各国发展战略的对接与耦合，发掘区域内市场的潜力，促进投资和消费，创造需求和就业，增进沿线各国人民的人文交流与文明互鉴，让各国人民相逢相知、互信互敬，共享和谐、安宁、富裕的生活。合作的重点是政策沟通、设施联通、贸易畅通、资金融通、民心相通。

弘扬民族传统文化，传承丝绸之路友好合作精神是民族教育的一个重要着力点。文化是最根本的发展力，西南民族传统文化与西南古丝路文化创造的文明有密切联系。有文字记载的历史，可追溯至公元前2世纪张骞出使西域。自那时以后，历代王朝在开通西南夷方面花费了巨大的力气。道路交通是文明之间相互联系的脉络，历史上，文明的强大也常常体现为它向周边延伸的道路交通。设置郡县和邮亭是王权的象征，也是文明联结的节点。经过学者们多年的田野考察和文献梳理，基本理清了西南古丝绸之路的三条线路，其对梳理西南文化脉络，思考和探索西南教育文化发展基本理念具有重要的价值和意义。[1] 西南地区的南方

---

[1] 屈小玲：《中国西南与境外古道：南方丝绸之路及其研究述略》，《西北民族研究》2011年第1期。

古丝绸之路，不仅仅是历代王朝与境外连接的商贸通道和巩固王权的政治通道，也凝聚和孕育了中国灿烂文化的文明演进路径。它沿着山川峡谷、穿越茂密森林，将沿途珍珠般散落于西南大地的文化区联结成一个与世界相通的文明之路，民族的多样性和文化的多元化，都成为这个文明链条上璀璨的明珠。民族地区的发展，依赖于民族内在的驱动力，而根本的驱动力来自文化力。民族文化心理及民族智慧深深植根于古丝路文化之中。远古时代经济文化的繁荣借古丝绸之路得以实现，今天，重振"丝路精神"必将发挥巨大的文化力量。

西南地区作为新丝绸之路经济带建设的地区之一，在地理位置上尤为重要，它北接渝新欧干线与陆上丝绸之路相通，南经北部湾和印度洋与海上丝绸之路相连。在这个辽阔的地区，有丰富的自然资源，包括矿产、能源、土地和旅游等，更重要的是它还拥有丰富多彩的文化资源。陆上与海上丝绸之路在这里联结，能量与信息在这里融通交汇，从而使这个地区充满了难以想象的发展空间和机遇。而这个地区要真正实现腾飞，关键是人的素质的提升，这是一个长期的社会建构工程，唯有通过教育文化的途径方能实现其目标。新丝绸之路的概念对于西南民族地区还具有十分特殊的意义，它可以唤醒沉睡多年的"丝路精神"，使其焕发出时代的生命力。通过教育文化的顶层设计挖掘民族文化中的智力资源，提升民族发展力，是新丝路建设目标得以实现的根本途径。

三、农业供给侧改革对西南发展的意义

基于西南民族地区自然人文生态条件和现实基础，建设绿色家园是最合理的战略规划，也是实现民族社会和谐发展和人与自然和谐发展的现实途径。对于工业化程度相对较低的西南民族地区来说，农业供给侧

结构性改革无疑将会带来发展的新机遇。

何为"供给侧"？一般认为供给侧由劳动力、土地、资本、创新四大要素构成。与之相对的"需求侧"从经济学角度来看主要指三大需求：投资、消费和出口，被认为是拉动经济增长的"三驾马车"。供给侧要关注的是生产要素的供给和有效利用，其结构性改革旨在从供给角度进行结构优化，使要素实现最优配置，增加有效供给中长期宏观调控，从而提升经济增长的质量和数量。进行供给侧改革的决策是基于对中国经济发展现实困境的科学认识。需求不足固然对经济增速下滑有影响，但那不过是单方面的原因，事实证明，仅靠刺激需求拉动经济增长收效甚微。鉴于自身实践和国际经验，中国经济改革的主流观点从"需求分析"转向"供给分析"，从供需错配寻找原因，从供给端着手改革，开辟新的路径，是一种有益的探索。落实供给侧结构性改革，主要在劳动力、资本、创新和政府作用几个方面着力推进改革。其中，促进劳动力跨地域跨部门流动、推动教育扶贫以提升人力资本、土地改革加速农地流转、提高土地使用效率等项，与农业供给侧结构性改革有直接的关联。

推进农业供给侧结构性改革，不能简单地将之视为农业结构调整，也不是简单的行政干预就能奏效的，更不能力求短平快。这是一个长期的过程，有困难、有挑战、有风险、有成本，还要承受改革的阵痛。在改革的过程中，要确保粮食生产能力不降低、农民增收势头不逆转、农村稳定发展不出问题，还要遵循市场规律，处理好很多关系，协调各方面利益，因此尚有许多有待研究和解决的新课题。党和国家关于推进农业供给侧结构性改革，加快培育农业农村发展新动能的政策，重点在以下方面："要优化产品产业结构，着力推进农业提质增效；推行绿色生产方式，增强农业可持续发展能力；壮大新产业新业态，拓展农业产业链价值链；强化科技创新驱动，引领现代农业加快发展；补齐农业农村短板，夯实农村共享发展基础；加大农村改革力度，激活农业农村内生发展动力。"①推进农业供给侧结构性改革，须在确保国家粮食安全前提下，从市场需求变化、增加农民收入、保障有效供给等方面考虑，探索体制改革和机制创新的有效途径。要对农业产业体系、生产体系、经营体系进行优化组合，提高土地产出、资源利用、劳动生产的效率，实现农业农村发展从过度依赖资源消耗和数量的追求，转向对绿色生态可持续发展和高质量产出的追求。②

　　西南民族地区同全国一样，随着城乡居民收入和消费水平的提高，农产品消费也日益呈现优质化、个性化、多样化趋势，品质、品牌、安全、绿色、体验等消费需求成为新的重要增长点。民族地区传统的生产和生活方式，原本就具有生态性，而新的消费趋势，日益与民族传统文化相结合，并和更高层次上的生态农业相关联。然而，现有的农业供给体系总体上还难以适应这些新的需求，尚未充分形成应对的能力，甚至缺乏反应能力。技术创新、业态创新和商业模式创新凸显其重要性。近年来，西南一些地区已经开始了一些探索性的努力。如贵州省在坚持土地公有制性质不改变、耕地红线不突破、农民利益不受损的前提下，进行了被称为"三变"的改革探索，即让村落的居民以土地资源作为资金入股，实现资源变股权、资金变股金、农民变股民的转变。农村集体资源性资产和经营性资产被作价入股，将财政投入到农村的生产发展类、扶持类资金，在不改变使用性质和用途的前提下量化为村集体经济组织或农民的股金，将农民的承包土地经营权、住房财产权以及资金、实

---

① 《中共中央国务院关于深入推进农业供给侧结构性改革 加快培育农业农村发展新动能的若干意见》，人民出版社 2017 年版，第 47 页。
② 《2017 年中央一号文件公布 提出深入推进农业供给侧结构性改革》，新华网，见 http://news.xinhuanet.com/politics/2017-02/05/c_1120413508.htm。

物、技术、劳动力等生产要素入股农业产业化龙头企业、农民合作社等新型农业经营主体，促进了农业适度规模经营，增强了农村集体经济实力，拓宽了农民增收致富渠道。①

农业供给侧结构性改革为西南地区发展带来新的契机，已有实践需要好好总结，一些更好的思路也需要付诸新的改革探索，如推进农业生产性服务市场化、产业化、社会化和规模化、专业化、品牌化发展；培育新型农业经营主体和各类农业服务主体分工协作、优势互补、链接高效的现代农业经营体系；引导涉农平台经济有序发展并发挥对农业发展方式转变的领航作用；全面深化涉农产权和要素市场改革；推进农村一二三产业融合发展等。②

第二节　资源环境

资源环境主要包括两个方面，一是自然环境，二是人文环境。西南地区包括川、滇、黔、桂、藏、渝六省（自治区、直辖市），总面积占全国陆地面积27.1%，耕地占全国总面积19%，人口约占全国总人口的18.5%。西南地区是我国少数民族最多的地区，有五十多个少数民族。长江、黄河、珠江等几大水系纵贯全境，也是怒江、澜沧江、雅鲁藏布江、元江等河流的上游水源区。地表系统呈阶梯状分布，跨越了我国地势的三个阶梯，从雪域高原到东南海滨、从茫茫草原到盆地峡谷、从黄

---

① 刘远坤：《农村"三变"改革的探索与实践》，《行政管理改革》2016年第1期。
② 姜长云、杜志雄：《关于推进农业供给侧结构性改革的思考》，《南京农业大学学报》2017年第1期。

土高原到丛林水乡，地形地貌复杂多变，多样化生态呈立体分布。西南地区自然环境的主要特点是面积广大、地形复杂、资源富集、自然生态呈多样性；人文环境主要特点是民族众多、文化多元，人文生态丰富多彩。前者是经济发展的物质基础和基本条件，没有自然资源的支撑，无以谈经济发展；后者是依据不同自然生态而发展起来的文化系统，关乎发展主体的素质建构和内源性发展的根本动力机制建设。两者之间存在着必然的内在关联性，自然资源决定资源型产业的命运，极大地影响着产业结构和地区产业发展，而作为经济基础又对以不同的生产和生活方式存在于不同资源环境的民族文化，产生决定性的影响。认识资源环境的特点是谋求可持续发展的基础。

一、自然资源

西南地区自然资源中，水能、森林、动植物和矿产资源丰富多样，与东部、中部地区相比，总体呈现明显的优势。根据国家统计局《中国统计年鉴 2018》提供的数据计算，西南地区与全国各地区资源禀赋系数表显示，水资源禀赋系数远高于东部、中部、西部和全国平均水平，森林也超过其他地区，远在全国水平之上，耕地、矿产、能源除了略低于西部外，也都在其他地区之上。[①]

西南矿产资源齐全而且丰富。目前世界已知的 140 多种有用矿产在该地区几乎均可找到，其中有 20 多种矿产储量居全国前列，锰、钡、钛、锡、铅、锌等矿产储量在全国乃至世界都占重要地位。广西的锰、锡、砷、膨润土等 14 种矿产居全国首位，另有钒、钨、锌、锑、银、

---

① 数据来源：中华人民共和国国家统计局编：《中国统计年鉴 2018》，中国统计出版社 2018 年版。

铝、滑石、重晶石等矿产储量居全国前六位。黔、桂、川、滇地区的铝、铅、锌、锡、锑、铜矿开采和冶炼，已经形成系统的产业链。滇、桂两地甚至被称为"有色金属王国"。[①] 西藏的铬矿占据全国的42.89%，位列全国第一。

西南地区能源主要有煤炭、天然气、生物质能、地热、太阳能、风能和水能，资源总量2085.7万吨标准煤，占全国总量19.0%。煤炭和油气资源富集于川滇黔渝地区，天然气和煤炭储量居全国各大区前列。石油主要集中在川、桂、滇地区，天然气主要集中在川渝地区，储量分别为4295.1亿立方米和1219.5亿立方米，分别居全国第三位和第七位。

西南水能资源不仅总量丰富，而且水电资源开发还具有技术经济指标优越的特点。全国14个大型水电基地中该地区占半数之多。乌江、金沙江、大渡河、澜沧江、红水河、雅砻江等都是重要的水电能源开发基地。其中，雅鲁藏布江下游的墨脱河段可兴建装机容量约4000万千瓦的巨型水电站。此外，内河航运的开发潜力也很大。总的来看西南地区水资源总量及可开发量均居全国首位，其理论蕴藏量及可开发量分别为4.90亿千瓦和2.67千瓦，约占全国总量的70%。黔、滇、藏为能源特富区。[②]

西南地区其他能源总量也相当可观。西藏年风能储量为930亿千瓦/小时。这里也是我国太阳能最富集、地热蕴藏量最丰富的地区。太阳能总辐射量达140—200千卡/平方厘米，是东部沿海地区的两倍。地热总能量为65万千卡/秒（年产热量约合300万吨标准煤释放的热

---

① 胡鞍钢主编：《地区与发展：西部开发新战略》，中国计划出版社2001年版，第11—98页。

② 牛雪霞：《西南地区经济发展的资源环境支撑体系研究》，硕士学位论文，云南师范大学2007年。

量）。濒海的广西还拥有丰富的海洋能源（如潮汐、风能、波浪、潮流和海流等）。

西南地区资源状况从总的空间分布来看，其要素空间结构主要分为青藏高原、云贵高原、四川盆地、广西丘陵和北部湾沿海几个单元，总体地势西高东低。川、滇、黔地区资源基础要素空间构成上较为协调，西藏较为欠缺。

生物资源丰富是西南地区的突出特点，它对西南地区生态文明建设具有十分重要的价值和意义，尤其需要给予特别关注。青藏高原、横断山脉、云贵高原、四川盆地、秦巴山地、滇桂岩溶山地和粤桂山地等复杂地形地貌，使该地区气候条件呈现极大差异性，从而分化出世界上最具多样性和丰富性的动植物物种和群落。一些地区成为动植物物种的天然传播通道或者屏障。自第四纪以来，这个地区的大部分未受冰川侵袭，为一些古老而原始的动植物提供了天然的"避难所"，一些类群和子遗种类得以保存，已有新的动植物在此发源，从而使这里成了许多动植物分化、分布的中心地带。地势和气候的立体性又促成了植被的多样性，这里从南到北分布着热带雨林、季雨林、常绿阔叶林、落叶阔叶林和针叶林，从低海拔到高海拔分布着亚热带常绿阔叶林、落叶阔叶与常绿阔叶混交林、针阔混交林、亚高山针叶林、高山灌丛草甸、流石滩植被和永冻带。森林资源十分丰富，是中国第二大林区，有森林面积6001.46万公顷，占全国总面积34.3%。藏、川、滇的森林及活立木蓄积量分别居全国前三位。森林分布总体上西多东少，南多北少。根据《中国统计年鉴2018》公布的数据，广西和云南森林覆盖率达56.51%和50.03%，为全国平均水平的两倍多。[①] 复杂的地形、地貌、气候和植

---

① 数据来源：中华人民共和国国家统计局编：《中国统计年鉴2018》，中国统计出版社2018年版。

被作用于土壤的发育，使土壤类别呈现复杂多样的水平分布和垂直的带状分布特征，这又反过来作用于植被和气候。这种独特的自然地理环境孕育了中国乃至亚洲种类最丰富的野生生物。

根据相关资料统计，西南地区有脊椎动物 2175 种，占全国种数的69.58%，其中哺乳类 340 种，占全国种数的 60.96%；鸟类 881 种，占全国的 74.28%；爬行类 229 种，占全国的 60.26%；两栖类 165 种，占全国的 75%；淡水鱼类 560 种，占全国的 70%。种子植物约在 2 万种以上，占全国种数的 2/3。

珍稀和孑遗类有大熊猫、金丝猴、滇金丝猴、长臂猿、亚洲象、虎、水杉、桫椤、珙桐、望天树、秃杉等；其他大型野生动物有 20 余种，如熊、苏门羚、斑羚等，小型野生动物有 80 多种，如麝、松鼠、狸子、香狸（小灵猫）、貉、狐、獾、水獭、穿山甲等；具有渔猎价值的淡水鱼约 50 种，海产鱼类 30 余种，虾类 10 余种，蛇类 30 余种；猕猴等灵长类有 19 种，占全国种数的 95%；具有独特经济价值的昆虫，如各类药用昆虫、食用昆虫、饲料昆虫、工业经济昆虫（包括产丝、产蜜、产紫胶、产五倍子、产白蜡和其他工业原料的昆虫）、授粉昆虫、观赏昆虫和天敌昆虫等，其中驰名中外的有冬虫夏草、紫胶虫、五倍子虫和白蜡虫等；满足人们生活基本需求的栽培作物和饲养动物的种质资源有多种野生稻、野牛等；特种经济作物，如烟、糖、茶、橡胶等；药用植物种类占全国已查明的 5136 种的 3/4，主要种类有三七、杜仲、天麻、茯苓、黑节草、川芎、贝母、黄连、肉桂、石斛、千年健、罗汉果等；香料植物三百余种，可供开发利用的近百种，如可供提取樟脑和各种樟油的樟属植物就有肉桂、狭叶阴香、黄樟、油樟、少花桂等近 30种；野生油料植物约 200 种，如油渣果、油茶、乌桕、油桐、石栗、蓖麻等；淀粉植物近百种，如壳斗科植物的坚果、芭蕉芋、川百合、薯蒟、桄榔、董棕等；纤维植物有用于造纸原料的马尾松、云南松、桉树、竹类、龙须草等，有用于制蜡纸、包装纸的多种瑞香、构树等；树脂树胶植物有马尾松、云南松、思茅松等；观赏花卉植物多达 2500 余种，名贵品种有云南山茶、金花茶、杜鹃、报春、兰花、琪桐、银杉、叉叶苏铁、棕竹等；野生多维果类植物有刺梨、沙棘、猕猴桃、云南山楂、酸角、余甘子等；深受人们喜爱的食用菌多达 300 种以上，如美味牛肝菌、松茸、鸡枞、羊肚菌、毛木耳、香菇、鸡油菌、草鸡枞、双孢蘑菇、干巴菌等。①

　　另一类最宝贵的资源，是遍布西南地区得天独厚的旅游资源。高天原野、冰川雪峰、神山圣湖、森林峡谷、流泉飞瀑等自然景观数不胜数。更有自然人文交织的旖旎田园、古朴城镇、寺庙建筑、竹楼杆栏、鼓楼花桥等，以及能够使人获得体验式享受的民族风情，如饮食、歌舞、节日、仪式、典礼等。没有必要也无法将西南旅游资源尽数列出，它们早已纳入西南开发的战略规划并付诸实施且已卓有成效，成为西南经济增长的支柱产业，也成为西南地区"旅游扶贫"的有力支撑。目前西南旅游资源开发主要是从经济发展的目的出发的，开发模式多样化。有政府主导、公司运作、社会参与的互动模式，也有社会运作模式，以资源、产品、实体、资本等方式参与旅游资源开发；从形式上看，有生态博物馆模式，有民族生态保护区模式，还有集旅游和体验式经济为一体的模式，等等；从投资主体来说，有原地开发模式和异地开发模式；从时间安排来说，有短期节庆模式和长期固定模式；对旅游资源有直接利用的，也有在整合提升基础上加以利用的，还有以复原历史的方式开发和利用资源的。当前需要做的是反思已有的实践，提升发展的质量并

---

① 陈书坤：《西南地区生物资源现状及其发展战略初探》，《资源科学》1990 年第 1 期。

做更为长远的谋划。对自然资源和人文资源的开发和利用，不能仅从经济的目的出发，也不是有政策和法规的支持就足够了，可持续发展的根本力量来自文化的建设。

西南地区生物资源具有多样性、丰富性、可再生性、区域性、独特性和特殊条件下的适应性。以上列举远未尽数，可以推测尚有很多未被发现和认识的。但我们也确知那些消失的和正在消失的物种，使西南具有魅力的原始而野生的生命之美，正面临着工业文明的威胁。在当代人类活动的影响下，掠夺性的开发、环境的污染、生态的破坏正在导致很多生物永久地消失。认识西南自然资源，要立足于它可持续的发展，任何一种不可能再生的开发和利用，都必须立即停止。目前西南地区已经建立了很多自然保护区、濒危动物繁殖场和植物引种栽培场，这对濒危动植物的保护和拯救有积极的意义。但仅有这些是远远不够的，法治和人心的道德建构是根本的途径，这是一个长期的和须臾不可放松的社会文化工程。

二、人文环境

西南地区自然生态的多样性必然地决定着人文环境的丰富性和复杂性。人文生态环境中相互作用的要素，可从不同的维度和层面来看，一切都围绕着人这个主体而发生意义关联，人的本质通过人与人、人与自然的对象性活动而得以实现。西南诸民族精神、物质、制度、习俗、生产、生活、交往等方面相对稳定的文化模式，在历史中形成，在现实的关系中展开。淳朴的民风和丰富多彩的民族文化与工业社会和技术文明的本质特征迥然相异。诸如节庆、服饰、饮食、建筑、婚丧、歌舞、绘画、宗教、寺庙等，构成了色彩斑斓的人文景观，而由祖祖辈辈生于斯、长于斯的种族部落之手改造的自然风光，也表达着浓郁的人文意蕴。

（一）历史溯源

西南人文溯源，上可抵达远古时代北方的氐羌、南方的濮越及自东而来的苗瑶等先民部落。思考西南人文环境，割不断这个历史的联系。早期的西南地区在正史中很少有记载，偶有提及，也常以鄙语描述，且记述含混，语焉不详，如《尚书·牧誓》提到"庸、蜀、羌、髳、微、卢、彭、濮人"，孔氏传曰："八国皆蛮夷戎狄属文王者国名。羌在西，蜀、叟、髳、微在巴蜀。"《尔雅》提道："九夷、八狄、七戎、六蛮，谓之四海。"注曰："九夷在东，八狄在北，七戎在西，六蛮在南，次四荒者。"西南现存的各个民族都有关于自己起源的传说，那些负载着民族生存价值追求和道德情感的故事，都源自更早的洪荒时代。司马迁《史记·西南夷列传》提到秦汉以来西南地区九个较大的族群，分别是夜郎、滇、邛都、嶲、昆明、徙、筰都、冉駹、白马。之后班固《汉书·西南夷两粤朝鲜传》、范晔《后汉书·南蛮传》和常璩《华阳国志·南中志》等书还提到了僰、句町、漏卧、且兰、哀牢、濮、滇越、摩沙夷等西南夷族群。夜郎古国可以追溯到战国秦汉时期，其疆域"东接交趾，西有滇国，北有邛都国"，其族属包括濮、僰、僚、仡佬、羌、彝、百越、布依等族。滇也是秦汉时西南夷中一个较大的古代民族，主要居住在今云南昆明滇池一带。战国末至西汉中期为鼎盛时期，西汉后期逐渐衰落，后为东汉中原王朝设置的郡县所取代。滇国主体民族有濮越说、羌僰说、百越说、百濮说和濮越、氐羌杂居说。夜郎和滇以外的邛都、嶲、昆明、徙、筰都、冉駹、白马及东汉时期的哀牢族的历史记载，散见于各种不同的文献资料。据《史记》描述，古时西南夷有很多部落首领，其中夜郎势力最强大。夜郎以西的靡莫也多得以十数计，其中滇的势力最大。从滇往北，那里的部落首领也多得以十数计，其中邛都势力最大。这些地方的人们都头梳椎髻，耕种田地，有聚居的都邑。在他们聚处之外，西边从同师往东，直到北边的楪榆，有被称为嶲和昆明的族类。他们都把头发结成辫子，随着放牧的牲畜到处迁徙，没有固定的居住之地，也没有首领，他们活动的地方有几千里。从嶲往东北去，部落首领多得要用十来计算，其中徙和筰都势力最大。从筰往东北去，部落首领多得要用十来计算，其中冉駹的势力最大。他们的风俗习惯有土生土长的，有随迁徙而带来的，都在蜀郡的西边。从冉駹往东北去，部落首领多得要用十来计算，其中白马的势力最大，都是氐族的同类。这些都是巴郡、蜀郡西南以外的蛮夷。[①]秦汉以来，西南各部落都经历了不同的民族生存和发展道路，相互之间有竞争、对抗和冲突，也有交流、融合与共生。

有研究指出，目前西南地区30多个少数民族，分别出自古代南方的四大族群，分别是：

（1）操壮侗语的"百越"，包括壮、布依、侗、傣、水、毛南、仫佬等民族。其分布地区主要为云贵高原的低山地、丘陵和平原地带，这里地势低，气候湿热，适宜于来自百越的稻作文化的延伸和发展，由之形成了有自身特色的文化区域。

（2）操藏缅语的"氐羌"，包括藏、羌、普米、门巴、珞巴、白、

---

① 《史记·西南夷列传》："西南夷君长以什数，夜郎最大。其西，靡莫之属以什数，滇最大；自滇以北君长以什数，邛都最大，此皆魋结，耕田，有邑聚。其外，西自同师以东，北至楪榆，名为嶲、昆明，皆编发，随畜迁徙，毋常处，毋君长，地方可数千里。自嶲以东北，君长以什数，徙、筰都最大。自筰以东北，君长以什数，冉駹最大。其俗或土箸，或移徙，在蜀之西。自冉駹以东北，君长以什数，白马最大，皆氐类也。此皆巴蜀西南外蛮夷也。"

彝、傈僳、哈尼、纳西、拉祜、阿昌、景颇、独龙、怒、土家等民族，这是来自青藏高原东南的氐羌人沿着民族走廊南下，与当地民族融合所形成的云贵高原氐羌系族群，其文化特色与百越民族有明显差异。

（3）操苗瑶语的"南蛮"，包括苗族和瑶族。

（4）仡佬族与南亚语系的布朗、德昂、佤等民族可能是"百濮"的后裔。

各民族错杂分布，具有"又杂居，又聚居"和"大杂居，小聚居"的特点，相当数量的少数民族与东南亚各国有密切联系。各民族间多有各种渠道的交流。民族社会各有自己的发展史，社会形态多样，经济和文化也存在极大差异。① 据第六次全国人口普查统计，西南地区有常住人口超过 5000 且为独有世居的少数民族 30 个。人口在 100 万以上的有壮族、回族、苗族、彝族、藏族、布依族、侗族、瑶族、白族、哈尼族、傣族等，人口在 10 万以上 100 万以下的有傈僳族、仡佬族、拉祜族、佤族、水族、纳西族、羌族、景颇族、毛南族；人口在 10 万人以下的有布朗族、普米族、阿昌族、怒族、京族、基诺族、德昂族；人口不足 1 万人的有门巴族、独龙族、珞巴族等。

（二）生存状态与环境

人与自然的关系是认识人文环境不可或缺的视角。"观乎天文，以察时变。关乎人文，以化成天下"。作为"类的存在物"，人是时空的产物。依据自然的法则而使人文成化，是人类社会演进的一个根本法则。在解释人类社会发展问题上，"地理环境决定论"认为诸如地质、地貌、气候、水文、土壤、植物植被、动物和微生物等自然条件和可供人们利

---

① 史继中：《西南民族社会形态与经济文化类型》，云南教育出版社 1997 年版，第 2 页。

用的各种资源，对人文社会形态发生具有决定性作用。这种认识的片面性来自思维的简单化。事实上，民族社会发展的历史、各民族之间的交往和文化的碰撞与交流，民族社会内部政治、经济、文化各要素之间的相互作用，就是说，外部和内部的要素间的相互作用及其过程性的形态发生史，都对民族社会形态发展具有根本性的解释意义。至于人与地理环境之间的相互关系，也需要历史地、辩证地看。

人与自然的关系是一种对象性的关系，自然影响着人的生产与生活，人也以自己的方式影响着自然，并依据从对象性的活动中参悟到的自然法则来构建人文世界。人与自然两者之间的和谐共生，在历史中形成，在互动中发展。历史地、辩证地看问题是马克思主义一贯的作风，它使我们在更高的层次上反观人与自然的关系。从这种认识论出发，人才能以积极而自觉的行为，取代对环境消极的、掠夺性的侵害，才能养活自然并被自然养活。西南民族生存的历史和现实，也正是以其各具特色的人文风貌体现了这一点。西南地区依赖不同资源环境而生存的民族，发展出与其所处环境相适应的各种经济类型，由于地处偏远地带，交通闭塞，山川阻隔，以致各种形态的人文风貌一直保持到最晚近的时期。从青藏高原往东南方向，依次分布着高原畜牧、山地耕牧、山地旱作、山地耕猎、稻作农耕等类型的民族。现时代各民族的生产生活方式，是历史形成的，与自然资源环境密切关联。"生境"一词可以用来表述这种状态，如白族、壮族、回族、纳西族等多居住于平坝地区，苗族则多居于高寒山区，怒江、独龙江的傈僳族和独龙族分布于两侧山区不同高度的生存带。

西南民族具体的生计方式多种多样，大致可归结为三种基本类型：其一为游牧类型，如藏北高原及阿坝草地的藏族；其二为刀耕火种类型，如滇西的若干民族及部分苗族、瑶族；其三为水田稻作类，如傣族、壮族、布依族等。而在这些类型之间，还存在着一些边界模糊的中间状态或过渡形式，如有的处在从狩猎采集向刀耕火种农业过渡的阶段，有的则处在从刀耕火种向锄耕农业过渡的阶段，还有的处在从锄耕农业向犁耕农业过渡的阶段。还有混合型的生计方式，如珞巴的"狩猎游牧"型、凉山彝族的"山地耕牧"型、京族的"渔业农耕"型、景颇族的"水田兼山地农业"型等。

各不相同的生计方式带来了形形色色的人文景观。人们一般认为，游牧和刀耕火种的生计方式相对于水田稻作农业来说，处在较低的发展阶段。新中国成立前，西南尚有处在原始状态的社会文化形态，如澜沧拉祜族的"底页"、贡山独龙族的"其拉"，金平拉祜族的"卡"，勐海布朗族的"戛滚"和景洪基诺族的"卓米"。还有一些处于转型阶段的社会，介于原始社会到封建社会之间，如大小凉山的彝族奴隶制，还有诸如遮放山景颇族的山官制、阿佤山佤族的部落制、大瑶山瑶族的石牌制、雷公山苗族的议榔制、黎从榕侗族的侗款制、怒江傈僳族的共耕制等，被认为是处在徘徊于公社的某种次生形态到封建社会之间的状态。第三种情况是处于封建社会与土司结合的封建领主社会类型，如阿坝藏族游牧宗法制、永宁泸沽湖摩梭人的母权制、西双版纳傣族的村社联合制、黔桂边境壮族布依族的亭目制、黔西北彝族家长制度与封建领主制结合的则溪制以及西藏的"政教合一"制等，共有18种典型形态。①

西南民族近现代以来经历了巨大的历史变革，最大的变化发生在新中国成立前后，民族社会从各种不同的发展状态以跃迁方式进入社会主义初始阶段。然而其人文风貌因其历史的久远而在很大程度上保持着各

---

① 史继忠：《西南民族社会形态与经济文化类型》，云南教育出版社1997年版，第17—18页。

自的特色。改革开放后，西南各民族人文环境再次发生变迁，并因民族历史文化背景和资源环境条件的差异呈现出发展的不均衡状态。

西南地区有个值得关注的文化带，被称为"滇西南刀耕火种带"。从云南澜沧江以西地区的怒江傈僳族自治州和德宏傣族景颇族自治州，中经临沧和思茅地区西南部、西双版纳傣族自治州、红河哈尼族彝族自治州，东达文山壮族苗族自治州南部，在这个横跨千里的弧形地带分布着拉祜、景颇、傈僳、怒、佤、布朗、独龙、基诺等民族以及苗族和瑶族的一部分，大都在不同程度上保持着刀耕火种的耕作方式。采取这种方式的族类，千百年来能保持与自然的和谐相处，并获得了世世代代持续性的发展，而一旦采取了高投入、高产出、产品单一、节约用地的集约化现代高效农业模式，还能保持人与自然之间的和谐吗？人与自然环境的适应关系是在长期的生存体验和生产实践中建立起来的，人文与自然也是不能分割的，谈发展不可无视人文历史及现实条件。更高层次的现代化谋求发展生态农业，让刀耕火种成为一种旅游资源，依托山林、田园、竹楼和原始而自然的耕作方式，打造富有浓郁民族色彩的人文体验经济模式，未尝不是值得探索的发展道路。

（三）宗教信仰

宗教是西南人文构成要素中的重要方面，它在西南诸民族社会生活中占有特殊地位。西南地区宗教信仰的多样性是世所罕见的，原始宗教和本土自生的道教与体系完备的世界性三大宗教长期并存，各宗教又有众多的派系。在漫长的历史时期里，宗教是精神生活的实质所在，也是社会政治的工具。民众日常生活和习俗，包括节日、典礼、仪式、集会等无不带有浓厚的宗教色彩。甚至生产活动，从种植到收获，无不需要通过祭祀祈求神的赐福。人与自然环境之间的平衡和协调是靠宗教来维持的。许多少数民族普遍将自然界视为神的体现，因而，把自然界当神来崇拜成为许多原始部落宗教的特征。对超自然力量的崇拜，从某种意义上说对自然具有保护作用，"靠山吃山"的部落能得以可持续地发展，就在于他们把生产活动视为受神的委托来照顾土地，他们按照可以再生的原则享用神的恩赐，而绝不会做滥伐森林和竭泽而渔的蠢事。

总的来看，西南少数民族中，除了藏传佛教、南传佛教、伊斯兰教、基督教、天主教，还普遍存在着多种形式的自然宗教，农耕民族多采用农业祭祀和神社祭祀的方式，而图腾崇拜则是狩猎民族的主要方式，重血缘关系的民族则把祖先崇拜放在重要位置。人为宗教与自然宗教并存或相结合，也是西南地区宗教的一大特点。譬如，西双版纳自然宗教与小乘佛教并存，很多民族中道教、佛教与巫教混杂，而喇嘛教则是原始的本教与佛教的结合。白族的"本主教"和纳西族的"东巴教"，有明显的自然宗教特征，也有人为宗教的因素。① 佛教在西南民族地区有较大影响，信奉大乘佛教的主要有白族，布依、纳西、拉祜、壮、侗、彝、羌等民族也有信奉者；小乘佛教主要分布于西南边疆的傣族、德昂族、阿昌族以及布朗族、佤族的一部分。傣族村寨几乎都有寺庙和僧侣，傣族男童都须有做和尚的经历，才能取得相应的社会地位，也有终身为僧人的；藏传佛教，除了受藏族信仰外，还受蒙古族、土族、裕固族信仰，在纳西族、怒族、羌族、普米族等民族中也有部分信仰者。宗教信仰是每个民族必需的精神支柱，它渗透于民族生存活动的一切方面，塑造了民族社会的文化心理和道德情感，也造就了各个民族独具特色的人文景观。

---

① 史继中：《西南民族社会形态与经济文化类型》，云南教育出版社1997年版，第18页。

（四）文化传播与交流

不同文化系统之间的相互作用与联系，是思考人文生态的又一重要视角。具有共同文化特征的人所分布的地理范围，通常会有一个中心区域，中心区是文化特征表现最突出的地方。文化模式会从核心地带向外逐步扩散，获得复制和再生的生境，这是文化生命系统的本质特征。随着远离中心的扩张和推进，文化的影响力逐渐减弱，在两种文化区的边缘地带，主要特征也会变得混沌与模糊。边界通常不是一条线，而是一个地带。自然障碍、民族认同、政治区域等都会被框定边界，从而使某种文化现象或文化特征截然中断。从另一个角度看，正是由于自然或社会的原因所造成的封闭和隔离，导致了一些原生态的文化系统完好地生存下来，正像远古时代的孑遗物种，因西南的特殊地形地貌而得以存活。文化要素的传播和扩张是文化系统生存和发展的内在必然性，因此它总是处在动态的变化之中。西南民族人文生态中不同文化模式之间的相互作用，遵循着文化传播的规律和动力机制，有扩展性的扩散，也有迁移性的扩散。文化特征和要素的扩张可以通过战争和族群的流动，也可以通过居民的日常活动，像滚雪球一样从一个地方传播到另一个地方。随着采纳者的增多，其空间分布也得以扩展。譬如，稻作文化在西南地区的扩散，在历史上就是以这样的方式展开的。"茶马古道""滇西南刀耕火种带""藏彝大走廊""武陵文化走廊"等富有深厚人文意蕴的文化带遍及西南广大地区，它们是蕴含价值与意义的文化符号，是西南民族社会演化的活化石。

（五）民族社会的开放

人文与自然成为当今时代社会发展的核心概念和关键词。人的生存全靠人对自然环境所提供的多种可能性作出抉择，这就是价值选择，这种选择不可能不受民族社会文化遗产的导向作用影响。人类满足自身需要的过程，也是人的现实的实现。一般来说，需求和能力的丰富，与可供选择的机会和可能性之间成正比。而需求和能力是一个内心世界丰富性的问题，是一个文化问题。文化水平越高，限制就越少，自由度就越高。反之，自然环境的影响与限制就越大。因为，自然是固定的，人文是变动的，与时俱变是主体的能动性体现。人文环境的构成要素很多，远远难以尽数描述。总的来说，由于西南地区远离中心、交通不便、地方偏远、山川阻隔、地形封闭，加之漫长的农业文明时代自然条件的极大差异和民族社会发展历史条件的复杂性，源自遥远时代的先民部落，各自演化出相对稳定的生产和生活方式，在社会形态、精神、心理、宗教、语言、艺术等方面形成了相对稳定而具有独特性的文化模式，创造出丰富多彩的文化景观。诸多民族各有自己的生境，其人文资源环境的构成，既有对未来发展具有决定性意义的根本要素，也有不适应时代变化需要加以改革的落后方面。一些新问题也不断凸显在时代背景之上。例如城市化进程和生态移民会带来人文环境的巨大变迁。文化随迁移的主体一同移动至另一地区，这种情况比以往时代文化系统的自然扩散要迅速得多。原来文化迁移的路线，可能得越过山川、河流、沙漠、海洋等巨大的空间障碍，但那种文化变迁虽缓慢却是绵延的，有着生命的连续性。而今突然从一地到另一地的迁移，则可能导致文化断裂。从另一个角度来看，天然屏障对民族的存在也会起到保护作用。我们珍重当今世界那些残存不多的古老物种的孑遗，正是由于千万年的环境变化未能使它们灭绝，因而为进化到高级阶段的智慧生命提供了可参照的样本，也使智慧生命知道了历史，通过自然参考悟出大自然的生命法则。思想、技术、发明创造这类文化现象，正在以一种快速的方式传播，随着越来越多、越来越大的城市和都市的出现，加之信息和交通的迅速发展，文化会从这些中心区向周边扩散。全球化的进程已经敲开了西南的大门，西南将以全方位开放的人文胸怀迎接新时代。

三、资源特点及不利条件

西南地区面积广大，总体看来资源富集，但由于地形地貌差异大，资源分布不均衡，还存在着一些不利条件和较为突出的问题。

耕地资源有两个突出特征：一是山地、丘陵、高原占据大部分地区。该地区为我国石灰岩分布最集中的地区，喀斯特地形占全区总面积的 30%，存在大量岩溶面积集中的区县。岩溶和山地环境是生态环境脆弱地区，两种典型的脆弱生态系统叠加分布于西南地区，使这里成为世界上连片面积最大、发育形态类型最齐全地区的突出地表。云南、贵州两省有 25 个地区属于生态脆弱地区。[①] 云南昭通属于生态严重脆弱地区，依次还有楚雄、红河、文山、大理、丽江、怒江、曲靖、思茅、保山、迪庆、临沧、昆明、玉溪、版纳、德宏等地区分别处在不同程度的脆弱状态；贵州则有六盘水、毕节、安顺、遵义、铜仁、黔西南、黔东南、黔南、贵阳等地区属此之列，贵州 86 个县中有 75 个属于"喀斯特县"。这些地区面临着水土流失、石漠化、自然灾害、土地退化、可利用土地资源减少、土地资源的可持续能力减弱的严峻威胁。二是耕地面积空间分布不均。耕地面积最丰富的是该地区中部的川、渝、滇，其次为桂、黔地区，而面积最大的西藏耕地资源最少，仅有 36.26 万公顷。耕地资源总体利用价值有限。

---

① 赵珂、饶懿、王丽丽、刘玉：《西南地区生态脆弱性评价研究：以云南、贵州为例》，《地质灾害与环境保护》2004 年第 6 期。

水资源时空分布不均衡。尽管总量丰富，雨水多但暴雨集中，供需协调存在问题。经济相对发达、耕地集中的盆地和平坝地区降水量不足，其中，渝西、藏西、藏北、滇中、黔中及四川盆地腹部水资源缺乏。滇、黔、桂尚有许多地区有饮水困难。再有，丰富的水资源中岩溶地下水、冰川水、国际河流占了很大比例，大部分出境水量难以有效利用，加之地形地貌等因素，可开发利用的水资源有限。作为能源的水资源，集中于横断山脉的金沙江、怒江、澜沧江、雅鲁藏布江等流域，其水流多在崇山峻岭间盘旋，那里水流落差极大，一般达一千米以上，水能蕴藏量极大。但是，水能资源开发面临一些现实难题，首先是交通问题，修建水库和发电站需要大量的钢材、水泥等各种物资，大吨位的运输量需要超大规模的交通运输工程来满足。然而，仅仅为了运送工程建设所需要的材料、人员及给养而修建的交通设施，由于地处偏远，人烟稀少，又无其他资源开发之利，工程结束后便会闲置起来，从而造成极大的浪费。其次是技术问题，如大落差的水轮机的设计和制造、适应复杂地形的水工建筑的设计及修建，还有因地形而引起的特殊的高压远程输电问题等。①

矿产资源虽然很丰富，品种齐全并且储量很大，但是开发矿产也带来一些污染和环境地质问题。矿产资源开发中形成的废气、废水和废渣中的有毒有害物质，如烟尘、灰尘、二氧化硫、硫化氢、氰化物、重金属等，都会对大气、地下水、地表水、土壤和农作物等造成大量污染，使矿区周围生态环境遭到大面积破坏。矿产在开采时要进行大量的地表土壤剥离，形成大量的废渣、废石、弃土，堆积在开采区附近占压土地和植被，使开采区原有的地貌环境受到破坏，导致水土流失、资源破坏

---

① 何祚庥：《请关注西南地区水力资源开发的重大科学技术问题》，《自然辩证法研究》1995年第6期。

和矿区荒漠化。矿产资源开发还会引起诸如地面沉降、塌陷、地裂缝、滑坡、泥石流、矿井突水、瓦斯爆炸等恶性事件，不仅造成重大的生命和财产损失，还成为重大地质灾害的诱因。[①] 要做到从根本上解决问题，必使治理成本大大增加。若要兼顾经济开发、环境保护、可持续发展等方面，做到协调发展，困难和挑战还是比较严峻的。

　　传统能源储量丰富，研发技术成熟且已大规模开发，但终究为不可再生的有限资源，不可能永久地开发和利用，并且其开发和利用会对环境产生极大的破坏作用。从长远来看，新能源才是发展的方向。新能源包括大中型水电、传统生物质能源和新可再生能源，最有发展前景的是新可再生能源，主要有太阳能、风能、小水电、现代生物质能、地热能、海洋能等。实现可持续发展应该满足以下条件：能源开发速率大于新能源的消耗速率；新能源的消耗速率大于传统能源的消耗速率；环境对污染的吸收速率大于环境的污染排放速率。相对于常规能源，西南地区新可再生能源比重过低，离节能减排的目标相差甚远。西南尚有很多偏远的山区使用植物燃料，砍柴还是日常生活中的重要部分。使用这些传统燃料有很多害处，不仅不卫生、不方便，还排放有害物质、破坏植被，且易引发火灾。事实上，西南地区更大的可利用资源是生物质能，它是贮存于生物体中的可再生能源。生物质能源是日益枯竭的煤炭、石油、天然气等传统能源的理想替代物。适合用来做能源的生物质能来自林业、农业、畜牧业、生活污水和人畜粪便等，人类要做的事情就是将这种贮存在诸如脱落的树枝、树皮、落叶、坚果以及农业废弃物、秸秆、稻壳、人畜粪便等废物之中的能量转化成常规的固态、液态和气态燃料。生物质能来源丰富，具有可再生性、低污染、总量丰富、用途广

---

① 毛英：《西南地区矿产资源开发的环境地质问题研究》，《四川地质学报》2002 年第 2 期。

泛等特点。目前这种生物质能的利用在发达地区已开始推广，而西南广大的民族地区在实现新能源开发利用方面还存在很多难题。人们的生活习惯、观念转变困难，加之原料收集难、技术和资金投入不足、产业布局不合理、成本价格难以控制、市场环境和保障机制不健全，以及资源评价、技术标准、产品检测和认证等体系不完善、政策扶持和激励措施缺乏等难题，制约着生物质能源产业的发展规模和水平。

西南地区动植物资源丰富，森林面积大，但经济林很少，大多为不能直接用于经济开发的原始森林。植物与动物两类相互关联的生物构成了一个统一体。植物资源是整个野生动物食物链的基础，野生植物群落为野生动物提供了生存的资源环境和条件；而动物也以各自不同的方式影响着环境。近年来随着经济开发的浪潮和民族地区人口增长的压力，西南地区动植物资源开发加速了这个自然生态系统的萎缩和退化。人们很容易看到野生动植物资源的经济价值，医药、食品、轻工、旅游、餐饮等多个行业都不同程度地利用野生动植物资源作为原材料，其价值链条的形成对野生动植物资源的保护带来了很多困难。除了投资商大幅度的掠夺性经济开发对自然生态造成的破坏，还有民众自发的一些破坏行为。西南一些地方，村民缺乏动植物资源保护意识，很多时候，人们为经济利益所驱使，为了获取某种有经济价值的生物资源，滥捕、滥杀、滥伐、滥采野生动植物资源，从而导致生态环境的大面积破坏。动植物资源不同于一般的资源，生物物种的保护是排在第一位的，经济开发必须限制在一定的范围之内。健全法律和法规是必要的，但并不是充分的条件。提高人们的文化水平，培养自觉的环保意识，任重而道远。

西南地区人文资源开发和利用问题，涉及民族传统文化保护、民族文化事业和文化产业、民族发展的内在动力、民族和谐社会建设、边疆建设和国家安全等方面。从自然资源状况来看，西南地区自然资源承受着越来越大的压力。首先，民族地区的人口增长和人民生活水平的提高，消耗诸如水、耕地、能源以及其他生存所必需的自然资源，给环境带来压力；其次，城市化进程使人口相对集中，从而使这些地方资源需求快速增长，加重资源压力；再次，经济的快速增长和资源的掠夺性开发，还有不合理的产业结构，也会带来资源压力；最后，一些地方生态脆弱、地质灾害频发、水土流失及石漠化严重，加之人类活动和人为的破坏，从而使环境保护和生态文明建设，承担着更为巨大的压力和责任。

第三节　突出问题

新中国成立 70 多年来，党和国家把支持少数民族和民族地区加快经济社会发展作为国家发展建设的重要内容，通过实施西部大开发、兴边富民行动、扶持人口较少民族、少数民族特色村镇保护与发展、对口支援以及制定少数民族事业专项规划等战略举措，加大投入力度，坚决打赢民族地区脱贫攻坚战，有力地促进了少数民族和民族地区经济社会发展。民族地区基础设施、公共服务和百姓生活日新月异。[1] 在看到民族地区发展成绩的同时，我们还应对制约民族地区发展的一些突出问题进行理性审思，探寻民族地区经济社会实现跨越式发展的路径。总体来看，西南民族地区发展，除了前面提及的自然资源环境方面的不利条件和困难外，还有更为复杂的民族地区特有的矛盾和制约因素。地质灾害

---

[1]　中华人民共和国国务院新闻办公室：《为人民谋幸福：新中国人权事业发展 70 年》，见 http://www.xinhuanet.com/politics/2019-09/22/c_1125025006.htm。

多发、生态脆弱、政治敏感、国家安全、民族关系、生产力发展水平低、教育发展滞后等诸多因素交互作用，加剧了人口、资源、环境等带来的压力，突出的问题表现在以下几个方面。

一、人口的量与质

人口的量与质，是影响民族地区发展的关键因素。人口数量与资源环境的承载能力是必须考量的。量的方面主要考虑数量、性别比例、分布地区、出生率、死亡率、增长率等问题。质的方面主要考虑人口素质，包括身体素质、文化素质及伦理道德等方面，它决定着作为主体的人认识世界和改造世界的主观条件和能力。人口的量与质之间存在着相互制约的关联性，科学地控制人口数量，有利于提升人口素质并维持自然资源环境的可持续发展。反过来看，人口质量的提升，也能将人口的增长控制在合理的范围内，从而使民族社会及其所处自然环境的可持续发展变为现实。

西南地区民族众多，各民族间人口差异很大，多则超百万人，少则不足五千人。西南地区除四川和重庆，其他地区人口增长率都远高于全国平均数，而在那些地区分布着西南地区的大多数少数民族。根据 2000 年和 2010 年两次人口普查提供的数据，西南少数民族人口除了侗族、布依族、仡佬族、独龙族是负增长外，其他各民族人口都有不同程度的增长。增长率在 25% 以上的有怒族（30.47%）、布朗族（30.21%）、普米族（27.56%）、京族（25.23%）；增长率在 15%—25% 之间的有珞巴族（24.18%）、门巴族（18.36%）、阿昌族（16.56%）、藏族（15.99%）、哈尼族（15.27%）；增长率在 5%—15% 的有德昂族（14.61%）、彝族（12.27%）、景颇族（11.87%）、基诺族（10.74%）、傈傈族（10.70%）、傣族（8.83%）、佤族（8.35%）、拉祜族（7.11%）、瑶族（6.01%）、纳西族（5.65%）、苗族（5.43%）；另外如壮族、仫佬族、白族、土家族、水族、羌族等民族人口增长率在 5% 以下。[①] 各民族人口增长率有着较大的差异，与其所处的资源环境和民族社会发展的程度及状况有关联。一般来说，人口较少的民族面临的生存与发展的挑战更为严峻。

身体素质指身体各种器官功能和生理系统的发育、成长状况，体质、耐力、反应、心智及健康状况等都是身体素质的表现。身高、体重、生长速度、体力、耐力水平，还有残疾低能人口比重、遗传病患者比重、传染病患者比重、婴儿死亡率、总死亡率、人口平均预期寿命等，都是衡量身体素质的标准。先天遗传因素和后天环境都对身体素质产生重要的影响。此外，物质生活、医疗条件、体育活动和学校教育也都制约和影响着身体素质状况。有调查显示，西南地区一些少数民族青少年的身体素质，随着年龄的增长有总体卜降的趋势。[②] 处在高速生长期的青少年学生，需要丰富的营养来维持生长发育，也需要良好的教育保证身体的健康成长。生活条件、生活质量、生活方式还有环境和教育，都是西南民族地区在保证人口身体素质上有待加强的方面。西南许多偏僻的民族村寨，人们日常生活习惯多少年来未发生多大改变，卫生保健意识薄弱，对各种疾病缺乏防治措施。西南山地多有湿热丛林，昔日曾是瘴疠流行之地。杜甫有诗曰："瘴疠浮三蜀，风云暗百蛮。"目前虽已在很大程度上得到治理，然而病源难以灭绝，至今该地区还是多种流行病或部分热带病的多发地。一些村寨常常是一人生病全家感染甚至

---

① 郑长德：《2000 年以来中国少数民族人口的增长与分布》，《西北人口》2013 年第 2 期。

② 王玉洪：《西南地区少数民族青少年身体素质动态分析》，《四川体育科学》2016 年第 1 期。

汲及全村。此外，由于广西、云南与越南、缅甸等国接壤，边境地区的群众还面临着境外传染病的威胁。

近年来西南民族地区医疗卫生事业已经得到长足发展，医疗机构、医务人员以及病床数量等均已达到或超过全国平均水平。但问题也很突出，医疗机构和大医院集中在城市，广大农村和偏远山区仍然面临缺医少药的问题，还有医疗人员技术水平和层次也有待提高。农村医疗卫生状况总体水平不高。人口死亡率高、出生缺陷发生率高、整体身体素质低、人口平均预期寿命短的状况并没有得到根本改变。总的说来，医疗卫生体系要满足西南民族地区庞大的民生需要，显然还存在很大差距。

人口文化素质也体现在许多方面，而受教育水平则是主要的衡量指标。根据《中国统计年鉴2018》提供的数据，2017年西南各省（自治区、直辖市）15岁以上文盲人口和大专以上学历人口占人口总数之比，与全国相比存在较大差距，人均受教育年限也比全国平均数低（见表2—1）。

表2—1　2017年西南地区人口受教育情况简表 ①

指标地区	15岁以上文盲人口数占比（%）	大专以上学历人口数占比（%）	人均受教育年限（年）
全国	4.85	0.14	9.26
重庆	3.02	0.14	9.20
四川	7.05	0.11	8.55
贵州	10.11	0.09	8.13
云南	8.39	0.08	8.17

① 数据来源：中华人民共和国国家统计局编：《中国统计年鉴2018》，中国统计出版社2018年版。

续表

指标地区	15 岁以上文盲 人口数占比（%）	大专以上学历 人口数占比（%）	人均受教育 年限（年）
西藏	34.96	0.08	5.62
广西	3.30	0.08	8.76

注：按照 2017 年全国人口变动情况抽样调查样本数据，抽样比为 0.824‰

　　数据显示了西南各省（自治区、直辖市）的教育水平简况，这是包括了汉族人口的平均数值，严格说还不等于各少数民族的具体情况。再将地区差异、城乡差异等因素考虑进来，各个少数民族实际受教育水平应该比平均数值还要低。从总体看，少数民族文化素质仍然偏低。西南大部分少数民族每万人拥有各种文化程度的人数明显低于全国平均水平。彝族、水族、景颇族、阿昌族、怒族、独龙族、珞巴族、哈尼族、傈僳族、佤族、德昂族、拉祜族等都是文盲率较高的民族。

　　人口文化素质低影响着广大民族地区人力资源作用的发挥，并产生一系列的连锁反应。就业、创业和产业结构各个方面都会受到影响。尤其在广大农村地区农村承包经营体制下，需要劳动者具有全面筹划、独立经营、谋求自主发展的能力，还需要科学技术及文化知识的支撑，而这些必需的素质由于教育的不足而难以实现。从乡镇企业和城镇工商业的情况来看，人们由于缺乏专业知识、操作技能以及经营管理方面的知识和能力，就只能从事较为简单的体力劳动。

二、产业结构

　　西南地区少数民族人口就业面较为狭窄，行业比较集中，从事农林牧渔人员占很大比例，远高于全国平均水平。少数民族的习俗和文化素质对就业有很大影响，择业范围狭窄，竞争多集中于低级劳动力市场，而高级劳动力市场则呈现供给不足的现象。产业结构的整体情况是第一产业不稳，基础脆弱，传统农业向现代农业转化速度慢，产业化程度低，农民增收困难；第二产业不强，原料型、资源型、传统型或初级产品较多，发展主要依靠外延扩张的方式，整体较差和市场竞争能力较差；第三产业发展不快且水平低，金融、保险、信息、物流等现代服务业增长乏力。支柱产业单一，高新技术产业群发展缓慢。产业结构变化跟不上市场需求的变化，生产结构与消费结构不相适应等。

第三产业的发展是生产力提高和经济社会发展的必然结果，其发展状况体现着现代经济的根本特征，也反映社会进步的程度。反过来看，推动第三产业发展，有利于优化产业结构，促进市场充分发育，缓解就业压力，从而促进整个经济持续、快速健康发展，对于建立和完善社会主义市场经济体制、加快经济发展、提高国民经济素质和综合国力、扩大就业缓解就业压力、提高人民生活水平、全面建成小康社会具有重大的战略意义。第三产业的发展与城市化密切关联，商业、交通、通信、金融、文化、教育、科技、信息等方面的发展都是以城市为中心的。通过城市化来推进第三产业的发展，已开始成为西南民族地区发展的现实。然而就目前情况来看，西南地区产业结构还很不理想（见表2—2）。

表2—2　2017年西南地区一、二、三产业从业人员结构情况 [①]

地区	第一产业比例（%）	第二产业比例（%）	第三产业比例（%）
全国	27.0	28.1	41.9
西南	41.3	20.1	36.9
重庆	27.7	26.9	45.4

---

① 数据来源：根据全国及西南地区各省（自治区、直辖市）2018年统计年鉴整理。

地区	第一产业比例（%）	第二产业比例（%）	第三产业比例（%）
四川	36.8	27.0	36.2
贵州	55.5	18.1	26.4
云南	50.8	13.4	35.8
西藏	27.3	17.7	44.9
广西	49.8	17.5	32.7

当前，国内产业结构正面临前所未有的调整。在科学论证基础上提出的产业结构调整的战略规划和具体的政策法规，正在发挥它推动经济发展的实际效用。从全国范围看，第一产业的从业人员比重逐渐下降，第二、三产业从业人员比重正在上升。尽管国内区域发展极不平衡，产业结构的合理分布与发达国家还有很大差距，但在"双循环"新发展格局中，一切必将发生根本性的变化。西南地区如何从经济布局、技术、资金、人力资源支撑、产业政策等方面作出调整以适应这一发展格局的变化，已成为亟待解决的关键问题。

三、反贫困斗争

由于历史、地理、社会、文化、资源、环境等多方面因素的复杂作用及条件限制，西南地区经济发展一直与全国其他地区存在巨大差距，而消除贫困则历来是国家花大力气要解决的问题。新中国成立之初就开始了对新疆、西藏等少数民族聚居地的大规模援建。改革开放后加强了针对广大少数民族地区的扶贫开发。2012 年国家划定 592 个国家级贫困县，除了集中连片特殊困难的西藏及四川藏区，西南其他地区划出重点扶持的国家级贫困县 201 个，数量超过全国总数的 1/3，其中云南 73

个、贵州 50 个、四川 36 个、广西 28 个、重庆 14 个，绝大部分为民族地区。通过国家统计局《中国统计年鉴 2018》提供的数据可对 2017 年西南地区的贫困状况有大致了解（见表 2—3）。

表 2—3　2017 年全国及西南地区贫困线与农村居民收入情况^①

地区	农民人均年纯收入（元）	贫困线与人均收入比
全国	13432.4	17.12%
西南	10875.3	21.47%
重庆	12637.9	18.20%
四川	12226.9	18.81%
贵州	8869.1	25.93%
云南	9862.2	23.32%
西藏	10330.2	22.26%
广西	11325.5	20.31%

近年来，在政府主导下实行了对口支援与自力更生相结合、减贫与人口控制和生态环境治理相结合等治贫方针，采用了农业产业化扶贫、旅游扶贫、生态扶贫、水利扶贫、劳务输出、生态移民等有效的扶贫模式，取得了巨大成就。西南民族地区是国家脱贫攻坚战的重点区域，贫困地区自然条件差、人口增长快、人口素质低、教育发展滞后等，都是制约发展的重要因素。

西南地区少数民族众多，生态多样性、文化多元化、社会形态复杂、发展水平差异大，加上地理、交通、人口等各种因素，使脱贫工程显得较为艰难。发展成本高，经济基础薄弱，反贫困能力弱，抗风险能力低，返贫现象发生率较高。由于西南地区特殊的地理位置，位于长

---

① 数据来源：中华人民共和国国家统计局编《中国统计年鉴 2018》，中国统计出版社 2018 年版。

江、怒江、珠江等多条大江的上游，很多地区都属于生态保护区，保护水源和生态关涉全局，意义重大，因此自然资源开发的计划尤须慎重。西南地区很多贫困地区处在各行政区交界处，地处城市边缘、市场边缘，海拔高，自然条件恶劣，地质脆弱，农业发展条件较差。很多少数民族贫困程度深，脱贫难度大，返贫现象严重，严重制约着可持续发展。彻底摆脱贫困，尚有一些客观存在的困难和障碍。另外，脱贫工程在指导思想、目标定位、政府职能、管理体制、政策法规、瞄准机制等方面也还存在一些亟待解决的问题。最后要解决的是"输血"还是"造血"的问题。由于各种原因不愿摘掉"贫困帽子"的现象，终归于内在发展动力的不足，这是制约发展的根本性问题。

反贫困斗争任务艰巨，需要在新发展理念的指导下攻坚克难。其一，坚持创新的理念，不仅意味着扶贫的模式需要创新，更需要以创新来脱贫。其二，协调是手段和方法的运用，协调的理念有助于实现各种发展要素的优化组合从而促进和谐均衡发展。在经济发展过程中，最容易被忽略的问题是物质文明与精神文明的协调发展，而这正是处在极度贫困而谋求发展的地区难以协调的矛盾。其三，绿色发展对生态脆弱、文化传统和生活方式与自然关系密切的民族地区，尤具重要的现实意义和深远的历史意义。其四，西南民族地区要由相对封闭走向全面开放。开放意味着以主体自身的强大对外开放，因此传承和发展民族文化，是民族地区实现开放式发展的根基。其五，共享是以人类共同利益为根本宗旨的，环境、人和民族社会的可持续发展等都是这个共同利益的重要组成部分。认同人类共同利益是共享理念的核心。民族传统文化的发展需要民族认同，而民族认同与国家认同、全人类认同之间要实现真正的和谐与统一，也是需要一个过程的。相互理解、包容、团结、互信、互鉴，促进不同民族、不同信仰、不同历史文化背景和经济发展水平的人类种群之间的平等互利、共同发展、合作共赢、和谐共荣，符合人类的共同利益和长远利益。

四、科技发展水平

地区间经济发展实力的竞争具有报酬递增的效应，它导致资源向优势地区流动，从而使"拥有者获得"，也会使贫穷者加剧贫穷。而地区发展核心的竞争力就在于科技发展水平。通过引进和培养高科技人才，提升本地区人力资源科技水平，加大科技研发力度，搞好高科技开发区建设，成为地区经济发展的重要战略措施。西南地区科技发展原本滞后，近年来民族地区各个部门高度重视民族科技工作，围绕民族地区的实际需求，以改革为动力，以项目为支撑，突出重点不断加大国家科技项目、创新平台基地、科技人才等方面的支持力度，目前已经有了突出的发展，个别领域如航空航天在全国乃至世界上都具有领先地位。重要的高新技术产业密集于成渝地区，北部湾地区则随着"一带一路"倡议的实施逐步发展为西南地区最重要的经济区和对外开放的门户。西藏在林芝、那曲、拉萨、日喀则等地区建立的可持续发展试验区、农业科技园区、现代服务业文化旅游创意产业化基地，已经升格为国家级园区，[①] 科研平台建设开始步入新常态。贵州省也通过技术转让、技术服务、技术入股、领办创办科技型企业等多种形式，推动科技成果向现实生产力转化，在科技促进产业发展的新机制、新模式方面作出了探索性努力。贵州还搭建了新的平台，积极融入"一带一路"、长江经济带、珠江—西江经济带建设，推动黔深欧国际海铁联运和中欧（贵阳—

---

① 西藏自治区科技厅：《2015 年西藏科技创新平台和人才队伍建设取得新成效》，见 http://www.most.gov.cn/dfkj/xz/zxdt/201602/t20160224_124217.htm。

杜伊斯堡）班列常态化运营，打造"1+7"国家级开放平台，开启承接产业的新窗口，对外开放战略呈现新格局。①云南省积极推行"科技入滇"对接活动，打造了我国面向西南开放的科技创新与技术转移基地，牵头建设了中国—南亚技术转移中心和中国—东盟创新中心，构建面向南亚、东南亚国家的技术转移与创新合作平台。②

尽管西南地区在科技方面已有突出发展且成绩显著，然而总体看来，与全国的差距还是很大的。科技发展水平的衡量采用的是国际通用的"R&D"（research and development）活动的规模和强度指标，它体现着科技发展的实力。从国家统计局公布的部分地区规模以上工业企业研究与试验发展（R&D）活动及专利情况，可以了解科技发展水平的地区差别。2017 年全国部分地区有关数据见表 2—4。

表 2—4　2017 年部分地区规模以上工业企业研究与试验发展（R&D）活动及专利情况 ③

地区	R&D 人员全时当量（人年）	R&D 经费（万元）	R&D 项目数（项）	有效发明专利数（件）
全国	2736244	120129589	445029	933990
北京	52719	2690851	7904	34497
天津	57881	2411418	13456	22346
上海	88967	5399953	12557	43416
江苏	455468	18338832	67205	140346

---

① 贵州省统计局综合处：《深入践行五大发展理念 推动经济发展行稳致远——从统计视角看 2015 年贵州经济发展》，见 http://www.gz.stats.gov.cn/tjsj_35719/tjfx_35729/201609/t20160929_1064810.html。

② 参见《第三届科技入滇对接会将于 12 月 26 日在昆明召开 对接签约或拟签约项目近1000 项》，见 http://yn.yunnan.cn/html/2016-12/21/content_4663483.htm。

③ 数据来源：中华人民共和国国家统计局编《中国统计年鉴 2018》，中国统计出版社 2018 年版。

续表

地区	R&D 人员全时当量 （人年）	R&D 经费 （万元）	R&D 项目数 （项）	有效发明专利数 （件）
广东	457342	18650313	73439	289238
河南	123619	4722542	15973	19457
广西	16163	935996	2795	6557
重庆	56416	2799986	10624	12472
四川	71968	3010846	12359	32598
贵州	18786	64876	2758	6805
云南	21393	885588	4122	6510
西藏	202	3186	32	96

表2—4中列出了东、中部较有代表性的地区作为对照和参考依据。由表中数据可见，从人力、财力的投入到项目及专利成果的产出，西南地区几乎所有指标都远低于东部和中部地区，处在最底端的是西藏，其次是贵州和广西。在人员投入上，西南地区加起来略强于中部的河南，而在经费投入上，西南地区加起来（770亿）不足江苏（1833亿）或广东（1865亿）的一半。在科学技术领域，为增加知识总量所进行的科学研究，包括基础研究、应用研究、实验发展三类活动，即被称为"研究与试验"（R&D）活动，其规模和强度指标，反映一个地区的科技实力，同时也是核心竞争力所在。发达地区正是在资金支持、人员投入、项目研究和成果产出上体现了力度。相比之下，西南地区在这些方面明显表现弱势。另外，西南地区科技人才地区分布极不均衡，少数省会和大城市科技人才相对集中，而中小城市和广泛分布的偏远山乡科技人才缺少。如四川省70%的科技人才集中于成都，是甘孜、阿坝、凉山三地区总数量的4倍。云南省科技人才主要集中于昆明、玉溪、曲靖三地，占全省总数近50%，仅昆明就占了总数的31.78%。

总的来说，西南民族地区科技进步与创新方面存在的主要问题，包括科技人力资源和高端人才严重不足，科技成果转化及后续实验、开发、应用、推广直至形成新产品、新工艺、新材料，发展新产业等缺乏技术力量支持，科技成果转化率和对经济发展的贡献率不高，整体经济效益远低于东部，科技辐射和带动功能尚未发挥出来，政策和保障机制有待完善。

五、人力资源流失

人力资源流失是制约西南民族地区经济发展的又一个瓶颈因素。随着市场经济的发展，西南地区人力资源的流动成为一个单向的外流运动。首先表现为高层次人才留不住，其次是高素质人力资源流动，再次是强壮劳动力的外流。高学历人员的流失主要有三种形式：一是本地区以优异成绩考入东部名牌大学的学生毕业后很少再回到西南；二是西南各高校毕业生择业首选东部发达地区；三是从西南跳槽至东部经济发达地区。

科技人才流失是市场竞争的结果，背后有许多值得深思的问题。经济发展的不平衡是导致"富者益富、穷者日穷"的重要原因。西方学者的非均衡发展理论中，有从"循环累积因果论"视角解释发展规律的，该派观点认为，经济发展起始于条件好的地区，其优势通过累积过程得到强化，从而加剧了区域间发展的不平衡，先发展的区域和滞后区域之间的相互作用导致两种相反的效应：回流效应和扩散效应。前者表现为资源由不发达地区流向发达地区，加大两地区之间的差距；后者表现为各种生产要素由发达地区流向后发地区，使区域差异缩小。然而市场机制的作用使回流效应远大于扩散效应，从而导致发达者更发达、落后者更落后的马太效应。鉴于此，政府应发挥有效的调控作用，起始阶段要为优先发展的地区创设条件，促进其快速增长以带动后发地区，及至达到一定水平，则须制定特殊政策并提供援助，使后发地区不断缩小差距并赶上发达地区。也有学者以"滴漏效应"解释发展规律，指出经济发展会推动增长围绕着最初的起始点进行，各种优势资源也向着这一中心集中，从而形成增长极。初始阶段在极化效应主导下，区域差异和贫富差距逐渐扩大。随着发展的进程，资源也会由先发展起来的地区或优势群体，通过消费、就业等各种渠道，渗透到后发地区，惠及贫困阶层和弱势群体，从而缩小差距。"梯度理论"也认为地区间发展是不平衡的，生产力布局和经济发展在地区之间的空间位移是有梯度的，实施"效率优先"战略，符合由非均衡到均衡这一客观的经济发展规律。然而，如果简单地遵循这一秩序原理，就会使落后地区被置于依附地位。于是，"反梯度理论"提出，后发达地区可以依据自身特有的优势，超前引进先进技术和装备，依靠科技创新和新的发展理念，实现跨越式发展。这种思路正是目前西南地区发展所需要的。

改革开放以来，我国经济获得飞速的发展，最初也是从打破平衡开始的。让东部沿海地区利用有利条件先发展起来，在产业布局、人力资源、税收优惠等方面给予特殊政策，推动经济快速发展，这个战略被历史证明是正确的。时至今日，我国经济已经实现了腾飞。西南民族地区与昔日相比，也已从低谷走出。看上去，这似乎在某种程度上体现了"扩散效应"或"滴漏效应"，然而，这种来自外部的力量，终归不是解决西南发展的根本动力。

回到西南的现实来看，人力资源因趋利而加速外流，而人才的外流又反过来加剧了贫困与落后，二者相互纠缠，互为因果。流失人才的地区，无不意识到这个问题对发展带来的威胁，但往往没有太多有效的办法。解决高层次人才问题的思路，则通常聚焦于以各种各样的方式留住或吸引人才，如提高工资待遇，制定优惠政策，解决外来人才在住房、医疗、子女读书、配偶调动等方面的问题。除了政策优惠和利益驱动，人事制度、评价制度、感情投入等也被用来作为构筑人才高地的途径。人才流失这个看上去简单的问题，蕴含着社会的全部复杂性。整体的人文社会环境和优越的自然生态环境的吸引力远远大于眼前的物质利益。没有社会大系统的整体协调运作，靠局部的扰动是难以有根本性的改变的。根本性的转变，得靠举国之力的大局战略规划，西部大开发就是继东部战略之后的第二个战略大局，这是国家长治久安的根本大计所在。

六、城镇化问题

城镇化（urbanization）或都市化、城市化是西南民族地区广大农村正在普遍展开的现实。多样化的乡村部落向着以工业（第二产业）和服务业（第三产业）等非农产业为主的现代城市型社会逐渐转变。人口职业、产业结构、土地及地域等的变化，使传统的民族社会从生产和生活方式到精神心理及文化身份等发生着急速的转型和裂变。城镇化是现代化的必然趋势，也是衡量一个国家和地区社会、经济、文化、科技等发展水平的重要标准。

城镇化为西南民族地区广大农村发展提供了机遇和历史条件，为解决"三农"问题提供了现实的道路。城镇成为民族社会经济文化的中心，不仅有利于经济的发展，也有利于民族社会人文资源的汇聚和进一步发展。西南民族地区城镇化起步较晚，截至 2017 年年末，西南地区的城镇化水平，除重庆排在全国第九位之外，其他五省（自治区）都低于全国平均水平（58.52%），排在全国 31 省（自治区、直辖市）的倒数几位。

西藏城镇化水平为 30.89%，排在倒数第一；贵州为 46.02%，排在倒数第二；云南为 46.69%，排在倒数第四；广西为 49.21%，排在倒数第六；四川为 50.79%，排在倒数第八。2017 年西南地区城镇人口占总人口比例与全国的比较（见表 2—5）。

表 2—5　2017 年西南地区城镇人口占总人口比例与全国的比较 [①]

指标地区	总人口（万人）	城镇人口（万人）	城镇人口占总人口比例（%）
全国	139008	81347	58.52
西南	4163	2097	50.38
重庆	3075	1971	64.08
四川	8302	4217	50.79
广西	4885	2404	49.21
云南	4801	2241	46.69
贵州	3580	1648	46.02
西藏	337	104	30.89

　　西南民族地区现代化建设绕不开城镇化进程。然而，这毕竟是一个巨大的社会变革，免不了一番阵痛。一方面，民族村寨大多尚处在传统的农业社会，那里的人们还不具备现代商品经济社会所需要的谋生手段，因城镇的扩张而失去土地后的生计问题，成为民族社会治理要面对的难题。从另一方面看，村寨有活力的人大都去了城市，留下的都是弱势群体，也加剧了贫困和产生更多的社会问题。西南民族聚居区一般说来产业结构都比较单一，乡镇企业不发达，城镇化水平较低，大量的农村富余劳动力通常以农民工身份外出打工，要么到周边大中城市，要么到东部发达地区。对于少数民族"新市民"来说，经济与文化的巨变也

[①]　数据来源：中华人民共和国国家统计局编《中国统计年鉴 2018》，中国统计出版社 2018 年版。

会带来身份危机,与以往的聚落形态根本不同的是,文化之根的断裂和新文化的重构将成为新常态。

西南民族地区城镇化进程中,在环境层面面临土壤、空气和水质的污染、耕地面积的减少、地面下沉、热岛效应、生物多样性的丧失等问题;城市生活层面,就业、医疗、社保、住房、交通、道德、秩序等方面,治理难度加大;农村层面,撂荒现象、粮食安全、村落消失、弱势群体等"城进农退"趋势,也是可持续发展战略要克服的难题。农民家庭的"空巢化"、农业经济与农村社会的"空心化",已成为当前西南边疆少数民族地区经济与社会发展的一种独特景观。①

总的来说,城镇化带来的所有问题都汇聚在一个核心问题上,那就是人的问题。人口转化、产业调整、工业发展、科技进步、文化交流、公民社会建设等,都是围绕人的发展而展开的时代主题。由于自然环境、文化传统、民族心理、风俗习惯、宗教信仰、生产生活方式等多种复杂因素的作用,各民族人文状况有很大差异,表现出多样性和多元化的区域性特征,但紧扣时代主题也将形成共同的价值理念。在改革开放和发展市场经济的过程中,自主、开放、创新、平等、竞争、合作、效率等将成为西南民族社会重构生活世界的核心概念,民族教育担当着精神文化建设的重大使命,探索新的路径成为当代民族教育的重大课题。

---

① 吕俊彪:《城市化与西南边疆少数民族地区的经济发展》,《思想战线》2015 年第 5 期。

第三章 教育文化与西南民族社会发展

文化与教育是共生系统，自有文化就有教育，也正因为有教育，文化才得以传承创新。教育要为提升西南民族发展力作出贡献，要立足民族生存的文化之根，通过挖掘人文资源，促进现代教育与民族文化的实质融合，达到"以文化人"之功，从而合理开发民族智力资源，激发西南民族地区发展的内在动力和创造力，实现高质量可持续发展。

第一节 民族教育文化原生态

民族教育文化原生态的形态发生，直接就是生产活动与生存斗争的产物。思考教育与民族社会发展的关系，当以此为逻辑起点。

一、文化原生态

文化生态是地球生命系统中涌现出来的最高级和最复杂的生态系统。它具有一切自然生态系统的基本特征，又在很多方面超出了自然生态系统。文化系统中相互作用的要素，有精神的、物质的、制度的，还有生活方式和行为习惯等方面。每个人类种群都有独特的文化模式，它与种群生存的自然环境密切契合。而文化系统自身也因各种要素的相互作用形成一个整体。

文化原生态这一概念进入现代生活，与工业文明的负面效应相关联。工业化本质上是趋同的，其所造就的文化景观，与生活在不同时空环境中的人类种群自然形成的、与地理环境相适应的文化景观比起来，缺少生命感和生态关联性。因此，与工业化运动相反，保护文化原生态不受工业文明的污染，掀起回归自然的运动，这也是人类必然的诉求。20世纪初，北欧就开始了保护乡土文化的运动，其形式是以一个有文化特色的乡村为核心建立"活态博物馆"，将节日、婚丧、集市、民居、歌舞、游戏、器物等各种以物质或非物质形式体现的文化融入一个文化空间中，吸引游客，发展旅游。几十年后，法国及一些西欧国家再度兴起生态博物馆运动，以著名文化社区、古村落为中心，将具有原生态的人文与自然融入一个动静结合的特色文化场域。20世纪末，中国西南地区的贵州相继建立了若干苗族、侗族、布依族的生态博物馆，对具有原生态意义的自然人文景观加以保护并以一定的方式进行传承。联合国教科文组织为保护自然遗产和文化遗产作出了很大贡献，21世纪初通过了《保护非物质文化遗产公约》，发布了《世界文化多样性宣言》，承认文化多样性存在的合理性，它是人类的共同遗产，是交流、革新和创造的源泉，对维持人类种群的平衡是必不可少的。基于文化存在的多样性，提出文化发展理念上的价值多元化是人类文明演进的必然结果。尊重多样性，提倡多元化，增加丰富性，为各个不同的人类种群以至于每一个体的生存和发展提供选择机会，从而促进人类的创造性事业，这是人类进步的重要标志。基于这种视角，每一个民族的语言、文化、历史都是首先要受到尊重的；每一个民族社会成员个体在自身的文化背景中所形成的文化心理与智力特征，也是每一个体发展的前提条件，同样也要受到肯定和尊重。因此，"每个人都应当能够用其选择的语言，特别是用自己的母语来表达自己的思想，进行创作和传播自己的作品；每个人都有权接受充分尊重其文化特性的优质教育和培训；每个人都应当能够参加其选择的文化生活和从事自己所特有的文化活动，但必须在尊重人权和基本自由的范围内"①。

原生态文化自然地从本质上就是多样性和多元化的。民族节日、歌舞、建筑、工艺、民俗、史诗、歌谣等，都是特定人群的原生态文化。在现代化的浪潮中，一方面是工业化向原始部落推进，另一方面是人类精神文化领域对原生态的重新审视和肯定，以物质的和非物质的形式体现着人类价值的文化遗产，被视为弥足珍贵的人类精神财富。两种相反的运动交织在当代背景之上，其中有许多耐人寻味的意义，也蕴含着极有深度的时代命题。

西南民族地区丰富的原生态文化，源自天然的环境条件、人类种群的多样性以及民族悠久的历史传统。其特点是原始、朴素、生动、和谐，富有生命感和审美价值，有原汁原味地道的自然之美。历史的长河积淀下来的原生态文化，保留着人文与自然相契合的原貌，为我们了解民族生存与发展的历程提供了生动鲜活的材料。与自然的根本法则相违背的事物难以久留，能够跨越遥远的时代流传下来的，必然蕴含着具有永恒价值的品质。在一个多元文化价值得到普遍认同的时代，风格迥异、绚丽多彩的原生态文化形式，对于人类文化的丰富性和繁荣发展都具有十分重要的意义。保持多样性需要激活原生态，原生态的维持又促进多样性的发展。生态文明建设内在地包含着原生态的维持和发展，这

---

① 2011 年 11 月 2 日，联合国教育、科学及文化组织大会第三十一届会议通过《世界文化多样性宣言》。

无论从自然生态还是人文生态来说，本质都是一样的。这不是说要停留在以往的状态。人类在发展，文明在前进，经济发展和物质生活的改善，总比精神文化具有更强大的现实力量。我们已经看到工业化与技术理性对文化系统的影响力量，在传统文化保护上，无论我们如何强调都不会过度。就此意义上说，保护文化原生态的目的，从根本上讲是为了保持文化生态的丰富性，更为重要的意义还在于，透过文化原生态，思考人文生态与自然生态和谐共存的方式及其历史演进，对于民族未来发展具有重要的参考价值。我们重新审视教育文化原生态，也不是说要回到过去的教育，而是要有个参考和对照，以发现当代民族教育究竟缺失了什么。

原生态保护与文化创新和发展，不能仅仅被视为相互对立的事物。事实上，任何系统存在与发展的两个必不可少的条件就是"确立性"和"新奇性"①。没有确立性，就没有存在的基础；反过来，没有新奇性就没有创造和发展，已经获得的确立性也因不再能够适应变化的环境而趋向消亡。正是有了创造和发展，才能在更高的层次上回顾和观照历史，从而才能使后续的提升和发展达到新的高度。原生态保护要求保留原貌，以供回忆历史、参考自身走过的路径，激活和强化内在的发展动力。任何经过迁移、搬运、模仿、改变、移动、人为变化后的展示，都不再是原生态的文化。原生态需要拯救，也需要保护。寻找原生态得回到田野去，走进民族生活的实际当中，从身体到心灵融入当地人之中，去体悟和感知那纯朴和真实的自然人文。有些原生态的文化形式，需要略加整理和修复，有些则需改造与加工，如少数民族神话、史诗、故事、传说、壁刻，还有民间歌手的演唱、匠人的精湛技艺等，本身已臻入化

---

① [美] 埃里克·詹奇：《自组织的宇宙观》，曾国屏、吴彤等译，中国社会科学出版社 1992 年版，第 61—62 页。

境，具有杰出的艺术品格和珍贵的历史价值。有些原生态文化可以作为文艺创作与表演的素材、题材或体裁，加以整理改编，成为全新的文艺作品，具有源于生态自然，又具有超越性的品质。比如，当代舞台上令人耳目一新的民族歌舞，就是根据原生态的民族歌舞创作出来的，它使那些久已被冷落的原生态文化重新焕发出时代的生命力，从而使人由衷感悟到一个深刻的真理：原生态中蕴含着民族发展的丰富文化基因，是文化创造取之不尽、用之不竭的源泉。

二、文化与教育的渊源关系

文化演进所遵循的根本原理，首先在于人类同自然和谐一致的行为方式。"人化自然"的创造性活动，必是符合了自然根本法则，才能够为自然所肯定和保存，并遵循由低级到高级、由简单到复杂的秩序演进。也一定有很多为自然过程所淘汰的事物，那是散佚的历史，我们根本无从知道它曾经以什么方式、以什么形态出现过或存在过。文化是一个人类经验累积、人类精神丰富、人类文明延续、人类社会发展的过程。精神、物质、制度、习惯和行为方式等方面的文明创造物，都会以符号的方式存在，并且这些体现了知识、经验、情感和价值观的符号化存在，随着时空的变换，以自我复制和自我更新的形式延续和发展，不断获得新的适应性。在这个过程中，有了教育最初的形态发生。

文明延续所依赖的途径即我们所谓的教育。文化与教育有着密不可分的渊源关系，在最初的形态中，将创造发明传下来就是教育。有证据可考的教育初始形态，甚至可追溯到数十万年以前。卡尔·萨根（Carl Sagan）曾提道："在东非200万年前的岩石记录中，你能发现我们祖先所设计和使用的一系列劳动工具。他们的生活依赖制造和使用这些工具，当然这是石器时代早期的技术。曾几何时，专门制作的石头被用来戳刺、切削、剥离、切割、雕刻。尽管制造石制工具有很多种方法，值得一提的是，在一个特定的地点，在漫长的时期内，工具都是以同样的方法制造的——这意味着数十万年前一定存在教育体制，即使主要是学徒制度。"① 旧石器时代的遗存遍布世界各地。这些石制工具在质料、器形、用途及制作方法等方面数十万年没有变化，足以证明劳动技术传递过程的存在。这可以被视为前教育形态。无疑，即使在简单的劳动技术和生存技能的传递中，也有情感和价值的传递，只是尚未符号化而已。具有传递情感和价值功能的符号化存在物，其出现是很晚近的事情，是教育发展到较高级阶段才有的。需要说明的是，旧石器时代的石制工具遗存，以及口头流传的故事，都是文化符号的不同形式。只是工具里一般看不出价值情感，而流传的故事，哪怕是最遥远时代的故事，也一定有情感和价值观的传递。

教育深深地植根于文化之中。在尚无文字的年代，较低发展阶段的文化传递是一个自上而下的过程，通常是从年长者向年轻一代进行传递。依"闻道"的先后来决定传递方向，而不是以年龄秩序为准，这是文化发展到较高水平，文明的成果有了很多的积累，有了文本记载的知识时才会出现的。在一些较为原生态的形式中，传统文化的传递主要包括生产、生活的知识和经验以及习俗和价值规范。自上而下的过程是一种传统，年长者将本民族在特定的时空中长期积累的知识、经验、习俗、价值规范，通过各种各样的方式（正规的和非正规的、家族的、家庭的等）传递给年轻一代。它与现代学校教育根本不同的特点，就在于其原生性、自发性、生存性、直接性和时空适应性。

---

① ［美］卡尔·萨根：《魔鬼出没的世界：科学，照亮黑暗的蜡烛》，李大光译，吉林人民出版社1998年版，第358页。

文化不是有了传承就可以延续的，必须得有创新才能有发展。文化传统与文化创新之间的关系，就是"确立性"和"新奇性"的关系，是对立和统一的关系。确立性需要保持稳定的形态，复杂与多变导致不稳定，因此，它抵制变化。然而要发展，就得打破已有的稳定和平衡状态。在"确立性"和"新奇性"之间，存在着一个价值选择的空间。生命系统不断自我更新并不断调节这个过程以保持其结构的整合性，这是受自组织动力学支配的行为，是一个深刻的自然法则。通过传播渠道而来的外来文化对传统具有冲击力，它能导致原有文化系统的变化和发展，但如果超过了原系统能承受的程度，就会导致传统的毁灭。这一切都与生命的机制完全相同。传递是一个纵向的过程，横向而来的传播对其生存来说，是一种外部环境的变化。是变革和适应，还是保守而消亡，所有生命系统都必须直面这个现实，迎接挑战并作出抉择。

文化的传递和传播，大多是通过教育实现的。在教育传递文化的过程中，都会在一定程度上发生变异，也会使某种文化的要素得以强化，这是一个新的时空关系中文化生命赖以生存的资源环境发生变化的缘故。教育在传递、传播文化的过程中，从来都不是简单地复制文化，而会有新的东西产生。受教育者不同的身心状况以及教育者自身价值观的差异，都会以不同的方式和途径赋予已有文化传统以新的文化意义。社会变革、时代更替、文化交流，也必然会使已有文化要素与新文化要素之间发生碰撞与交流，导致新的组合和融汇，使文化传统发生性质、功能等方面的变化，衍生出新的文化要素。

三、自发的选择

在特定生态环境中自然形成的民族文化以自发的方式代代相传，可视为原生态的教育文化。最初阶段，一切都是简单的，教育不过是一种单纯的劳动技术的传递而已。随着人类的进化和民族社会的发展，生活变得丰富多彩，族群成员交往不断扩大，多种需要及能力日益增长，教育文化也表现为通过各种途径和方式传递知识和传承价值。例如，人们借助神话故事，寄托勇敢、正义、智慧、爱情等价值追求；在生产活动中教人合理安排农事，务求"与天地合其德，与日月合其明，与四时合其序"①；在祭祀中宣扬善德的积累；在歌唱中追求高尚的品德和创造的才华，等等。

　　原生态的教育文化在形式和内容上丰富多样，与其生存的自然生态密切关联。西南地区地形地貌复杂，既有川谷、丘陵、盆地、高原，也有森林、草原、梯田、港湾，层次分明、错落有致的地表系统，生成了立体分布的动植物群落。丰富多样的自然生态孕育了依赖不同的资源环境而生存的诸多民族。群黎百姓，逐水草而居；游牧渔猎，依时序而作。千百年来，西南大地秉承厚德以载物，生万物以养人。形态各异、五彩缤纷的人文景观，分布于山河林莽；崇德广业、化民成俗的文化动力，延续百代千年。民族的历史文化过程，凝结了精神，孕育了制度，创造了艺术，汇聚了物典，形成了特有的生产和生活方式，涌现出与其所处的天地系统相适应的文化群落和文明景观。文明延续通过原生态的教育文化来实现，教育形态因其文化形态的多元化呈现出丰富多样的特点。总的来说，有随境式的教育，也有制度化的教育；有宗教教育，也有世俗教育；有劳动教育，也有生活教育；有技术性的教育，也有情感态度价值观的教育；有知识教育，也有道德教育；有艺术教育，也有身体教育。

---

① 语出《易·文言》："夫大人者，与天地合其德，与日月合其明，与四时合其序，与鬼神合其吉凶。"

　　无论是哪种形式和内容，它们都有一个共同特点：与民族生存的实际密切关联，与生产生活的实际情境直接融为一体。人类经验的传递活动，从一开始就与生产劳动紧密联系着。教育的内容与形式同生产劳动密切地融为一体的实例，在西南民族中比比皆是。正是这样的教育，以自发的方式选择了文化，从而使民族生存实际中有价值的东西被保存下来，智慧和经验得以积累代代相传。现如今，新的生产和生活方式已然遍及村寨，原生文化形态逐渐淡出视界。然而，对民族教育文化原生态的重新审视，是回归民族教育之道的必要前提，民族发展的文化之根和生存的动力之源不可无视。现代教育与民族文化的交流互动，是两个复杂的生命系统之间相互作用和相互适应的过程，主体间自主性、能动性的生命联系，是我们思考民族教育理论体系建构的根本出发点。

第二节　现代民族生活方式的重构

　　全球化进程在对旧秩序进行着解构，同时也进行着对新文明的重构。近百年来随着中国社会的巨大变革，来自不同源头、处在各种不同历史发展阶段的多民族社会，逐渐汇入一个联结全球的文化洪流之中，从而使民族的历史成为世界的历史。在远离中心的、偏远的、封闭的西南民族地区，千百年来处在相对平衡状态的人文生态，因生产和生活方式的改变以及主流社会的文化扰动而经历了巨大的涨落。一些缺乏生命力的文化形态不可避免地逐渐消亡，而那些与时俱进的系统则获得了新生。追根溯源，在各自独特的自然人文生态环境中历史地、自发地生长起来的文化系统，是在与时空变化相适应的过程中发展起来的。当今时代，西南民族地区只有向外部世界全方位开放，不断开辟新的生境，才能获得更新与再生的丰富资源，才有可持续的发展。

一、经济发展与生产方式变革

西南民族社会的最根本性的变革发生在 20 世纪中期，此前的漫长时期，这里大多数地区处于闭塞的、自给自足的自然状态。新中国成立以来，西南民族地区的社会形态虽然发生了改变，但由于自给自足的自然经济形态长期存在，生产与生活方式不过是在稍高的水平上循环。改革开放后，西南民族地区开始有了质的变化。随着国家"西部大开发"战略的实施，西南民族地区经济文化开始走上快速发展的通道，工业化进程、城镇化建设、基础设施建设、文化产业、旅游产业等为民族地区生产和生活方式的巨变提供了现实基础，经济发展、物质丰富、生活质量提高、社会化程度提高、文明进步、思想开放等正在成为新常态。经济和生产方式的改变是社会全面转型的基础，这种改变主要表现在以下几个方面。

(一) 商品经济全面渗透，产业化得到极大发展

西部大开发使西南少数民族地区市场化进程明显加快，农业商品化、产业化、专业化和民族文化产业迅速发展。从自然经济向市场经济的转变是一个根本性的转变，必将在生产和经济的领域带来一系列的变化。以往的山地农耕、半农耕或畜牧经济，由自然经济的生产方式迅速向市场经济转变，单一的粮食生产向以市场为依托的多种经济发展。许多民族村寨形成了以第一产业为主，兼有第二、三产业的新经济结构，传统的生产方式向工业化和后工业化转变。"一村一品"的"专业村"现象，

说明生产经营开始有了专业化的发展趋势。大棚生产、生态农业、反季节瓜果蔬菜等，也在一些民族地区形成市场化和规模化的形势。这使得人口越来越向着城镇集中，青壮年劳动力脱离农村外出务工或长期在城镇地区谋生。在一些连接城市的交通要道，还会形成"农民城"那样的流动人口聚居区。商品性收入已成为很多少数民族社会成员的主要经济来源。

（二）生产工具的改进

西南民族地区机械化生产工具得到较为广泛的使用。农业机械总动力呈快速增长。根据国家统计年鉴的数据，2017 年广西农业机械总动力为 3658.3 万千瓦（2000 年为 1367.94 千瓦），云南 3534.5 千瓦（2000 年为 1301.34 千瓦），贵州 2181.4 千瓦（2000 年为 618.63 千瓦），西藏 523.1 千瓦（2000 年为 114.52 千瓦），四川 4420.3 千瓦（2000 年为 1679.68 千瓦），重庆 1352.6 千瓦（2000 年为 586.47 千瓦）。[1] 农业机械化对农业增长的贡献率显著提高。牧区的少数民族也在越来越多地利用现代生产工具代替传统生产工具，诸如风力发电机、剪毛机、牛奶分离器、电动钢磨，较之手工和人力操作的方式，极大地提高了生产效率。

（三）农业技术的运用和农作方式的改变

现代农业技术如优良品种、农药化肥、地膜植保和耕地轮歇制度等在民族地区早已得到普及。一些民族自治地区结合自然人文资源特点，经过长期探索，形成了以农田、农户和乡镇为单位的多种生态农业模式。如旱地立体农业模式，充分利用空间把不同生物种群组合起来，形

---

[1] 数据来源：中华人民共和国国家统计局编《中国统计年鉴 2001》和《中国统计年鉴 2018》。

成了多物种共生、多层次配置和多级物质能量循环利用的立体种植的农业经营模式。在西南很多民族地区，广泛分布着次生潜育化程度较高的冷浸田、烂泥田、深泥脚田、冬水田等，将之加以改良就能达到良好的效益。人们根据这种自然条件，开创了水田垄稻沟鱼立体种养模式：在田中起垄，垄上种稻，沟里水面养萍，水中养鱼，简单易行，资源利用率高，是一种良好的立体生态农业模式。坡地"三田"生态模式是根据斜坡地的坡度差异，分别开挖坑田、条田和垄槽田，将作物立体种植与水土保持的农业工程和耕作制度改革有机地融为一体；还有许多产水果的地区，将水果的种植发展为多元化的种植模式。

（四）现代生态农业模式的推广和应用

民族地区往日生产活动并非都能将自然资源合理开发和运用，有些地方甚至长期砍伐林木，用于开荒、烧炭、烧柴做饭等，人为地造成生态的破坏。如广西桂北山区的恭城瑶族自治县，在 20 世纪七八十年代，很多山头就由于过度砍伐而"秃顶"，溪水断流，能源短缺，粮食减产。近年来，这里开始推广使用沼气，发展"一池带三小"的庭院经济，即一个沼气池带一个小猪圈、小果园和小菜园，逐步走上集多功能于一体的生态农业产业化道路，实现了庭院经济向产业化、规模化的跨越。[1]目前一种普遍采用的"猪—沼—果（茶、菜、药）"模式是以沼气建设为纽带，将生猪、果业、茶叶、蔬菜、药材生产结合起来，达到系统内能源、饲料、肥料良性利用的一项农业生产经营模式。很多民族村寨往日的居所、道路卫生条件都很差，而今，将人畜粪便集中于池中发酵，产生的沼气用作能源，沼肥则用于农田和果树，果园套种蔬菜或饲料作

---

[1]　宋涛等：《传统裂变与现代化超越——西部大开发与西南少数民族生活方式变革问题研究》，民族出版社 2006 年版，第 11 页。

物，满足生猪的饲料要求。既改变了生活和居住环境，又将资源循环利用，有了用之不尽的能源和肥料。这已经成为很多民族村寨主导的发展趋势，从而彻底改变了旧日的生产和生活面貌。传统农业几乎是单一的种植，现已形成"种植—养殖—加工—贸易"立体综合开发模式，较为科学合理地解决了长期效益与短期效益的矛盾，增加了农副产品的附加值，各种资源和闲置的劳动力得到充分利用，生产效率和经济效益大大提高。

（五）新型农村经济合作组织的出现

昔日一家一户为生产单位、以个体单干为主的传统生产组织形式，随着专业化、协作化大生产的出现逐渐淡出生产活动领域，并被现代劳动组织取代。这些新的合作方有"公司（或中介组织）＋农户"的生产组织，也有以集资入股方式或合作制、合伙制等形式建立的经济组织。通过这些形式，因地制宜，发展特色乡镇企业和民营企业，或从事农副产品和牧畜产品生产加工以及商贸、运输、建筑、生物制药、机械制造等传统产业活动，甚至发展生态旅游和民族文化产业。具有现代企业特点的股份制劳动组织，正在不断发展并完善起来。这些具有规模化、集约化特点的现代经济组织的出现，使越来越多的民族社会成员脱离小农生产方式，告别传统农耕生活，进入现代生产活动之中。

（六）分工及专业化带来的变化

现代化的基本特征就是专业化，尽管分工与专业化会导致人的片面发展，但对生产发展水平滞后的民族地区来说，毕竟还是生产力发展的较高级阶段。随着劳动工具改进和科学技术的推广应用，劳动效率不断提高，劳动时间缩短，劳动分工明晰化和职业分层多元化，劳动生活市场化，民族地区的农业生产活动出现了具有历史意义的转型，生产力开始发生飞跃性的发展。劳动时间的缩短使自由支配的余暇时间增多，非生产领域的劳动比重开始增长，劳动的自由度增加，劳动领域不断扩大，职业和利益不断分化，个人角色日益多样化，从而使需要也越来越丰富多样。传统的民族社会在保留原有阶层外，新增加了专业户、农民工、村干部以及知识分子、个体工商业者和私营企业主等新阶层，民族社会原有的单一的社会身份的局面不复存在。

总体来看，民族地区经济和生产领域的变革，大体与全国一致，从计划经济向市场经济、从农业经济向工业经济转型，然而民族地区也有特殊的发展条件和自身的路径，体现为从封闭向开放、从自给自足向商品经济的过渡和转变。具体到民族社会的具体条件和历史文化背景，又有各自不同的发展道路。一些跨境民族利用地理位置优势，以"走出去"的方式发展市场经济，本质上是以开放推动的发展道路。一些民族地区具有优越的自然生态景观，因而走上旅游推动型发展道路。还有市场推动型的发展道路，譬如一些从游牧走向定居的民族，从牧场走向市场，或者从农田走向市场，转变传统自然经济和计划经济生产方式，参与市场经营活动，从而实现了生产方式的根本性转变。为应对可持续发展问题，很多民族地区开始建设以市场为导向、以科技为依托的现代农业园区。川、滇、黔、桂、渝很多走在前列的民族县、乡、村，开始利用数字化平台，创造"互联网+"时代的新型农业经济发展道路。

二、生活方式的巨变

经济基础的变革是一切社会变革的基础。市场经济是民族社会生活方式发生根本性变化的巨大杠杆和催化剂，它带来的不仅是量的增长，更主要的还是质的变化。西南地区经济发展和生产方式的变革,使民族社会成员在就业方式、劳动时间、劳动条件等劳动生活的方方面面发生改变,从而也使生活方式发生变化。生活方式主要涉及物质生活、精神文化生活、社会生活及政治生活等方面。

(一) 物质生活

首先从经济收入和消费水平来看。根据国家统计局公布的数据,西南地区各省(自治区、直辖市)农村居民人均收入由21世纪初不到2000元的低水平,分别都有了大幅度的增长,最低的省份增长了4倍多;最高的西藏自治区,人均纯收入增长了5.64倍,增长速度高于全国平均水平。2002年至2017年间,西南地区农村居民人均消费支出水平也有了大幅度增长,除广西和云南外,增幅都超过了全国平均水平(见表3—1)。

表3—1 西南地区农村居民人均可支配收入与人均消费水平 [1]

指标地区	农村居民人均可支配收入(元)		农村人均消费支出(元)	
	2002 年	2017 年	2002 年	2017 年
全国	2475.63	13432.4	1834.31	10954.5
重庆	2097.58	12637.9	1497.72	10936.1
四川	2107.64	12226.9	1591.99	11396.7
广西	2012.60	11325.5	1686.11	9436.6
云南	1608.64	9862.2	1381.54	8027.3
贵州	1489.91	8869.1	1137.57	8299.0
西藏	1462.27	10330.2	1000.29	6691.5

---

[1] 数据来源:根据西南各省(自治区、直辖市)发布的2002年和2017年国民经济和社会发展公报、《中国统计年鉴2018》整理。

从消费情况看，西南地区农村居民家庭平均每百户主要耐用消费品拥有量，从2001年到2017年也实现了很大的提升(见表3—2、表3—3)。

表3—2　2001年西南地区农村居民家庭平均
每百户主要耐用消费品拥有量 ①

	大型家具（件）	洗衣机（台）	电风扇（台）	自行车（辆）	电话（部）	黑白电视（台）	彩电（台）	摩托车（辆）
全国	283.5	29.94	129.42	120.38	34.11	50.74	54.41	24.71
广西	153.12	4.37	187.10	121.4	13.98	59.44	34.98	21.13
重庆	425.89	9.56	125.44	18.17	25.22	62.67	40.44	5.17
四川	432.28	17.38	130.78	49.65	11.90	63.43	40.35	11.53
贵州	400.49	12.72	26.21	7.19	6.56	37.41	25.89	7.23
云南	116.04	19.54	9.38	47.92	12.50	31.54	43.63	5.50
西藏	466.25	2.71	—	59.79	2.92	3.75	14.58	0.83

表3—3　2017年西南地区农村居民家庭平均
每百户主要耐用消费品拥有量 ②

	家用汽车（辆）	洗衣机（台）	空调（台）	电动助力车（辆）	移动电话（部）	彩色电视机（台）	摩托车（辆）
全国	19.3	86.3	52.6	61.1	246.1	120.0	64.1
重庆	12.0	79.8	50.3	11.9	241.8	113.8	36.5
四川	13.4	89.9	40.3	28.5	242.0	117.1	49.5
贵州	15.2	92.0	5.9	10.0	288.9	104.0	54.2

---

①　数据来源：中华人民共和国国家统计局编：《中国统计年鉴2002》，中国统计出版社
2002年版。

②　数据来源：中华人民共和国国家统计局编：《中国统计年鉴2018》，中国统计出版社
2018年版。

续表

	家用汽车 （辆）	洗衣机 （台）	空调 （台）	电动助力车 （辆）	移动电话 （部）	彩色电视机 （台）	摩托车 （辆）
云南	18.0	79.8	1.3	17.0	264.1	103.7	82.4
西藏	17.7	61.7	0	10.9	191.9	110.7	87.7
广西	24.6	82.6	78.4	65.5	276.4	113.6	72.8

21 世纪初的统计数据中，还在把大型家具、黑白电视机、电风扇作为统计指标，2017 年的统计数据则显示出家用汽车的拥有量，已经没有了黑白电视机。目前，空调、彩电、移动电话、洗衣机、摩托车、电动车等都已成为日常生活中最为普通的消费品。民族地区水、电、路、能源、住房等基础建设工程日益完善，为起居、出行、休闲娱乐及日用品消费等方面带来了极大方便，从而使民族社会的日常生活发生质的变化，民族特色日益消减，趋同性日益增长。

（二）文化生活

民族文化生活主要体现在少数民族地区各级群众文化机构的建设和文化事业的开展。改革开放以来，随着民族地区经济发展和生产力水平的提高，人民物质生活得到极大的改善，闲暇时间增多，对文化的需求也日益增长，文化事业开始从发展群众文化向构建公共文化服务体系转变。根据国家统计局公布的数据，截至 2017 年底，民族自治地区已经建立健全了各级文化服务系统，博物馆、图书馆、文化馆(群众艺术馆)及各种文艺演出机构和团体遍布民族地区，实现了"县有图书馆、文化馆，乡有综合文化站"的建设标准，并因地制宜，加强了文化流动和数字文化设施建设，初步建立了省、市、县、乡、村五级公共文化设施网络。2017 年西南地区文化事业概况见表 3—4。

表 3—4　西南地区文化事业概况 ①

地区项目	广西	云南	贵州	西藏	四川	重庆
艺术团体数（个）	108	316	137	87	697	1283
演出场次（万场次）	1.44	5.60	1.47	0.58	7.77	15.16
博物馆数（个）	132	125	84	7	255	94
参观人次（万人次）	1828	2342	1851	10	6752	3096
公共图书馆机构数及（个）	115	151	98	81	204	43
总流通人次（万人次）	2344	1261	784	25	2601	1524
农村电视节目人口覆盖率(%)	98.30	98.26	96.22	96.62	98.18	98.88
电视节目套数（套）	116	175	103	44	213	46
年播电视剧数（部）	6166	9138	5196	385	18189	3106
农村有线广播电视用户（万户）占家庭总户数的比重(%)	183.1	140.2	247.9	0.1	363.2	100.5
	16.60	27.92	43.26	30.54	30.31	27.88
图书出版种类（种）	7319	7972	1062	622	13329	5320
册数（亿册）	2.9	1.6	0.9	0.1	2.9	1.4
期刊种类（种）	184	128	93	39	357	38
册数（亿册）	0.4	0.3	0.2	0	0.5	0.5
报纸种类（种）	53	42	27	27	85	27
份数（亿份）	5.8	3.6	2.8	1.2	14.2	3.9
儿童读物出版种类（种）	1334	290	78	16	2270	95
册数（万册）	2639	913	104	3	5790	149
课本出版种类（种）	442	180	108	136	2347	1882
册数（万册）	10210	7399	6319	1045	9319	6718
录像制品出版品种（种）	29	154	0	115	53	21
数量（万盒）	14.6	9101	0	42.5	61.3	8.2
电子出版物品种（种）	11	28	0	0	163	146
数量（万张）	1.3	65.4	0	0	84.6	70.6

由以上统计数据可以对西南民族地区文化环境的概貌有所了解。

---

① 数据来源：中华人民共和国国家统计局编：《中国统计年鉴 2018》，中国统计出版社 2018 年版。

值得关注的突出特点是现代传播手段的运用和传播途径的多样化及丰富性。数据平台、电子媒体、移动网络等现代技术的运用，使文化传播与交流的通道大为拓展，传播的速度、广度和文化交流的深度都是前所未有的，从而使以往长期闭塞的民族地区打开了通向世界的大门。

西南民族地区数量巨大的少数民族非物质文化遗产，是民族文化精神和民族智慧的集中体现，也是民族情感、民族心理、民族个性、民族气质、民族认同凝聚其中的文明结晶。为保护和传承民族非物质文化遗产，国家也制定了一系列的方针政策，组织专门的学术研究机构和专家学者对"非遗"的生产性保护、整体性保护、可持续发展、传承人危机等问题进行了深入的研究，从多个层面提出了推动少数民族"非遗"传承保护的对策和建议。苗族古歌、格萨尔、阿诗玛、刘三姐歌谣等一大批民间歌谣和口头流传的故事已整理出版，还将大批少数民族非物质文化遗产保护与民族地区文化生态整体性保护项目有机整合为系统工程，如设立格萨尔文化（果洛）生态保护实验区、武陵山区（渝东南）土家族苗族文化生态保护区等。在广西、贵州等地还命名多家企业为第二批国家非物质文化遗产生产性保护示范基地。

文化事业无疑对民族文化生活的丰富起到了重要的作用，而经济发展则从另一个方面促进了文化的振兴和繁荣。优秀的民族传统文化得以发扬光大，民族地区文化生活比以往更为丰富多彩。许多少数民族原本不分男女老少几乎人人能歌善舞，能演奏民间乡土乐器者也不在少数。随着现代化步伐的加快，大众文化的兴起，也使长期以来掩埋在山寨村落深处，充满着乡土气息的民族民间歌舞，有了重新焕发生命力的机遇。独特的自然人文景观，是少数民族村寨的特色资源。它凝聚着少数民族的精神，反映了少数民族在不同时期、不同自然条件下不同文化类型的形成和演变的历史过程，体现着少数民族经济社会发展特点和文化特点，是传承民族文化的有效载体。少数民族特色村寨的保护与发展，是社会主义新农村、新牧区建设的目标之一，也是保护民族文化多样性的重要国策。村寨文化的复兴，对提升民族地区发展力具有正向的积极意义。

节日文化是西南民族地区的一大特色。市场经济的催化作用，使以往纯粹的民俗文化活动开始有了"商机"的渗透。"文化搭台，经济唱戏"成为时下流行的概念。如白族的"三月街"、彝族的"火把节"、傈僳族的"阔时节"、拉祜族的"葫芦节"、纳西族的"三朵节"、苗族的"鼓藏节"、傣族的"泼水节"等，举行这些盛大节日，一方面保存和传承了民族传统文化，另一方面也将时代精神融入进去。更重要的动力还来自它们的商业价值，举办节日活动的同时，也给少数民族群众带来丰厚的经济利益。人们将民族节日文化活动作为文化产业来开发的积极性空前高涨。一些新造的大型文化节，如"罗平菜花节""腾冲火山热海旅游节"等，还有诸如"昆明世界园艺博览会"之类的文化活动，都要持续一个月之久，民族文化的精华荟萃一堂，民族服饰、织品刺绣、工艺雕刻、歌舞艺术、风味饮食、土特产品等应有尽有，成为集中全面展示民族文化的博览会。

生活与文化的交融，突出地体现在饮食文化产业。以云南省为例，由于民族的多样性而形成的民族文化的多样性世所罕见，仅楚雄彝族自治州就有民族特色菜谱三百多种，云南全省有民族菜肴数千种。其用料从普通的山茅野菜到多种花、草、虫、鱼，再到各种珍奇的山珍海味，应有尽有。这些原料都是无污染、无农药的天然生态有机食品，正好符合当代中国人解决温饱问题后回归自然、追求绿色食品的时代潮流，再加上许多少数民族的菜肴烹饪方法都有吃鲜、吃生、吃青且烹炒不过度的良好习惯，因而获得了广大食客的欢迎并赢得了良好的市场商机。[①]今天，不仅民族自治地方的县、乡、村都有自己本乡本土的特色菜馆，而且在全国各地的大小城市里，也可以看到诸如拉祜酒家、傣味园、傣香饭店、白族餐厅、香格里拉藏族风情宫、摩梭饭店、怒江大峡谷酒店、石月亮餐厅等民族特色菜肴和风味餐馆。民族饮食文化产业所创造的经济效益，在很多民族地区都成为地方经济的支柱。

自然与人文资源的结合，能使传统文化放射出异彩。很多传统的东西不断被挖掘出现代价值，经过整理、改造，融入新的文化要素，开始走出深山、走出村寨，并走进城市、走向世界。如丽江的"纳西古乐"、云南的民族舞蹈、贵州黔东南的侗族大歌等。对外开放和对外文化交流，大大地促进了文化系统的生长。西南众多民族都有自己独特而精湛的文化艺术，如歌舞、杂技、戏曲、民族民间曲艺、文物、美术、书法、摄影、民族民间服饰、工艺品等，既有历史文化价值，又有艺术价值，改革开放为它们带来了新的生机。

西南农村少数民族文化生活的变化，还体现在文化娱乐方面的消费支出。少数民族群众以往的文化娱乐方式，如"行歌坐月""木鼓舞""芦笙舞""月也""斗牛""玩山""抢花炮""对歌"等，因地制宜，就地取材，不需要花费。而今，歌厅、迪吧、电玩、网吧、微信等已对以往的娱乐方式产生了一定的替代作用，文化娱乐与教育方面的消费和投入，成为农村少数民族群众认同和接受的生活价值并成为新常态。根据国家统计局发布的数据，西南地区农村家庭人均文教娱乐消费支出，从21世纪初以来一直处于增长趋势。如广西从2002年的人均173元增长到2017年的1585.8元，重庆从162元增长到1993元，四川从174元

---

① 郭家骥：《云南民族文化发展报告》，《贵州民族研究》2004年第3期。

增长到 1468.2 元，贵州从 108 元增长到 1783.3 元，云南从 114 元增长到 1573.7 元，西藏从 28.5 元增长到 441.6 元。[①] 少数民族群众文化消费在总消费支出中的比例不断增长，意味着文化需求的增长，反映了文化生活日益提升的重要性。

（三）社会关系与政治生活

少数民族传统的社会关系建立在血缘关系的基础上，随着现代化的步伐的加快，科学、民主、文明的价值观日益为民族社会所认同并接受，加之生产、生活和文化领域的变迁，加速着传统社会关系的解体与重构。当代政治文明也以全新的形态、方式和途径进入民族社会。长期以来，血缘、地缘、家族、宗族、宗教、性别等要素是民族社会成员之间相互联系的基础，封闭性及"差序格局"是其主要特点。由于市场经济的全面渗透，这种社会关系开始发生变化。

变化首先发生在构成民族社会的基本要素——个体成员及家庭规模和结构功能方面。市场经济使生产关系和利益分配发生变化，以往靠辈分、性别来决定事务的关系原则被利益原则所取代。民族社会个体成员靠从事非农生产经营活动从市场获得生存和发展的资源及能力，个体生存和发展所需要的独立性、自主性也成为日益突出和普遍的要求，它最终导致传统家庭关系的动摇甚至解体。年轻一代婚后离开大家庭自立门户成为西南民族地区的普遍现象。几代人共同生活的大家庭逐渐消失，家庭规模开始变小，核心家庭、夫妻家庭和单身家庭已成为民族地区家庭结构的主要类型。家庭规模变小是全国范围的趋势。根据 2010 年第六次全国人口普查的数据，平均每个家庭户的人口为 3.10 人，比

---

① 数据来源：中华人民共和国国家统计局编《中国统计年鉴 2018》，中国统计出版社 2018 年版。

2000 年第五次人口普查的 3.44 人减少 0.34 人。原因是多方面的，年轻人婚后独立居住是一个重要因素。这种情况在西南民族地区显得更为突出。在抽查的样本总数中，2002 年单人户家庭占比例 8.14%，两人户占 20.64%，2017 年分别升至 15.58% 和 27.24%。西南其他各省（自治区、直辖市）情况大致相似。根据 2018 年国家统计局公布的数据，户均人口重庆为 2.78 人，四川 2.95 人，西藏 3.98 人，贵州 3.40 人，云南 3.53 人，广西 3.51 人。尽管西南大部分地区户均人口数字略高于全国平均数 3.01 人，[①] 但须考虑到民族地区多年来都实行允许二孩的生育制度，如此来看，家庭规模变小的趋势在民族地区更为明显。经济能力取代辈分成为权威形成的基础，夫妻共同协商的家庭民主制取代了父系决策权，家族文化色彩日渐淡化。

商品经济的发展彻底打破了民族社会长久以来的封闭与平衡状态，使社会成员间的交往在空间、对象和内容上不断扩展。人们不再满足于自给自足的传统生产方式，从事非农性生产经营活动日益成为生计的重要来源。对传统家庭、家族和宗族组织的情感依赖，已经成为历史。对未来充满希望，对外部世界怀着浓厚兴趣的年轻人，纷纷走出村寨，走向城镇，走向发达地区去求学、打工、经商。血缘关系不再成为决定一切的依据，随着生活世界的全面展开，人的各种需要不断丰富，各方面能力得到发展，新的关系也不断产生出来，如合作关系、伙伴关系、同事关系、客户关系、雇佣关系、组织关系等。具有业缘性质的交往逐渐将血缘性质的交往排除出生活世界，成为生活中的主导性关系。交往的扩大、关系的扩展，体现着需要和能力的增长，也体现着生活世界的丰富性，关系越多，生存的路子越广，事业也越是成功。

---

① 数据来源：中华人民共和国国家统计局编：《中国统计年鉴 2018》，中国统计出版社 2018 年版。

开放和交流不仅打开了通向外部世界的大门，也更加深刻地促进了系统自身内部的结构性变化。民族青年男女的恋爱婚姻，随着交往空间的扩大提高了自由度。按照以往的传统，大部分的少数民族社会都是族内通婚或支系内通婚，而今，跨族婚姻、跨支系婚姻日益增多，并在少数民族社会获得默认、接纳或许可，甚至还有以积极主动的态度来对待自主婚姻和跨族婚姻的。在很多少数民族中，择偶的观念发生了根本性的变化，传统和原始的规则及禁忌不再是捆绑人的枷锁，家族及宗族也不再具有约束力，择偶以性格、人品、能力、感情、经济实力、文化程度作为标准，并以是否有血缘关系的科学理念和法律意识为原则。并且，越来越多的人从优生的角度考虑生育问题。

建立在亲缘基础上的传统社会组织彻底失去控制力。土司和头人制度在新中国建立之初已废除，但在漫长的时期，头人还在民族社会中扮演着很重要的角色。改革开放以来，市场经济在民族地区的全面展开，使头人的地位逐渐削弱。除了一些重大的祭祀和为数不多的巫术活动尚需他们主持，例常的社会纠纷仲裁、公共事务的组织已不再需要他们，他们所掌握的草药知识也在现代西医药学的冲击下趋于无人问津的地步。一些头人甚至已经变成当地最弱小的困难户，生活窘迫、处境艰难。多数头人的子孙直接表示不愿意继承头人的位置，有些山寨面临着头人去世后再也找不到会主持祭祀礼仪的人。[1] 当然，这与传统礼俗在少数民族村寨生活中已降低到次要地位有极大关系。大多数历史遗留的传统组织及管理制度，如侗族的"款"、瑶族的"寨老制"，还有大部分自然头人如"油锅头人""庙老"等，都已失去民族社会政治管理的功能。遇到诸如分家析产、婚丧嫁娶、族内纠纷等事务，人们首先选择的是政

---

[1]　高龙：《滇西南地区少数民族头人地位的变迁》，《法制与经济》2015 年第 7 期。

府和司法机关的裁决和调解。连村规民约，也经过现代法律制度的过滤和改造，成为处理村寨中的各种矛盾、冲突和纠纷的依据。今天，少数民族村寨普遍建立了自治组织——村委会，共产党员和村干部在领导民族社会发展，以及管理和处理民族社会各种事务中发挥着决定性的作用。民族社会成员集体的事业，诸如发展经济、修路架桥、文化教育、治安管理等方面，都体现着新的政治文明的根本特点。

三、文化变迁与新的生活世界

西南民族地区的开放和发展开始步入一个新的阶段。然而由于西南地区自然人文生态环境的多样化和复杂性，发展呈现极不平衡的状况。在许多大中城市，经济文化已经实现较高程度的现代化，并且体现了经济与文化融合的理念。然而，在更为广大的农村地区和偏远山区，涉及民族社会最底层的文化变迁，则相对缓慢。

（一）"涵化"与"跃迁"

文化人类学家用"涵化"来解释文化变迁，认为是异质的文化接触引起了原有文化模式的变化。"涵化"的英文"acculturation"，前缀含有"接受""获得"的意思，有人解释为"被动接受文化"。国内学术界有将另一个词"enculturation"译为"文化适应"，而将"acculturation"译为"文化触变""文化同化"等。中文对应词"涵化"中的"涵"字，在中文的理解中含有浸润、滋润之意，也有包涵、包容之意，还有涵、濡连用，以描述变化的状况。一般来说，涵化用来指两种或两种以上的不同文化在接触过程中，相互采借，接受对方有益的、优秀的文化特质，从而使文化相似性不断增加的过程与结果。涵化与不同文化系统之间对文化要素的一般借用不同，它多是产生于强大的外部压力之下。

文化系统具有高度的复杂性，不能以简单化的思维方式和线性的逻辑来认识和阐释。不同文化系统之间的文化接触，交织着特定的人类种群的政治、经济、军事、社会等各种要素间的复杂相互作用，还有民族发展的历史进程及自然环境要素的作用，加之文化系统之间的差异性、接触的方式、途径及其强弱程度等因素，于是文化的接触和碰撞会导致各种不同的结果：或是一种文化的结构性要素或因子被新文化要素取代从而导致主体结构的变化；或是两种不同文化系统相互交融或整合到新的系统中；或是将新文化的要素附加到本文化系统之中，并无太大的结构性变化；或是差异较大的文化系统之间因骤然而至的接触产生对抗与拒斥；或是强弱的巨大差异导致弱势文化的崩溃与解体以致完全丧失文化功能，最终被彻底同化；而最好的状态则是一个文化系统以其主体性的开放与互动，积极吸收外来的新文化要素并将之内化为自身发展的资源，以改革和创新促进自我更生，从而能在巨大的社会变革中获得新的适应性。

文化的变迁，不是"涵化"一词所能涵盖的，也可以因外部时空环境的骤变而产生跃迁式的本质突变。文化系统在较短时期内因社会的巨变而发生的跃迁式的整体性重大变化，有涵化和濡化之功，也有传承和创新之劳；有生存与发展的动力驱使，也有全球性的外部原因驱动；有迫于形势的无奈，也有历史的必然；有解构与重构，也有涅槃与重生；有对传统的萃取与摈弃，也有对外来文化的批判与吸收。当今西南民族地区所经历的文化变迁就是这样一种跃迁式的突变。

（二）冲突与解构

民族地区的传统文化在漫长的历史时期和相对封闭的环境中，自然地、平静地、缓慢地按照自己由来已久的方式存在着和发展着，来自各个不同源头的文化之间，有过剧烈的碰撞、冲突与对抗，更有长期柔和的接触、对话与交流，这使各个文化系统既保持着自身的特色，又有渗透和融合。而今的变化则与以往大不相同。变化发生在复杂的时代背景下，一方面发达国家正由工业文明向信息时代文明过渡，中国则是整体实现现代化并在前沿领域向全球化挺进；另一方面国内不同地区间发展的不平衡，落后地区正在努力寻求跨越式经济发展以赶上甚至超越发达地区。这个变化要实现的跨越，是西方发达国家从农耕时代经历工业文明到网络信息时代几百年走过的路。西南民族地区在如此短暂的时间里发生的变化，既有人们熟悉的，也有完全发生了变异的形态。

以语言、穿着、行为、交往、建筑、景观等各种形式体现的少数民族传统文化，在大规模人流、物流、信息流、文化流的冲击下，显现出弱势并逐渐衰退、萎缩、没落，一些传统的东西面临着消失甚至灭绝。少数民族服饰曾是最为突出的文化符号，人们往往从着装一眼就能辨别出身份。服装的色彩和款式，以及各种质料的饰物和配件，都是精心设计和制作的艺术作品，凝结着民族的精神、心理、情感、智慧和审美价值观。而今这些民族认同的符号逐渐为方便舒适的现代服装所取代，它们仅仅成为家中的摆设或偶尔在节日、仪式和表演活动中展示一下。那掩映在青山绿水之中错落有致的干栏式房屋，也被越来越多的钢筋水泥建筑所取代。连民族语言的使用范围也在不断缩小，功能也在弱化。新文化要素、新知识、新的生活方式以其强大的力量，全方位地渗透或涌入民族社会的生活世界，冲击着民族传统文化，解构传统的核心理念、价值规范和秩序结构。

（三）对抗与重构

少数民族传统文化保护与现代性的冲突，在西南民族地区较为普遍。冲突所带来的变迁，成为人们普遍关注的重要话题。云南省怒江傈僳族自治州兰坪白族普米族自治县河西乡玉狮场村近年来发生的变化，是一个典型的实例。

2008 年 7 月 15 日，中央电视台十套《绿色空间》栏目播出了"一个拒绝道路的村庄"的节目，报道了 20 世纪 80 年代玉狮场村住在原始森林村寨里的普米人与修路者发生冲突的故事。千百年来，普米人已经与他们所居住的那片森林融为一体，普米人生存世界的祭山神、树神、古歌、搓蹉舞、古老语言等一切都和森林有关。由于大山阻隔，道路不通，环境封闭，直到改革开放初期，那里还依然是民风淳朴、和谐宁静的世外桃源，民族文化和生态环境都保持着原有的风貌。当然，物质的贫乏和生活的艰难也与外面的世界形成巨大的反差。当时开始流行一种说法"要想富，先修路"，然而，路是冲着森林来的。道路通到哪里，哪里的森林就被砍伐殆尽。节目解说道："森林就是道路的指向，职业砍树队一通开山筑路，一路砍林劈树……道路一天天逼近了隐藏在云岭深处老君山的玉狮场村。"村民与"砍伐大军"进行了"一场惨烈的奋力抗争"，那些"要树不要命的人"扛着锄头、斧头冲向砍削好的木材，将其毁坏，迫使伐木公司退却，并竖起了"禁止挖路"的木桩。① 最终，道路未能伸进村庄，森林保住了，玉狮场村也因媒体的报道和外界的广泛关注而被视作保护自然人文生态的典型。

"拒绝道路的村庄"成为意义丰富的"隐喻"，生态学家、人类学家、

---

① 中央电视台第 10 频道《绿色空间》栏目 2008 年 7 月 15 日（上集）、16 日（下集）19：37 播出。

文化学家等知识精英群体从不同的视角对其意义进行了深度的思考和阐释。生态恶化和文化多样性的丧失，是现代化语境中各种批判理论聚焦之处，这个超越了地方经验的著名村庄的故事为此提供了现实的依据。

然而，没有一条可与外面的世界相通的现代化道路，只是通过崎岖险峻的山间小道靠人背马驮，运输生产资料、生活用品、农副产品等不仅要花费巨大气力，而且代价高、效率低。生存的困境及诸多不便日益成为突出的问题，这个有着深厚的山岳文化传统的民族村寨，在经历了现代性的第一波冲击之后，开始动摇了，从顽强的抵抗与拒斥，转向认同与接受。调查发现，拒绝道路的村庄在坚持了多年之后，人们最迫切的愿望，竟然是"把路修通"。终于在 2009 年底，第一条可以通行车辆的道路，将这个封闭已久的村庄与外部世界连通起来。

人们最为担心的砍伐树木现象，在道路修通之后有所发生，邻村还出现过一阵盗伐风潮，但很快得到了遏制。主要原因，一是政策、法令与管理的及时干预；二是此前发生的事情使玉狮场村的森林成为社会关注的焦点，迫于舆论的压力和政府部门的"盯防"，盗伐者不敢贸然行动；而尤为重要的是，普米人崇拜森林、敬畏自然的山岳文化传统，使那曾经一度膨胀的滥伐欲望得以收敛。

道路的修通使村里面貌开始发生重大变化。经济发展了，收入增长了，生活水平提高了。有关调查显示，在接下来的四年时间里，人均口粮增长了 40%，人均收入增长了 70%。① 人文景观的突出变化，反映在居住条件的改善。传统的普米村寨给人的印象是被烟火熏染成灰色的木楞房散落在山坡上，与树木和田野浑然一体。外人常常希望那种淳朴的

---

① 朱凌飞：《修路事件与村寨过程：对玉狮场道路的人类学研究》，《广西民族研究》2014 年第 3 期。

特色能够与自然同在，然而对普米人来说，旧式的房屋同昔日的生活一样是落后和贫穷的无奈，满足现代生活的需要才是他们真正希望的。修建住宅从来都是村寨里的大事，而修建现代化的新式住宅是他们的梦想。以前，要修建一座砖瓦房简直是难以想象的事情。道路的修通为实现这一梦想提供了方便的条件，建筑所需要的大量水泥、砂石、砖块和装修材料通过车辆从外面运进来。再加上政府的大力扶持，一座座砖瓦结构的房屋逐渐代替了木楞房。各种通信设施也一天天完善起来。物资流通渠道畅通了，商品经济使价值观开始发生根本性的变化，民主、平等、权利、自由的意识在增长，这也促进了普米人对自身文化的自觉和保护传统文化的意识。

在传统与现代性的冲突与交战中，普米人最终选择了在生活方式上做出一定程度的改变，但也还保持了一些传统。普米人思维有社会学派所说的那种原始特征，有"集体表象""神秘性""原逻辑"，也遵循互渗律。普米村寨发展的历史可以用文化相对论来解释。普米人在现代化的浪潮中没有完全失去自我，反而强化了传统文化意识，这是自身文化的进步。从文化生态学的视角来看，或许可以用一种被称为"弹持"的生态学原理来解释。根据这种理论，文化系统之间的冲突与碰撞，会产生一种类似弹性的循环与互动，在经历了冲击之后系统会经过自我修复再度达到新的平衡态。[①] 当然，这也是生命系统的一个重要特性。随着时间和空间的变化，生命系统维持平衡的努力总会使现实在对偶的两极之间不断转换以寻求平衡。这个原理不仅可以用来解释因最初的冲击所带来的颓势被再度恢复，也可以解释从对冲击的抵抗，转变为接受和认同。玉狮场村的普米人从拒绝道路转变为渴盼道路就属于这种情况。值

---

① 　周永明：《道路研究与"路学"》，《二十一世纪（香港）》2010 年第 8 期。

得人深思的是：在一个如此剧烈变动的大变革时代，传统中究竟有什么东西能够被保存下来，并有可能经过自我更新获得永恒的生命？普米人给出的答案是：保护自然，与自然和谐一致。

第三节　现代教育与民族文化的互动

西南民族传统文化发展的历史以千年计，而代表主流文化的现代教育进入民族地区不过一百多年的历史。鉴于中国民族社会发展状况的多样性和复杂性，两者之间的相互作用经历了复杂的过程，渗透、交流、碰撞、对抗、同化、拒斥、接纳、融合等各种状态混合纠缠，交替呈现于近百年来中国社会沧桑巨变的历史背景下。互动是一种双向的相互作用，弱势文化对强势文化未必尽是依附和归顺，消极的拒斥以致再度封闭是自我保护，也是一种互动，不过是一种消极的和被动的反应。今天需要的是积极主动的互动，是具有高度文化自觉性和前瞻性的主体间的相向而动。历史证明，以主流文化取代民族传统文化的同化取向不足取，对此必须要有清醒的认识。

一、历史回顾

现代教育进入民族地区，可以追溯到百年以前。不过，寥若晨星般点缀于广大辽阔的偏远山乡的现代文明之光，只是从无到有的起始点而已。进入 20 世纪，国门的开放和中国社会的巨大变革，使民族地区不再是与世隔绝的世外桃源。随着新文化运动、民主革命、抵抗外侮、人民解放、和平建国等一波又一波的革命和建设浪潮，中心收拢着边缘，边缘向中心凝聚，民族生存与国家命运内在地关联起来。"中华民族作为一个自觉的民族实体，是近百年来中国和西方列强对抗中出现的。"①革命、战争、民族、国家成为汇聚一切信息和能量的话语中心，民族生存的现实困境与意识形态更加紧密交织，民族解放成为时代的主旋律。而民族教育则成为唤醒民族自觉、激发民族精神、促使民族自立自强的有力工具和重要途径。

前期构建现代民族国家的过程中，通过兴办新学，现代教育的触角开始向民族地区延伸。清末民初，人口数量较多且有文字的少数民族如蒙古族、藏族、回族等有了专门的教科书，1909年的《满蒙汉三文合璧教科书》共有10册，内容涉及自然、历史、生产、生活、艺术、道德等各个方面，这便是中国特色双语教育的发端。辛亥革命后，许多民族地区开始形成现代学校教育体系，从办学主体、教育目标、内容、途径等方面进行系统建构。初小教育内容有国文、算术、修身、体操、图画等。高小教育增加地理、历史、格致等科目。没有文字的民族，其教科书从语言到文字，与汉族没有区别。

民国时期的教育宗旨体现了三民主义思想，以"充实人民生活，扶植社会生存，发展国民生计，延续民族生命为目的，务期民族独立，民权普遍，民生发展，以促进世界大同"②。1929年，国民党中央会议通过的《蒙藏决议案》提出有关于民族教科书问题的政策："通令各蒙旗及西藏、西康等地主管官厅，迅速创办各级学校，编辑各种书籍及本党党议之宣传品，实行普及国民教育，厉行识字运动，改善礼俗，使其人民

---

① 费孝通：《中华民族的多元一体格局》，《北京大学学报》1988年第4期。
② 宋恩荣、章咸选编：《中华民国教育法规选编（修订版）》，江苏教育出版社2005年版，第35页。

能受三民主义之训育，具备自治之能力。"[1]1931 年 9 月 3 日，国民党中常委会通过的《三民主义教育实施原则》中提到蒙藏各级学校使用的教材应特别注意到"蒙藏人民地方自治和民权主义的盥洗""蒙藏人民经济事业和民生主义的关系"。关于教材的内容，"在'现代化'前提之下，国家文化与宗教内之优良传统文化，同受尊重，编写教材，用以教导学生"。具体应包括："中国民族之融合的历史；边疆和内地之地理的关系，帝国主义侵略中国边疆各民族之历史及事实，边疆各民族人民和国民革命的关系；边疆各民族人民地方自治和民权主义的关系；边疆各民族人民经济事业和民生主义的关系；其他有关边疆各民族人民特殊环境之教材。"[2]然而，尽管国民政府实施民族教育旨在传播知识、普及文化、开发民智、巩固边防，但由于各方面的阻力和条件的限制，举办新学步履艰难。在一些地方，"创办学堂招生之初，尽管广告贴遍全城街道，但应招者仍寥寥无几。热心新学者不得不多方奔走，拜访地方开明绅士、学者及商贾人士，宣传新学宗旨在于启迪民智，培养科学知识人才，挽救国运。并深入调查适龄儿童之家，登门造访其家长劝学"[3]。从民族地区政府的教育机构称为"劝学所"[4]，可知新学推进之艰难。并且，从中央政府到地方教育行政部门乃至学校，尚无人思考现代教育如何从少数民族语言、生活习惯、文化心理、智力条件及生活实际等方面的文化差异出发实施民族教育。现代教育与民族文化最初的交流和碰撞由此可见一斑。

① 中国第二历史档案馆编：《中华民国史档案资料汇编（第五揖）第一编教育（一）》，江苏人民出版 1981 年版，第 815 页。
② 中国第二历史档案馆编：《中华民国史档案资料汇编（第五揖）第一编教育（二）》，江苏人民出版 1981 年版，第 830—833 页。
③ 韩达主编：《中国少数民族教育史》（第三卷），广西教育出版社 1998 年版，第 115 页。
④ 舒新城：《中国近代教育史资料》（上），人民教育出版社 1961 年版，第 282 页。

　　抗战时期民族教育话语转向边疆教育。1935 年，国民政府教育部颁布《边疆教育实施原则》，提出必须以边民全体为施教对象。"边疆教育"与以往国民政府提出的"蒙藏教育""回民教育""苗人教育"等所涉及的对象一样，只是"不将特定同胞的称号表明，一方面可免少数人对于整个国家民族养成'自外人群'的怪鄙思想，一方面把范围扩大，特定同胞界限以外的边疆人民，亦在教育领域之内"①。主张"边地教育应打破种族界限之观念"以"养成国民统一之情绪，团结一致之精神"②。边疆危机随着中日战争的进展日益加深，摈除民族意见和隔阂，团结抗战成为共识，于是人们不谈民族，只谈边疆。外敌入侵促使内部的团结高于一切利益，从而促进和加强了现代教育与民族文化的联系。作为抗战大后方的西南地区，随着国家文化中心向西移动，少数民族教育有了较大发展，兴起了许多师范学校和中小学校。为推进边疆民族教育，国民政府曾要求各学校自编乡土教材，并颁发文件征集边疆教育乡土教材，主要内容涉及乡土历史地理、民间故事、民谣格言、乡土社会、文艺娱乐等各方面。乡土教材包含较多的民族文化要素，从一定程度上也顾及了少数民族的生活方式和风俗习惯，但总体来说，课程内容"要依据中华民族为一整个国族理论激发爱国精神，泯除地域观念与狭义的宗教观念所生之隔阂"。因此，这一时期民族教育的本质特征是同化教育。

　　新中国的建立将分别处在各个不同历史发展阶段的少数民族迅速提升至人民当家作主的新社会。社会变革的巨大跨越使教育担当起重要的历史使命。《中国人民政治协商会议共同纲领》提出了"中华人民共和国境内各民族一律平等"和"人民政府应帮助各少数民族的人民大众发

---

① 中国第二历史档案馆编：《中华民国史档案资料汇编（第五揖）第一编教育（二）》，江苏人民出版社 1981 年版，第 830—833 页。
② 《抗战未来之教育》，中国第二历史档案馆馆藏档案，卷宗号：五，12414。

展其政治、经济、文化教育的建设事业"的总方针，少数民族教育在教育目标、内容、途径等各个方面定位于各民族之间相互尊重、平等友爱、团结合作、共同建设新国家，在教育政策实施的具体过程中，既要避免大民族主义，也要克服狭隘民族主义倾向。教科书的内容兼顾少数民族特点和国家公民教育的一致性和统一性。关于少数民族语言，有关政策要求："少数民族学校，应使用本民族语文教学。但在有本民族通用语言而无文字或文字不完备的民族，在创立出通用文字之前，可暂时用汉语文或本民族所习用的语文教学。"① 新中国成立后的三十年里，民族教育在扫盲和普及义务教育方面取得了举世瞩目的成就。20 世纪 80 年代以后民族教育事业迅速发展，在学校硬件设施、师资力量配备、义务教育普及率、学业成绩、高等教育参与率以及人力资源建设等方面有突出的成就并日益完善。

如今，人们开始关注民族教育中更深层次的问题。民族文化以各种方式和途径影响现代教育，少数民族乡土教材编写和民族文化进校园活动集中体现了这一趋势。近年来更有许多研究者关注少数民族课程建设的人类学研究。总之，百年来现代教育与民族文化的碰撞与交流，随着中国社会形态的变革和生产与生活方式的变化，日益深化并向深度融合发展。

百年来的历史昭示，以同化为目的的教育对于民族内在生长力的激发作用是有限的。富强、民主、文明、和谐社会的建设基于底层的建构，它有赖于各民族的和谐共生，其根本基础则是民族的多样性和文化的多元化。现代教育只有在平等和相互尊重的基础上与民族文化交流互动，求和而不趋同，才能激发和促进民族内在的生长力，使有千百年生

---

① 王鉴：《民族教育学》，甘肃人民出版社 2002 年版，第 251 页。

命史的民族文化得以传承和发扬光大，并以各自的特色融入时代的洪流，演奏出丰富多彩且雄浑有力的时代交响乐。

二、保持文化多样性的意义

国家对传承弘扬民族文化予以高度重视。国务院颁布的《"十三五"促进民族地区和人口较少民族发展规划》对保护传承民族文化遗产有专门要求，特别是对人口较少民族文化保护给以特别强调："加大对人口较少民族文化遗产的保护力度，加快征集珍贵民族文物，对濒危文化遗产进行抢救性保护，加强濒危文化资源数字化建设，精心实施国家级非物质文化遗产项目代表性传承人抢救性记录工程。加大对入选国家级和省级非物质文化遗产名录的人口较少民族文化遗产保护力度，开展非物质文化遗产传承人群研修研习培训，扩大参与面，提升总体素质。结合实施少数民族特色村镇保护与发展，对人口较少民族的生态资源、语言文化进行文化生态整体性动态保护，建立文化生态乡村。充分利用人口较少民族的民间故事、神话传说、民族史诗、音乐舞蹈等文化资源，鼓励创作人口较少民族文化题材广播影视节目。"对需要重点保护和发展的人口较少民族国家级非物质文化遗产与代表性项目，列出了详细的清单：

（1）高山族：拉手舞；

（2）景颇族：目瑙斋瓦、目瑙纵歌；

（3）柯尔克孜族：玛纳斯、约隆、库姆孜艺术、刺绣、驯鹰习俗、服饰；

（4）土族：拉仁布与吉门索、祁家延西、丹麻土族花儿会、於蒐、安昭、轮子秋、盘绣、纳顿节、热贡六月会、婚礼、服饰；

（5）达斡尔族：民歌、鲁日格勒舞、乌钦、传统曲棍球竞技、祭敖包（达斡尔族沃其贝）、婚俗、服饰；

（6）仫佬族：依饭节；

（7）布朗族：弹唱、蜂桶鼓舞；

（8）撒拉族：骆驼泉传说、民歌、篱笆楼营造技艺、婚礼、服饰；

（9）毛南族：打猴鼓舞、花竹帽编织技艺、肥套；

（10）锡伯族：民间故事、民歌、贝伦舞、刺绣、满文锡伯文书法、弓箭制作技艺、西迁节、传统婚俗；

（11）阿昌族：遮帕麻和遮咪麻、户撒刀锻制技艺；

（12）普米族：搓蹉；

（13）塔吉克族：民歌、鹰舞、马球、引水节和播种节、诺茹孜节、婚俗、服饰；

（14）怒族：达比亚舞、仙女节；

（15）乌孜别克族：埃希来、叶来、诺茹孜节；

（16）俄罗斯族：民居营造技艺、巴斯克节；

（17）鄂温克族：叙事民歌、萨满舞、抢枢、桦树皮制作技艺、驯鹿习俗、瑟宾节、服饰；

（18）德昂族：达古达楞格莱标、浇花节；

（19）保安族：腰刀锻制技艺；

（20）裕固族：民歌、服饰、婚俗；

（21）京族：独弦琴艺术、哈节；

（22）塔塔尔族：撒班节、诺茹孜节；

（23）独龙族：卡雀哇节；

（24）鄂伦春族：民歌（赞达仁）、摩苏昆、桦树皮制作技艺、桦树皮船制作技艺、狍皮制作技艺、古伦木沓节；

（25）赫哲族：伊玛堪、鱼皮制作技艺、婚俗；

（26）门巴族：拔羌姆、山南门巴戏；

（27）珞巴族：始祖传说、服饰；

（28）基诺族：基诺大鼓舞[①]。

这些丰富多彩的民族传统文化形式需要举全民之力予以保护，并以国家政策方式制度化，足以显示其对民族发展和国家建设的重要意义，同时也反映出其濒危的急迫性。

发展力来自文化力，文化源于生产与生活，而又反过来为生产与生活提供智慧和创造的动力源。千百年来少数民族绵延不断的内生之力，源于自然，从洪荒走来，在当代焕发出新的生机。民族文化对自身的自觉意识，只是在近百年的时间里，才从生产和生活方式的巨变中逐渐生长出来并日益增强。当今时代，一方面是文化主体不断觉醒的自我意识，另一方面是日渐消亡的民族传统文化自身，巨大的反差促成强烈的忧患意识。逐渐淡出生产和生活领域的传统民族文化，激发了人们的回归取向，这也是历史的必然。然而回归不是返回原始和洪荒，历史不是简单地重复，而是螺旋式发展，是在一个更高层次上观照起始点。历史向我们昭示了民族教育文化的基本原理：教育不能脱离文化之根，文化之根系于生存之土。

现代教育对民族地区的初始渗透，虽以传播知识、普及文化、开发民智、巩固边防为宗旨，但其努力收效不大。偌大中华，"愚、贫、

---

① 国务院：《"十三五"促进民族地区和人口较少民族发展规划》，见 http://www.gov.cn/zhengce/content/2017-01/24/content_5162950.htm。

弱、私"尚不能有所改变，何况大多处于偏远地区的少数民族。先驱者们怀着神圣的使命感，以致力于让文明之光穿透厚重的蒙昧与黑暗、拯救生民于苦难的深渊为己任。只是在经历了失败和挫折，走过了艰难曲折的道路后，人们才清醒地认识到，只有以生产力和生产方式的变革导致的生活方式变化，才是文化发展的根本原因，经济基础决定上层建筑，自下而上的建构是成就一切事业最根本的秩序原则。人活着才会有精神文化的追求。冷漠、厌倦、懒惰、逃避是那些饿着肚子被劝到学堂读书的孩子对初始的现代教育自发的本能反应。他们身上自然地带有其所属文化的印记，尽管其对自身认知、心理、态度、价值观很难说有自觉的意识，但其对现代教育的态度，反映了两个系统互动的初始状态。许多曾是封闭的文化系统，似乎只是被动地接受外来文化，何以谈得上互动？民族文化存在着并以自己的方式运行着，任何外来的东西都不能忽视它，而得适应它。教育良策的出发点是基于自身的调整和适应。

民族精神的激发态源于外敌的入侵。在系统面临被摧毁和打击，有亡国灭种之灾时，同宗同源再度凝聚成血肉相连的整体。在特定的历史时期，"边疆教育"对诸多民族着实起到了凝聚向心力的作用。

和平建国的宏伟大业彻底改变了诸多民族的生存状况。新文化的要素通过教育途径渗透进民族社会。不过，这种"化"在相当长的时间里，一直沿袭着趋同的理念。民族生存与发展的历史让我们重新思考民族传统文化的时代意义。由"趋同"转向"和而不同"的价值重构，是基于主体性的回归。"只有民族的才是世界的"获得普遍的认同，就是一种文化自觉。拯救民族传统文化成为当务之急，让民族文化焕发出活力是根本所在。

"只有在文化上是多样的，才可能是可行的：一致性在人类领域里可能像在自然领域里一样是有害的。"①西南各民族在历史渊源、语言文字、经济文化类型、宗教文化、民族传统艺术、智力资源及内心世界等方面的多样性，是各民族间相互交流的根基，也是创新的源泉。单一性是脆弱的，保持多样性才具有丰富性和稳定性。文化之间有差异，才会有交流、碰撞与融合，从而为人类文化的演进和发展提供动力和张力。千百年来，西南诸多少数民族多元文化共存的现实，本身就是一个有力的证明。各民族文化间彼此相互宽容、相互尊重、相互认同与取长补短，达到了发展与繁荣、合作与交融的价值互通和共同认可，这是在一个漫长的历史过程中形成的。在这个过程中，各民族不同的语言、宗教信仰、人际交往方式、生活习惯以及禁忌、风俗习惯等方面的差异性，并没有成为影响彼此交往的鸿沟，反而成为增进不同民族、语言系统和不同宗教信仰之间相互了解的潜在资源与内在动力。由此可见，文化多样性是民族社会得以和谐共生的根本基础和精神动力。

三、现代教育与民族文化的融合

思考现代教育与民族传统文化的关系，需要在尊重文化多样性的基础上，谋求两者之间的实质融合。多元民族文化是一笔宝贵的财富。正如一个人只有内心世界丰富，才能发现世界多方面的意义关联，从而才能有通达的智识和创造的智慧。中国要走向世界，需要雄厚的发展力做支撑，而内在品质的丰富性是发展力的根本所在，这种丰富性就存在于多样化的民族文化之中。中国古代先贤有一段意义深刻的话语："夫和实生物，同则不继。以他平他谓之和，故能丰长而物归之；若以同裨

---

① ［美］E.拉兹洛：《决定命运的选择：21世纪的生存抉择》，李吟波等译，生活·读书·新知三联书店1997年版，第121页。

同，尽乃弃矣。"(《国语·郑语》)"和而不同"的思想在当代尤具重要意义。民族教育仍须大力倡导并确立和谐共生的价值观，以营造促进多元文化发展的人文环境。百年来民族教育最突出的成就是人们观念的改变。民族文化生命的生长需要一个生境，这需要人们懂得它的价值，欣赏它的美，进而为它的自我更新和再创造培植资源丰富的生境。不仅教育与民族文化是双向互动的，民族文化内在的生长力与其环境之间也是双向互动的。民族教育必须在培植土壤和开发智力资源两个方面努力，将价值理性与工具理性整合为一体，方能健康发展。

现代教育与民族文化深层次的融合，在于通过教育提升民族文化的发展力。教育要让人变得智慧，就得对不同的人实施不同的教育。民族教育要结合民族生活来开发民智。开发心智是教育的重要目标之一，同自然资源的开发一样，也存在一个合理开发和可持续发展问题。很多研究提供了大量的证据证明智力资源具有民族性特征，而这些特征与民族生存的自然人文生态环境密切关联，其形态发生与结构稳定性是在一个长期适应的过程中逐步发展和完善起来的。少数民族地区多元文化共存的局面，造成了智力特征的多样性和差异性。无视这种差异性，必然导致对智力资源的掠夺性开发。这不仅使个体的未来发展难以为继，更是从根本上断绝了文化生长的智力源。当前民族教育的突出问题，正如许多研究者所指出的，是课程与民族生活的实际脱节，智力开发与民族文化的背景割裂。

为了使民族教育与民族文化关联起来，研究与编写民族地区乡土教材是一条重要途径。乡土教材所涉及的关于民族文化的知识及其自然人文生态的介绍，对情感态度价值观的培养是必要的也是有益的，然而就民族智力资源的开发来说，显然还达不到相应的层次。近年来民族文化进校园活动在一些地方开展得轰轰烈烈，颇有成效，但也存在形式化的问题，一些歌舞、绘画、手工等民族文化形式进入活动课程，活跃了校园生活，体现了文化特色，但人们大多未从智力资源开发的高度去选择内容和实施。民族文化课程资源开发，首先要对民族智力特征有充分的了解，然后是对其所产生的文化土壤及两者之间的关系进行深入研究，从知识与原理层面进行深度的挖掘和提炼。现代教育与民族传统文化的实质性融合，首先要从教育的内容着手，思考民族教育课程内容建设。只反映人类共同经验的知识系统是远远不能满足民族生存的实际需要的，课程的设置要以人类学为基础，必须体现不同人类种群的自然人文生态、社会发展现实及历史与文化，这就是我们的研究要深入思考并着力探索的问题。

第四节　西南民族教育发展的时代需求

西南民族地区发展力提升是一个复杂的系统工程，需要政治、经济、文化、教育、科技等各种因素形成合力来完成。以教育提升民族发展力，是整体发展战略的一个重要组成部分，其侧重点在于人的本质力量的提升，需要遵循教育的基本原理实现人的发展，从而推动民族社会的全面发展。教育的目标不只是定位于劳动和生产的知识与技能的增长，与从纯经济视角出发的人力资源开发和利用有所不同的是，它更注重人的本质的丰富性、全面的能力和需要的增长以及精神力量的提升，还有可持续发展的智力要素和内生动力的培育。基于此，需要在关注国际教育发展趋势的前提下，基于民族教育发展的文化之根和现实条件，提出教育提升民族发展力的构想。

一、西南民族教育发展基本理念

对西南民族地区发展来说，在教育资源配置方面虽有短缺，但全民教育的基本条件已经具备。目前尚待完善的是各级各类各个层次的教育，如学校教育、非学校教育，公办教育、民办教育，学历教育、非学历教育，普通教育、职业教育，学前教育、终身教育等。全体的、全面的、全环节的、全方位的教育是民族社会发展现实所迫切需求的，也是建设学习型社会所必须完善的事业。

教育优先发展，对西南民族地区发展具有尤为重要的现实意义。教育是民族社会各方面发展的基础和前提。在基本解决了温饱问题的西南民族地区，无论是经济的进一步发展，还是民族社会永久的、可持续发展，都需要把教育放在头等重要的位置。西南民族地区教育起步晚、基础差、教育资源配置短缺，加之自然人文生态的差异性，发展极不均衡，民族社会成员尚难以享受平等的教育机会。西南民族地区教育与经济发展的滞后之间存在着一种恶性循环关系，贫困带来教育资源的不足，教育资源的不足又使经济发展缺少动力。优先发展意味着教育资源向不利者群体倾斜，以非均衡的外部援助扶持少数民族教育发展。鉴于教育的基础性、先导性、全局性、长效性和教育效应的滞后性特点，民族教育优先发展必须从时间上提早筹划，从地位上顶层设计，从财力、物力、人力上优先支持。

历史强有力地证明，发展越是达到高级阶段，越需要教育的支撑。从世界经济发展的主导趋势来看，科学知识地位日显其重要性，人力资本增长速度和带来的效益，已经远远超出物质资本。知识的传播、生产和创新及其向生产力的转化在经济发展中起着至关重要的作用。因此，西南民族地区要赶上发达地区，并实现跨越式发展，必须首先在教育现代化上着力，大力发展教育是西南民族地区发展力提升的根本途径。

西南民族地区经济增长方式，必须根据区域经济和自然人文环境特点，探索自身的发展道路，不能重复发达地区的老路。改革开放以来，西南民族地区虽然已经有了很大发展，但也存在一些严重的问题。主要是区域内资源人均占有水平低，而生产过程中资源消耗率过高；多数产业技术装备水平不高，产品技术含量低，管理落后，经济效益差；自主创新能力薄弱，不能满足经济增长方式转变的需要。这些问题的解决，需要发挥智力资源的作用，通过教育来满足民族地区发展对人才的需求。

西南民族地区实现小康社会的目标，必须从物质文明建设和精神文明建设两个方面共同着力。城镇化建设、区域发展、经济社会发展、人与自然关系、民族社会发展和对外开放等，要实现协调发展，不仅需要大批高素质的人才，更需要民族社会人口素质的全面提升，唯有教育才能实现这一目标。

西南民族地区文化多样性中蕴涵着丰富的智慧资源，是取之不尽、用之不竭的资源宝库。教育的功能发挥得当，就能实现对民族智力资源的合理开发，并使民族实现可持续的发展。教育功能发挥不当，有可能造成对智力资源的不合理开发，甚至导致个性和创造性不能充分发挥，从而使发展难以为继。民族地区发展力的提升，需要民族教育的改革、创新和正向功能的发挥。

当前西南民族地区正面临着社会的全面转型，经济发展、生产力和生产关系的变革带来生活方式的巨大变化，从而也使民族文化发生跃迁式的突变。传统在解构，新的价值观和生活方式尚处在建构之中。处在混沌边缘地带的文化生命系统，尤其需要价值引导以重建新的结构与秩序。教育的重要功能之一就是引领社会发展。

二、西南民族教育与全球共同利益

西南民族社会的发展处在全球化时代的大背景之中，思考民族教育须以全球共同利益为出发点。我们一方面需要强调多样化和差异性，把民族的特色和传统视为民族自身存在和发展的前提；另一方面也要看到，全球化是人类社会跨越空间障碍、跨越民族社会和国家，在全球范围内沟通、联系、交流与互动的一种历史进程，一种国际视野和人类共同的终极价值关怀是基于不同文化源头的人类种群相互联系和交流的基础。目前虽然只是在经济领域中倡导并推行全球化，但随着经济生活的全球化，人类命运共同体的构建，也必然会导致人类社会各个方面的全球交流与互动。文化领域中主张"中心""同质化"和"一致性"的世界体系必将为"和而不同"的新的世界格局所取代。文化之间的冲突，归根结底是由对共同资源的竞争所导致的。"和而不同"是对同质性和单一化的否定，"和合"精神在最深刻层面上体现了整体的关联性，它在差异性与统一性、竞争与协同、对抗与合作、冲突与整合等对偶互动的关系之中谋求互补、互化、互生，从而产生有序发展，这是一种高明的共进化策略。全球化背景中的教育文化选择，当以民族特色与传统文化的独特性为存在和发展的基础，在积极参与全球化进程的同时，通过开放与交流，不断汲取其他文化之精华，消化、吸收、转化为内生的动力和力量，为创新和发展奠定基础。

任何旨在提升发展力的教育，不可能不关注国际教育动向，国际教育发展动向体现着人类社会发展的时代趋势。2016 年，联合国教科文组织发布的《全球教育监测报告》指出："教育在推动 2030 年可持续发展议程全球目标的过程中可以发挥巨大潜力，我们需要通过一场变革来激发教育的潜力并解决当前人类和星球面临的诸多问题。"报告着重提出："教育系统需提高对环境的关注，必须认真保护和尊重少数民族的文化和相关语言，确保教给人们支持向更绿色产业转型且能够为环境问题找到解决方案的重要技能和知识，亟须教授符合发展经济所需的高级技能，教育不平等与巨大的收入差距交织在一起增加了暴力冲突的危险。"《全球教育监测报告》提出了国际教育发展的以下情况。

环境的可持续性方面。教育是降低人口生育率最为有效的工具；环境教育可以增加绿色知识；可持续性实践在学校外部持续推进有积极意义；教育可以促进灾害预防体系。尚需解决的问题在于，不应提倡不可持续的生活方式，而应该尊重当地文化和多元知识体系，并提供使用当地语言的教学。

可持续性和包容性发展方面。教育能够促进农业生产率；教育能够为绿色创新提供技能培训；教育能够减少工作贫困；高等教育能够维持和扩大高技能职业。当前应致力解决教育与劳动力市场需求保持一致的问题。

人类社会包容性发展方面。教育可以提高健康质量，并降低生育率；反过来，健康与营养可以促进教育发展。

政治参与、和平与公正方面。教育能鼓励建设性政治参与；教育帮助人们获得公正；只有具有正确导向的教育才会被认可。存在的问题是：教育在和平协议中应该受到重视；冲突斗争在损害着教育。

城市包容性和可持续性发展方面。教育通过让人具备关键技能而消除不平等；教育减少城市犯罪；教育促进城市繁荣和绿色发展。存在的问题是：城市化的发展给教育系统带来压力；劣质教育将降低人们守法纳税的概率。

未来规划：（1）依据当前发展趋势，到2042年才能实现初等教育的普及，初中和高中教育普及任务的完成年份分别是2059年和2084年；

（2）即便按照欧洲与北美最快的发展速度来预计，仍有 1/10 的国家在
2030 年之前难以完成高中教育的普及任务；（3）如果在 2030 年普及撒
哈拉沙漠以南的非洲地区女性的高中教育，那么在 2050 年儿童每年死
亡人数将减少 30 万至 35 万人；（4）低收入国家如果在 2030 年完成高
中教育的普及任务，那么将在 2050 年使人均收入增加到 75%，并进一
步消除贫困；（5）在 2030 年前普及高中教育还能使灾害所致死亡人数
每年减少 5 万例。①

　　联合国《2030 年全球可持续发展议程》② 涵盖的 17 个可持续发展目
标之四（SDG4）与教育相关，即"确保包容和公平的优质教育，让全
民终身享有学习机会"。由以上国际教育发展趋势来看，所涉及的终极
问题都与全球共同利益相关，不是一个国家和民族所独有的，这是需要
集全部的人类智慧来解决的问题。而迄今为止的教育，远未达到激发人
类的全部智慧和潜力的程度，它一直延续着自工业革命以来所遵循的专
业化和标准化的模式，培养着缺乏自主价值和创造性的工具式人才。世
界教育还特别关注到，与自然环境的恶化并生的，还有人文环境的恶
化。文化多样性、教育公平与社会和谐等都是当今世界教育面临的核心
问题。这一切对教育的根本性变革提出了时代强烈的呼唤。

三、西南民族教育要为民族生存和发展打基础

　　国际教育发展趋势中一个很突出和鲜明的方面是保护和尊重少数民

---

① 联合国教科文组织编：《全球教育监测报告（2016）》，见 http://unesdoc.unesco.org/
images/0024/002457/245752C.pdf。

② 联合国开发计划署：《2030 年全球可持续发展议程》，见 http://www.cn.undp.org/con-
tent/china/zh/home/sustainable-development-goals.html。

族文化和相关语言、实现教育公平。不平等与贫富差距是人类社会暴力冲突的根源。关注民族社会个体成员的发展，就是要提供一切条件，充分挖掘个体潜能，为每个人提供自由塑造自己的生活和参与社会发展的手段。从教育发展的现实来看，我们离这个要求尚有距离。教育发展的不均衡不仅是指发达地区与贫困地区之间的不均衡，还包括区域内不同地区、城乡之间、民族社会之间的不均衡，更为重要也是更容易被忽视的是个体发展机会和条件的不均衡。教育的根本目的是"以文化人"，以文化人则必然地依赖于文化，脱离文化之根无以谈教育。民族文化生成于独特的自然人文生态环境，以自发的方式代代相传，原始而简单，和谐而自然。百年来社会巨变导致生产与生活方式的根本性变化，从而使民族传统文化逐渐失去存在的条件。现代教育在民族地区从无到有、从小到大的发展，普及了科学文化，凝聚了民族精神，打开了通向世界的大门，为来自不同源头独立发展的文化系统融入主流文化起到了重要的作用。但以同化为目的的教育，忽略了民族文化背景与民族生存的实际，从而使民族发展的内在动力日渐削弱。提升民族发展力，教育首先要将个体发展的文化基础纳入教育的设计之中。

所谓文化基础，是指民族文化土壤和民族文化之根。特定文化系统的个体，对外部世界做出反应的方式，有其共同的特点。人类种群的气质、个性、心理和认知等方面，不仅深深地打上了自然环境的烙印，还有为历史文化形塑的特征。对外部世界作出合适的反应，是许多代人在漫长的岁月里累积起来的智慧，族群中的个体在无意识状态下早已将其接纳并内化为个体的身心素质结构。已有图式是有用的经验，在面临新情况的时候，它们会成为重要的参照系统。学习的发生与以往经验的自参考是一个统一的过程，民族社会个体成员学习的已有条件，就是民族文化和以往生活留给他们的全部经验。这是民族教育不可无视的前提。

民族和谐社会建设的必要条件是多元文化的存在。一个在文化上同质化的社会，会因缺乏丰富性而逐渐丧失生命力。民族基础教育立足于民族生存和可持续发展，使一个民族成为一个民族的东西应通过教育的途径得以传承和发展。面临当代社会的巨大变革，谋求新的生存方式是每一个民族必须应对的挑战。来自独立源头的各个民族将融入世界历史。在全球化语境中认识这种"世界历史"的现实意义，并不是要否定文化的差异性，恰恰相反，在文化上"越是民族的，就越是世界的"，这个道理被越来越多的人认同。一个民族要做到既保持自身的特色，又能与时俱进，就需要有足够的智慧应对外部世界的复杂变化。民族基础教育所肩负的使命就是为民族的生存与发展提供可以更新、可以再生、可以重组的智力资源。民族地区的经济发展要保持民族特色，走出一条自己的路，这就需要一代代富有创新精神和创业能力的人才。这种创新精神只能来自民族内在生命力的激发。开创民族生存之路，就是民族精神在时代背景下的自我更新。这一理念得以实现的根本条件就在于培养自由全面发展的人。民族基础教育何以能培养出自由全面发展的人，需要对教育的现实进行深入反思，以此作为民族教育变革的起始点。

第四章　西南民族地区教育现状、问题及发展思路

　　我国少数民族教育在党和国家一系列重大决策的实施和系统工程的推动下，得到迅速和全面的发展。主要成就体现在教育规模、办学条件、教师队伍、民族团结教育、双语教育、教育教学质量、民族高层次人才培养等方面。然而，由于西南民族地区特殊的自然生态环境和人文历史传统，加之起步晚，发展不均衡，教育发展总体情况与全国平均水平相比还有较大差距，教育系统尚不够完善，一些特殊困难和突出问题仍然严重地制约着民族教育的发展。

第一节　发展现状及未来趋势

　　近年来，西南民族地区教育发展总体看水平持续增长、规模逐步扩大、质量不断提高。根据国家未来发展规划，西南民族教育有望在整体发展水平和一些特殊方面有突出的发展，并在更大程度上实现教育公平。

一、民族地区人口受教育水平及基础教育情况

新中国成立前，少数民族文盲率在95%以上，全国仅有1所少数民族高等学校。新中国成立初期，全国普通高校中只有少数民族学生1300人，占高校总人数的1.4%。[①]70多年来，少数民族教育发展水平不断提升。迄今为止，已形成包括民族小学、民族中学、民族职业院校、民族高等学校在内的民族教育体系。九年义务教育全面普及并达标，少数民族享受高等教育权利的水平逐步提高、范围日益扩大。高等教育实现了对所有少数民族从本科教育到研究生教育的全覆盖，55个少数民族都有了研究生，民族地区开始走向高等教育大众化时代。

（一）少数民族在校生比例稳步增长

根据教育部发布的教育统计数据，截至2018年底，全国各级各类学校中少数民族在校生总数达2805.79万人（同比增加130.55万人），占全国在校生总数28259.71万人的9.83%，与2017年占全国在校生总数27551.11万人的9.71%相比，增长0.12个百分点。其中，博士研究生23006人（同比增加1245人），硕士研究生115587人（同比增加9353人）；普通本专科269.75万人（同比增加20.87万人）；普通高中258.43万人（同比增加7.44万人）；普通初中527.47万人（同比增加25.48万人）；普通小学1226.11万人（同比增加50.14万人）；学前教育510.17万人（同比增加25.56万人）。

从统计数据看，与2011年相比，2018年各级各类学校少数民族在校生（除研究生外）均有所上升，其中中等职业教育上升得最快，从

---

① 中华人民共和国、国务院新闻办公室：《发展权：中国的理念、实践与贡献》，见 http://www.gov.cn/zhengce/2016-12/01/content_5141177.htm。

2011 年的 22.34% 上升到 2018 年的 31.73%，上升了 9.39 个百分点（见表 4—1）。

表 4—1　各级各类学校少数民族在校生占比 [①]

（单位：%）

年份	研究生	普通本专科	成人本专科	普通高中	中职教育	初中	普通小学	学前教育
2011	5.69	7.31	7.17	7.80	22.34	9.71	10.52	7.32
2018	5.07	9.53	8.96	10.88	31.73	11.34	11.86	10.96

（二）西南地区人均受教育年限大幅增加

根据全国第六次人口普查提供的数据，2010 年，全国少数民族人均受教育年限为 7.84 年，比第五次人口普查数据增加了 1.18 年；全国少数民族每 10 万人大专以上学历人数增加了 1.61 倍；全国 55 个少数民族都有了本民族的本科生和研究生。数据显示：从人均受教育年限的增长来看，西南人口较多的少数民族中，除了壮族由于起点高增幅较小，其他民族的人均受教育年限都有较大幅度增长，增幅最大的是藏族（见表 4—2）。

表 4—2　西南地区百万人口以上少数民族人均受教育年限 [②]

	2000 年	2010 年	增长幅度（%）	增长率（%）	"五普"排名	"六普"排名
全国	7.6	8.76	15.29	1.43	—	—

[①]　数据来源：根据教育部官方网站公布的 2011、2017、2018 年教育统计数据计算整理。见 http://www.moe.gov.cn/s78/A03/moe_560/jytjsj_2018/。

[②]　宁亚萍、王平、徐世英：《基于普查数据的我国 18 个少数民族受教育程度及公平性统计分析》，《中央民族大学学报》2014 年第 1 期。

	2000 年	2010 年	增长幅度（%）	增长率（%）	"五普"排名	"六普"排名
汉族	7.68	8.84	15.11	1.42	—	—
少数民族	6.68	7.84	17.39	1.62	—	—
壮族	7.31	8.17	11.75	1.12	1	2
土家族	6.98	8.19	17.24	1.60	2	1
白族	6.95	8.16	17.34	1.61	3	3
瑶族	6.81	8.02	17.45	1.62	4	5
侗族	6.78	7.91	16.70	1.56	5	4
苗族	5.88	7.2	22.39	2.04	6	6
傣族	5.77	6.83	18.46%	1.71%	7	8
布依族	5.66	7.04	24.30%	2.20%	8	7
彝族	5.32	6.52	22.54%	2.05%	9	9
哈尼族	4.76	6.44	35.35%	3.07%	10	10
藏族	3.52	5.37	52.68%	4.32%	11	11

　　教育基尼系数反映教育公平程度。从表4—3可以看出，基尼系数的降低说明各民族内部的教育发展更加均衡，教育也更加平等。其中，壮族在两次人口普查中排名都居第一，即教育公平性最好；藏族排名在最后，在11个民族中教育发展的均衡程度最差。从总体来看，西南地区各少数民族在两次普查中排名变化均不太大。基尼系数降低最明显的则是藏族（0.160）和哈尼族（0.141），但是由于他们本来与其他民族差距较大，故排名位置没有变化，仍然处于倒数后两位。

表4—3 西南地区百万人口以上少数民族教育基尼系数 [①]

	2000 年	2010 年	"五普"排名	"六普"排名
全国	0.236	0.208	——	——
汉族	0.231	0.204	——	——
少数民族	0.286	0.237	——	——
壮族	0.210	0.195	1	1
土家族	0.243	0.218	3	4
白族	0.256	0.220	5	5
瑶族	0.233	0.217	2	3
侗族	0.247	0.216	4	2
苗族	0.312	0.242	7	6
傣族	0.290	0.248	6	7
布依族	0.329	0.259	8	8
彝族	0.353	0.272	9	10
哈尼族	0.410	0.269	10	9
藏族	0.582	0.422	11	11

从以上数据来看，西南地区人口较多的民族受教育年限都有不同程度的提升，一些少数民族教育水平的增幅甚至超过了汉族和全国平均水平。但是有些少数民族由于起点比较低，尽管发展速度较快，想要达到平均水平，尚需时日。

从2017年西南地区受教育人口占比情况来看（见表4—4），除了本专科毕业生人数，其他各级学校毕业生人数占各省（自治区、直辖市）总人数比例平均值都高于全国水平。基础教育得到强化，但高等教育与全国差距较大。

---

① 宁亚萍、王平、徐世英：《基于普查数据的我国18个少数民族受教育程度及公平性统计分析》，《中央民族大学学报》2014年第1期。

表 4—4　西南地区受教育人口占本地区总人口比例情况①

(单位：%)

指标地区	普通本专科毕业生人数占总人口比例	普通高中毕业生占总人口比例	中等职业学校毕业生占总人口比例	初中毕业生占总人口比例	普通小学毕业生占总人口比例
全国	0.5293	0.5580	0.2924	0.9839	1.1629
西南	0.4307	0.6377	0.3431	1.4423	1.3464
重庆	0.6387	0.6858	0.3088	1.0127	1.1614
四川	0.4651	0.5906	0.4258	2.0572	1.1074
贵州	0.4163	0.9035	0.4441	1.7555	1.5715
云南	0.3650	0.5253	0.3050	1.2788	1.2897
西藏	0.2677	0.5442	0.1661	1.2402	1.4519
广西	0.4313	0.5768	0.4088	1.3093	1.4964

（三）基础教育和学前教育快速发展

民族地区基础教育的各个阶段都得到了国家资助政策的全覆盖，义务教育阶段学生全部实现免费上学，集中连片特困地区农村学生营养膳食和健康状况得到改善，留守儿童关爱服务体系初步建立，进城务工随迁子女公平接受义务教育，普通高中家庭经济困难学生基本都能享受国家助学金，中等职业学校农村学生、涉农专业学生、城市家庭经济困难学生全部免除学费并补助生活费。

西南地区和少数民族幼儿接受普惠性学前教育的比例有大幅度提高。2018 年，学前三年毛入园率全国水平为 81.7%（比 2015 年度提高 6.7 个百分点）；重庆（87.1%）、贵州（87.0%）、广西（85.6%）、四川（82.1%）

---

① 数据来源：根据《中国统计年鉴 2018》、教育部官方网站公布的 2017 年教育统计数据计算整理，见 http://www.moe.gov.cn/s78/A03/ghs_left/s182/。

的学前三年毛入园率均高于全国平均水平;西藏、云南、广西的学前三年毛入园率增加幅度较大,分别比 2015 年提高 16.4%、15.2%、10.9%(见表 4—5)。

表 4—5 西南地区学前三年毛入园率比较 ①

(单位:%)

年份	全国	重庆	广西	贵州	云南	西藏	四川
2015	75.0	81.0	74.7	80.0	63.8	61.5	76.9
2018	81.7	87.1	85.6	87.0	79.0	77.9	82.1

数据显示,西南地区义务教育得到了快速发展,所有民族自治地方县级行政区划适龄儿童全部享受免费义务教育,人口覆盖率达到 100%。

二、师资力量与办学条件

近年来,国家通过倾斜政策大力扶植民族地区教育发展,西南民族地区师资力量在数量和质量上均大幅提升,办学条件得到极大改善。

(一)师资力量

截至 2018 年底,全国各级各类学校中少数民族专任教师共有 146.22 万人(同比增加了 3.48 万人),占全国专任教师总数 1673.76 万人的 8.74%。其中,普通高等学校 9.76 万人(同比增加 0.39 万人),占高等学校专任教师总数的 5.83%;成人高等学校 0.13 万人(同比持平),占成人高等学校专任教师总数的 5.81%;普通高中教师 15.54 万人(同

---

① 数据来源:根据教育部官方网站公布的 2015、2018 年教育统计数据及西南各省市公布的数据整理。

151

比增加 0.54 万人），占总数的 8.58%；中专和职高教师 3.81 万人（同比增长 0.09 万人），占总数的 5.6%；初中教师 33.33 万人（同比增长 0.32 万人），占总数的 9.18%；普通小学教师 62.56 万人（同比增长 0.56 万人），占总数的 10.50%；学前教育教师 20.45 万人（同比增长 1.66 万人），占总数的 6.91%。[①] 就全国情况看，普通高中和学前教育少数民族专任教师增长较大，其主要原因是这些领域的发展起点低，而近期内加强师资推动力度大。

　　数据显示，从 2015 年到 2018 年，广西、四川、云南和重庆四地小学阶段生师比有所下降。初、高中阶段生师比在西南地区都有不同程度的下降。中等职业学校生师比除重庆外均有所上升，其他地区皆为下降。高等教育阶段除广西和贵州，其他大部分地区都有所上升。生师比的降低，在一定程度上体现了民族教育办学条件的改善和资源配置丰裕度的提高（见表 4—6）。

表 4—6　西南地区各级普通学校生师比 [②]（教师数 =1）

年份	地区	小学	初中	高中	中职	普通高校
2015	广西	19.83	16.50	17.06	36.27	18.11
	四川	17.59	12.39	15.59	24.95	17.95
	贵州	17.90	16.01	17.42	33.87	17.91
	重庆	17.44	12.71	15.92	21.69	17.60
	云南	16.80	15.29	15.20	22.69	19.11
	西藏	13.99	12.10	12.39	13.83	14.35

---

① 数据来源：根据教育部官方网站公布的 2017、2018 年教育统计数据计算整理，见 http://www.moe.gov.cn/s78/A03/moe_560/jytjsj_2018/。

② 数据来源：根据教育部官方网站公布的 2015、2018 年教育统计数据计算整理，见 http://www.moe.gov.cn/s78/A03/ghs_left/s182/。

续表

年份	地区	小学	初中	高中	中职	普通高校
2018	广西	18.77	15.68	17.41	31.72	17.78
	四川	16.98	12.37	14.50	21.03	19.37
	贵州	17.92	14.35	15.77	25.24	17.89
	重庆	16.76	13.00	15.26	22.43	17.94
	云南	16.51	14.52	14.74	24.60	19.35
	西藏	15.43	12.40	11.33	12.70	15.49

（二）办学条件

西南各省（自治区、直辖市）公共财政教育支出在"十三五"期间持续增长，特别是民族自治地区由于中央财政大力支持，农村义务教育财政性经费投入连续保持较大幅度增长。与 2016 年度相比，2017 年西藏的公共财政教育支出增幅最大，为 33.93%，云南增幅为 14.60%。数据显示，与 2015 年相比，2017 年西南多数地区在公共财政教育支出和公共财政教育支出占公共财政支出比例上都有所上升。四川和广西公共财政教育支出占公共财政支出经费总额提升，占比略有下降（见表 4—7）。

表 4—7　西南地区公共财政教育支出增长情况 [①]

地区	2015			2017		
	公共财政教育支出（亿元）	公共财政教育支出占公共财政支出比例（%）	公共财政教育支出同比增长（%）	公共财政教育支出（亿元）	公共财政教育支出占公共财政支出比例（%）	公共财政教育支出同比增长（%）
重庆	536.24	14.14	14.14	626.3	14.44	8.89
四川	1252.33	16.70	18.49	1389.2	15.98	6.71

---

① 数据来源：根据 2014—2018 年《中国统计年鉴》计算整理。

续表

地区	2015			2017		
	公共财政教育支出（亿元）	公共财政教育支出占公共财政支出比例（%）	公共财政教育支出同比增长（%）	公共财政教育支出（亿元）	公共财政教育支出占公共财政支出比例（%）	公共财政教育支出同比增长（%）
贵州	772.91	19.62	21.33	901.96	19.55	6.93
云南	767.46	16.28	13.71	998.33	17.47	14.60
西藏	167.27	12.11	17.73	227.2	13.51	33.93
广西	789.69	19.42	19.55	920.2	18.75	7.68

2018年，西南多数地区普通小学、普通初中、普通高中、中等职业学校以及高等学校的教育生均公共财政预算教育事业费都比2017年度有所增加（见表4—8）。

表4—8　西南地区教育生均公共财政预算教育事业费 [①]

（单位：元）

地区	2017					2018				
	普通小学	普通初中	普通高中	中等职业学校	高等学校	普通小学	普通初中	普通高中	中等职业学校	高等学校
广西	7898	10029	9897	9907	16125	8013	10424	10071	9587	13855
重庆	10533	14692	12848	11409	15226	11380	15390	13910	11601	15458
四川	9621	13394	10950	10637	13983	9983	13762	11710	11406	14907
贵州	9753	11273	10638	6451	17781	10156	12242	12795	6781	19490
云南	10491	12731	11688	10860	15425	11479	13782	13331	11617	15333
西藏	26247	27342	32086	44897	34070	26598	28525	29688	37335	37282

---

① 数据来源：根据《教育部国家统计局财政部关于2017年全国教育经费执行情况统计公告》《教育部国家统计局财政部关于2018年全国教育经费执行情况统计公告》整理。

西南地区办学条件逐渐完善，得益于中央和地方财政不断加大扶持力度，并实施了一系列的工程，如农村寄宿制学校建设、中西部农村初中校舍改造、农村中小学危房改造、中小学校舍安全工程、农村中小学现代远程教育工程、义务教育学校标准化建设等。这些举措使西南地区义务教育薄弱学校基本办学条件得到大幅度改善。西南地区 2016 年、2017 年办学条件(生均校舍面积和图书藏书量)情况(见表 4—9)显示，2017 年西南多数地区办学条件总体比 2016 年度有所改善。

表 4—9　西南地区校舍面积和图书藏书量的生均值①

年份	地区	校舍面积（平方米）			图书馆藏量（册）		
		小学	初中	高中	小学	初中	高中
2016	全国	7.16	13.36	20.76	21.53	34.37	37.13
	西南	8.25	12.47	19.41	18.64	27.62	33.35
	重庆	7.00	11.41	22.08	15.14	18.65	33.30
	广西	7.71	11.17	17.10	21.11	30.06	27.55
	云南	8.31	10.07	19.90	21.66	25.76	34.69
	贵州	7.16	11.21	15.79	22.05	34.47	33.75
	四川	6.31	13.57	19.50	15.59	32.28	42.19
	西藏	13.00	17.39	22.11	16.31	24.52	28.61
2017	全国	7.44	13.73	21.69	22.67	35.64	38.86
	西南	9.10	13.01	20.62	20.37	29.81	35.30
	重庆	9.29	11.89	22.98	15.72	18.96	33.92
	广西	8.21	11.89	17.41	27.74	37.30	30.07
	云南	9.02	10.83	21.74	23.56	28.22	38.21
	贵州	7.43	12.29	17.46	23.00	36.84	35.49

---

① 数据来源：根据教育部官方网站公布的 2016、2017 年教育统计数据计算整理，见 http://www.moe.gov.cn/s78/A03/ghs_left/s182/。

续表

年份	地区	校舍面积（平方米）			图书馆藏量（册）		
		小学	初中	高中	小学	初中	高中
2017	四川	6.64	13.75	21.10	15.50	31.87	45.97
	西藏	14.00	17.40	23.02	16.67	25.66	28.11

2017 年，西南各地区的小学和初中每百名学生拥有计算机台数和网络多媒体教室的数量都比 2016 年度有所上升。但与全国平均水平相比，除了重庆和西藏小学阶段每百名学生拥有计算机台数有所突破外，其他各地区各阶段各项指标均不及全国平均值，有些地区差距还很大（见表 4—10）。

表 4—10　西南地区小学和初中每百名学生拥有计算机和网络多媒体教室数量 [①]

地区	每百名学生拥有计算机台数				每百名学生网络多媒体教室间数			
	小学		初中		小学		初中	
	2016	2017	2016	2017	2016	2017	2016	2017
全国	11.18	12.41	16.63	17.73	1.86	2.19	2.37	2.62
广西	6.20	9.30	9.36	10.72	1.34	1.95	1.64	1.80
四川	8.58	9.81	15.51	16.73	1.13	1.42	1.94	2.27
重庆	12.21	13.16	11.01	11.42	2.87	3.07	2.33	2.40
云南	9.03	11.37	11.47	13.16	1.43	2.01	1.41	1.67
贵州	8.61	9.54	12.52	14.09	2.20	2.45	2.19	2.42
西藏	15.40	16.43	14.70	15.18	1.32	1.64	1.25	1.66

① 数据来源：根据教育部官方网站公布的 2016 年、2017 年教育统计数据计算整理，见 http://www.moe.gov.cn/s78/A03/ghs_left/s182/。

三、高等教育

2017 年，高等教育阶段少数民族学生 394 万人（同比增加 31 万人），其中，博士研究生 2.30 万人，占全国总数 5.90%；硕士研究生 11.56 万人，占全国总数 4.94%；普通本专科 269.75 万人，占全国总数 9.53%；成人本专科 52.93 万人，占全国总数 8.96%。少数民族高考加分和报考研究生优惠政策的持续作用，加之预科班的举办和少数民族高层次骨干计划的实施，使得更多少数民族学生获得接受高等教育的机会。总体来看，民族地区高等教育进入大众化阶段，服务民族地区经济社会发展能力显著提高。

西南各省（自治区、直辖市）高等教育发展水平差异较大。四川和重庆总体水平较高，西藏发展速度较快。根据国家统计局发布的数据，2017 年，西藏普通高等学校招生数为 0.95 万人，在校人数 3.57 万人（2016 年度 3.56 万人），毕（结）业人数 0.93 万（2016 年度 0.90 万人）；2017 年，西藏普通高等学校教职工总数 0.38 万人，其中专任教师 0.26 万人，正高级专任教师 0.02 万人，与 2012 年相比人数增长了一倍，副高级 0.08 万人，比 2012 年增长了 0.02 万人；广西壮族自治区 2017 年高校招生 28.29 万人（同比增加 1.6 万人），在校生 94.22 万人（同比增加 7.55 万人），毕（结）业 21.38 万人（同比增加 0.31 万人）。2017 年，广西普通高校教职工总数 7.02 万人（同比增加 0.17 万人），其中专任教师 4.61 万人，正高级专任教师 0.50 万人（同比增加 0.02 万人），副高级 1.24 万（同比增加 0.05 万人）；少数民族较多的云南省，2017 年，高校招生 21.01 万人（同比增加 0.8 万人），在校生 76.47 万人（同比增加 5.88 万人），毕（结）业 18.81 万人（同比增加 1.28 万人）。2017 年，云南普通高校教职工总数 5.50 万人（同比增加 0.13 万人），其中专任教师

5.41 万人，正高级专任教师 0.43 万人（同比增加 0.02 万人），副高级 1.12 万人（同比增加 0.04 万人）。[①] 以上数据显示了民族地区高校招生规模和师资力量的增长趋势，在西南各个民族区域较有代表性。

四、职业教育

作为拓宽民族地区劳动力就业、加快脱贫致富的有效途径和方式，职业教育一直为党和国家所重视。《国务院关于加快发展现代职业教育的决定》（2014）明确提出办好西藏、新疆中职班，建设一批民族文化传承创新示范专业点。《国务院关于加快发展民族教育的决定》（2015）再次强化民族职业教育，在招生体制、就业指导、教师队伍建设、学生资助、对口支援等方面都提出了更为具体的要求。"十二五"期间中央财政通过国家示范院校、骨干院校、职业教育实训基地等项目支持民族省区高职院校各类项目 443 个，总投入 15.72 亿元。支持中职示范校项目 154 个，总投入 15.616 亿元；中职基础能力建设支持项目 349 个，总投入 46.893 亿元；支持实训基地建设项目 647 个，总投入 12.9 亿元。[②] 同时，地方也投入了大量资金，使民族地区职业教育基础设施和基本条件得到极大改善，有力促进了民族地区职业教育的发展。

一个最为值得关注的民族地区职业教育改革试验项目是四川率先启动的藏区"9+3"免费职业教育计划，每年安排 1 万名藏族学生到川内优质职业学校免费接受中等职业教育，其中 87% 以上的学生来自农牧民家庭。从 2010 年起，按照教育部、国家发展和改革委员会、财政部

---

① 数据来源：根据中华人民共和国国家统计局编《中国统计年鉴 2017》《中国统计年鉴 2018》计算整理。

② 樊未晨：《职业教育让更多少数民族学生走出大山》，《中国青年报》2015 年 9 月 2 日。

《关于在内地部分省（市）举办内地西藏中职班的意见》，东、中部有12省（市）44所职业院校开始举办内地西藏中职班，每年招收西藏学生3000人，学生学习、生活费用主要由中央财政负担。2014年起，西藏内地中职班招生范围扩大到青海藏区，2014年，6个省的8所学校招收青海藏区学生405人。2014年教育部联合国家发展改革委、财政部印发了《关于加快西藏和四省藏区中等职业教育发展的指导意见》。当年，西藏和甘肃、云南、四川、青海4省藏区共建成各类中等职业学校29所（不含附设中职班），在校生46944人。①

职业教育发展较为显著的是贵州省，2015年，全省有高职院校24所，在校学生14万人，中职学校262所（其中技工学校33所），在校学生50万人（其中技工学校3.7万人），"十二五"以来培养输送了60万名中高级技术技能人才。近年来重点建设了一批示范（骨干）职业院校，贵州交通职业技术学院、铜仁职业技术学院成为国家级示范（骨干）高职院校，贵州省建设学校等19所中等职业学校被列为国家中等职业教育改革发展示范学校建设单位，形成了一批服务白酒、医药卫生、能源、化工、电子信息、旅游文化等特色优势产业发展的专业体系。在办好学历教育的同时，积极发展成人继续教育，面向城乡劳动者广泛开展多种形式的技能培训。"十二五"以来培训城乡劳动者逾600万人（次），为贵州省及长江三角洲、珠江三角洲等地区培养输送了大量技术技能人才和合格劳动者。

西南各省（自治区、直辖市）职业教育也都有不同程度的发展。总的来看虽然与东、中部还有很大差距，但显然已经开始起步，并且正在加大力度发展职业教育。

---

① 樊未晨：《职业教育让更多少数民族学生走出大山》，《中国青年报》2015年9月2日。

五、未来发展趋势

民族地区教育整体发展水平及主要指标接近或达到全国平均水平，是未来几年要实现的重要目标。根据 2015 年第六次全国民族教育工作会议发布的《关于加快发展民族教育的决定》，到 2020 年民族教育要实现的具体指标包括：民族地区学前两三年毛入园率分别达到 80%、70%；义务教育学校办学条件基本实现标准化，九年义务教育巩固率达到 95%，努力消除辍学现象，基本实现县域内均衡发展。高中阶段教育全面普及，普职比大体相当，中职免费教育基本实现。高等教育入学机会不断增加，高考录取率不断提高，学科专业结构基本合理，应用型、复合型、技术技能型人才培养能力显著提升。国家通用语言文字教育基础薄弱地区学前教育阶段基本普及两年双语教育，义务教育阶段全面普及双语教育。新增劳动力平均受教育年限接近或达到全国平均水平，主要劳动年龄人口平均受教育年限明显提高，从业人员继续教育年参与率达到 50%。各级各类教育质量显著提高，服务民族地区全面建成小康社会的能力显著增强。

根据国家有关民族教育发展的未来规划，以及前期的教育投入、实践努力和国际教育发展形势的影响，民族地区教育很多方面将在未来几年有突破性发展。

第一，学前教育将会得到大力普及并强化。民族地区学前教育机构在科学规划下将逐渐走向合理布局。乡村幼儿园建设将在乡村两级公办和惠普性民办的探索中不断发展。这必将对民族教育发展带来根本性变化。

第二，民族地区义务教育以适应扶贫开发、生态移民、城镇化建设需要进行整体规划并调整资源布局，义务教育学校按照统一标准建设，薄弱学校基本办学条件将得到改善，城乡差距和校际差距逐渐缩小，农村留守儿童关爱服务及进城务工人员随迁子女受教育权问题将得到妥善解决。

第三，民族特色课程将成为民族地区学校课程建设的重要部分，教育与民族发展实际的结合将更加密切。西南一些地区，如贵州省开始实施"民族民间文化教育项目建设学校"工程，义务教育阶段以被列入国家和省级非物质文化遗产保护的项目为基础，以学校为主体，在课堂教学和课外活动中因地制宜开展民族歌舞、民族声乐、民族戏曲、民族体育、民族工艺、民族绘画、民族语言文字等教学活动和实践活动。帮助学生形成一两项民族文化特长爱好，采取多项举措激发学生对民族文化的兴趣。贵州省民宗委和教育厅已命名 72 所学校为"十三五"期间"贵州省民族民间文化教育项目建设学校"，到 2020 年全省要建设 1000 所这样的学校。[①]

第四，民族地区中等职业教育将有重大发展。校企合作、产教融合、质量提升、优质特色学校、优势特色专业、优秀民族传统文化扶持等将成为职业教育发展的主导话语或核心概念；民族技艺大师、工匠级艺人、非物质文化遗产传承人将被聘为兼职教师；招生、培养和就业等各个环节上，将探寻出切合实际的多样化新模式。未就业初高中毕业生的职业技术培训将全面覆盖，内地优质职业教育资源也会向民族地区流动。

第五，民族地区高等教育将在高校布局规划、专业设置等方面，与民族地区经济发展进一步协调融合，与实体经济和产业发展相适应的高等职业学校优先发展。工科类、应用型本科院校，以及工、农、医、管理等学科得到重视，一些民族地区普通本科院校转型为应用技术型高校。

第六，推进全纳教育，进一步实现教育公平。全纳教育的概念不仅仅限于特殊教育，诸如女童教育、少数民族、务工子女、学业不佳者、经济不利者等弱势群体，都在全纳教育理念涵盖范围之内。未

---

① 周雪：《"十三五"期间贵州 72 所学校开展民族文化教育》，《贵阳晚报》2017 年 1 月 2 日。

来，在国家大力扶持下，民族地区地市州盟和 30 万人口以上、残疾儿童较多的县市区旗，都会高标准、高质量地建好一所特殊教育学校，配齐特教专业教师并完善配套设施。同时，普通学校和普通班级接收智障学生，也将受到鼓励，并逐渐成为评价一所普通学校的重要指标。

第七，"互联网＋民族教育"将全面展开。以网络为平台的现代教育技术在民族地区全面推广，城乡社区教育机构和网络建设向民族地区倾斜，以互联网为载体的远程开放教育及服务平台将在民族地区得到普及，用以加强涉农专业、课程和教材建设，开展学历与非学历继续教育。"宽带网络校校通""优质资源班班通""网络学习空间人人通"等基础设施逐渐完善，国家教育资源公共服务平台向民族地区学校全面开放。互联网技术将在开发、引进、编译双语教学资源以及进行教师培训和民族文化数字资源建设等方面充分发挥作用。利用大规模在线学习平台，开发面向民族地区的教育课程，将使民族地区教育资源状况得到极大改善，推进学习方式的转变和学习型社会的形成。

第八，民族地区人才培养规模扩大、质量提升。国家将持续推进一系列倾斜政策提高少数民族人才培养质量。少数民族骨干人才计划、国家公派留学西部特别项目、中西部地区招生协作计划、农村贫困地区定向招生专项计划、教育部直属高校及其他自主招生试点高校招收农村学生专项计划等项目的实施，将使少数民族人才规模逐渐扩大。考试招生制度改革将更有利于边疆、山区、牧区、少数民族聚居地区少数民族考生获得大学入学机会。高校民族班、民族预科班教育教学管理经验日益丰富，质量进一步提高。教师培养、培训的制度与机制进一步完善，从而使民族教育各层次教师队伍素质全面提升。

第二节　现实问题

西南民族教育在国家特殊政策和物力财力的支持下，获得了长足的发展，但是要想发挥有效提升民族地区发展力的功能，尚须深入思考、解决一些突出的现实问题。

一、教育资源及教育质量

西南民族地区发展不均衡，教育资源不足及质量不高是普遍存在的现实。

（一）少数民族学生学业成就及教育质量数量问题

1. 少数民族在校生人数随教育层次提高而递减

根据教育部公布的数据，截至 2018 年底，全国学前教育、普通小学、初中、普通高中在校生中，少数民族学生占比依次为 10.96 %、11.86%、11.34%、10.88%；而普通本专科、研究生在校生中，少数民族学生占比分别为 9.53% 和 5.07%（见表 4—11）。

表 4—11　全国各级各类少数民族在校生占比 [①]

（单位：%）

年份	研究生	普通本专科	成人本专科	普通高中	中职教育	初中	普通小学	学前教育
2018	5.07	9.53	8.96	10.88	31.73	11.34	11.86	10.96

---

① 数据来源：根据教育部官方网站公布的 2018 年教育统计数据整理，见 http://www.moe.gov.cn/s78/A03/ghs_left/s182/。

数据显示，随着教育层次的上升，少数民族学生的比例逐渐降低。中等职业教育中少数民族学生占全国学生总数的 31.73%，可见这一部分有突出的发展。然而就总的趋势来看，少数民族学生的学业成就随着教育层次的上升逐步下滑。在研究生层次上，比起小学的起点来，几乎下降了一半。

2.接受高等教育水平低

2017 年，普通本科毕业生人数占总人口比例全国平均数为 0.53%，约为每千人中有 5 个本专科毕业生。西南地区除重庆超过全国平均水平，约为 0.64% 外，其他 5 省区远低于全国平均值。最低的为西藏，千人中本专科毕业生不足 3 人（见表 4—12）。

表 4—12　西南地区普通本专科毕业生人数占总人口比例[①]

（单位：%）

年份	全国	西南	重庆	四川	贵州	云南	广西	西藏
2017	0.53	0.43	0.64	0.47	0.42	0.37	0.43	0.27
2016	0.51	0.40	0.62	0.44	0.33	0.32	0.39	0.28
2015	0.49	0.39	0.60	0.44	0.33	0.31	0.38	0.29
2014	0.48	0.37	0.55	0.42	0.28	0.30	0.35	0.29
2013	0.47	0.34	0.50	0.39	0.25	0.27	0.36	0.29

从以上数据来看，全国高校毕业生占总人口比例逐年稳步增长，西南地区的增幅、增速平均水平基本与全国持平。西南地区增长速度快、幅度大的是重庆、贵州、广西，西藏地区近三年还呈下降趋势。这是真正令人担忧的现象，因为国家在政策上不断加大倾斜程度，在扶持力度

---

① 　数据来源：根据教育部官方网站公布的 2013—2017 年教育统计数据整理，见 http://www.moe.gov.cn/s78/A03/ghs_left/s182/。

上持续增长，而推动的效果并不是很理想。

就全国少数民族整体情况来看，第六次人口普查数据显示，2010年全国接受高等教育人数占人口比例为9.53%，即每百人中约有10人受过高等教育，而少数民族人口中这一比例为7.12%，全国有近40个少数民族低于全国平均水平。根据近几年的统计数据，这一状况并未得到明显的改善，并且按照目前发展趋势，缩小差距尚有很大难度。

3. 义务教育数量与质量问题

民族地区于2011年完成了"普九"，起点低、时间短、任务急，因此，存在着一些质量问题，数量上也有不实之处。从统计数据来看，2015—2018年，西南大多数地区义务教育巩固率有较大幅度提高，贵州的义务教育巩固率与全国平均相比还有较大差距（见表4—13）。

表4—13　西南地区义务教育巩固率 ①

（单位：%）

年份	全国	广西	西藏	重庆	云南	贵州	四川
2015	93.0	93.0	90.0	93.4	93.3	87.6	93.7
2018	94.2	95.0	93.9	94.5	93.8	91.0	—

统计数字未必能反映真实情况，课题组人员在田野调查中发现，一些地方关于"普九达标"的数据与实际情况并不相符，无论在数量还是质量上都存在失实现象。"虚假达标"在西南一些贫困地区并非个别现象。某些学校为了完成上级下达的"控辍保学"任务，在接受教育评估和督

---

① 数据来源：2015、2018年教育部全国教育事业发展统计公报及西南各省市国民经济和社会发展统计公报。四川省数据缺失。

导检查时，甚至不惜花钱到周边村寨"买学生"或到临近高中、幼儿园"借学生"。[①] 办学效益差、教学质量不高是西南广大农村地区基础教育中普遍存在的问题。起始点的教育基础没打好，会影响到后来一系列的学业成就，也会使流失率升高。

4.学前教育和小学教育不足

西南地区学前教育发展水平不平衡，不同省区之间差别较大。2018年，在学前三年毛入园率方面，重庆、广西、贵州已经远高于全国平均水平；云南为79.0%、西藏为77.9%，低于81.7%的全国平均水平。民族众多和集中连片贫困地区是限制学前教育发展的重要因素。

2018年，西南各省（自治区、直辖市）小学净入学率除了重庆之外，其他地区都未达到全国平均水平，但其他西南地区各地较三年前小学净入学率有所增长（见表4—14）。由此可见，在政策倾斜和扶助持续增长的情况下西南地区小学净入学率有所提升，但仍与全国平均水平有一定的差距，而且还没把统计数据与实际情况的差距考虑进来，由此可见该问题仍需持续关注。

表4—14　西南地区小学净入学率[②]

(单位：%)

年份	全国	广西	四川	重庆	云南	贵州	西藏
2015	99.88	99.39	99.72	99.99	99.68	99.48	98.94
2018	99.95	99.75	99.92	99.99	99.86	99.66	99.50

---

① 满忠坤：《民族地区义务教育发展中存在的问题及对策分析：基于四川、贵州的教育调查》，《教育发展研究》2013年第15—16期。

② 数据来源：根据教育部官方网站公布的2015、2018年教育统计数据整理，见http://www.moe.gov.cn/s78/A03/ghs_left/s182/。

5.高等教育乏力

截至 2018 年，全国共有普通高校 2663 所，西南地区有 417 所，占全国高校总数的 15.66%。其中本科 177 所，高职 240 所，本科院校只占西南高校总数的 42.45%。[①]全国重点高校大多集中于东、中部地区，西南地区除四川和重庆外，其他省（自治区）没有一所"985 工程"高校，每个省（自治区）仅有一所与教育部共建的"211 工程"高校。其他高校的投入机制，是按照分级管理、分级投入的方式进行。由于经济发展滞后，民族地区地方政府显然没有足够充裕的经济条件满足庞大的教育需求。资金缺乏，条件有限，办高等教育难度大，以及其他复杂原因，导致民族地区高等教育发展滞后，使民族地区学生很难在本地接受优质的高等教育，无法形成聚集高层次人才的科研大平台。高等教育的乏力直接影响着教育引领和服务于民族地区经济社会发展的能力和水平，制约着民族地区的长远发展。

（二）师资不足

根据教育部公布的 2018 年全国各级各类学校生师比统计数据，西南地区除小学生师比平均值低于全国平均水平，初中、普通高中、中职、普通高校（本科、专科）生师比平均值都高于全国平均水平。西南六个地区中，除了西藏全部 7 项达标，四川、重庆、云南的小学，广西、重庆的专科的生师比低于全国平均值外，其他全在全国平均值之上，有大多数地区在大多数指标上超出全国平均水平很多。其中，广西在小学、初中、高中、中职阶段生师比分别高出全国平均值 1.53、2.69、4.30 和 14.26 个百分点。若与东部发达地区相比，差距更大。这说明西

[①]　数据来源：根据教育部官方网站公布的 2018 年教育统计数据整理，见 http://www.moe.gov.cn/s78/A03/ghs_left/s182/。

南地区各级各类学校中，师资不足的情况比较严重，中职教育师资不足情况较为突出（见表4—15）。

表4—15　西南地区各级各类学校生师比 [①]（教师数 =1）

	小学	初中	普通高中	中职	普通高校	本科	专科
全国	16.97	12.79	13.10	19.10	17.56	17.42	17.89
江苏	17.73	11.83	10.26	14.72	15.68	15.73	15.48
西南	16.83	13.65	14.55	23.27	18.15	17.63	19.17
广西	18.50	15.48	17.40	33.36	18.37	17.92	19.31
四川	16.84	12.78	13.94	21.64	19.33	19.64	18.65
贵州	17.89	14.10	15.13	27.16	18.22	17.53	19.11
重庆	16.56	13.43	15.46	20.24	17.64	17.58	17.75
云南	16.62	14.07	14.62	24.18	20.44	18.32	25.16
西藏	14.54	12.01	10.75	13.01	14.92	14.81	15.02

　　从各级各类学校教师学历水平来看，西南地区也存在很大差距（见表4—16）。2018年，高等学校教师中博士研究生占比全国平均数为25.93%，发达省份江苏省高校教师中博士研究生比例为35.16%，西南各地区高校远不及全国平均值。高中阶段本科学历得到加强，也许是由于高考的巨大压力，西南各省（自治区、直辖市）高中阶段教师的学历水平全部超过全国平均数88.60%，而研究生学历均低于全国平均水平。江苏省则是提高了高中阶段教师的研究生学历比例。初中阶段西南各地与全国相比各有差距。西南各地区小学阶段本科学历占比均低于全国平均数。虽然教师学历水平并不能完全与教师能

[①]　数据来源：根据教育部官方网站公布的2018年教育统计数据整理，见 http://www.moe.gov.cn/s78/A03/moe_560/jytjsj_2018/gd/201908/t20190812_394221.html。

力水平画等号，但也在很大程度上反映出教师的学识能力差距。可见，师资不足与教师水平低仍然是困扰着西南地区教育发展的瓶颈问题。

表4—16　西南地区各级各类学校教师学历占比 [①]

（单位：%）

学历 地区	高校 博士	中职 硕士	高中 研究生	高中 本科	初中 本科	初中 专科	小学 本科	小学 专科
全国	25.93	7.85	9.82	88.60	83.18	13.64	57.97	37.38
江苏	35.16	17.10	17.41	82.33	91.04	3.01	81.56	15.20
重庆	23.92	8.44	8.21	90.35	88.66	8.12	56.27	40.38
四川	19.76	4.34	6.38	91.70	78.65	19.63	46.16	49.86
云南	15.08	5.70	4.83	93.60	85.87	12.63	49.17	44.46
西藏	10.65	5.99	6.29	92.11	88.41	9.64	51.14	47.00
贵州	14.05	4.70	4.59	93.38	82.62	16.56	50.00	44.63
广西	14.34	9.50	6.70	91.15	80.71	17.73	44.15	49.06

（三）办学条件有待提升

1.物质条件

从生均办学条件来看，2017 年，西南地区小学、初中和普通高中生均校舍面积分别为9.10 平方米、13.01 平方米和20.62 平方米，生均图书拥有量分别为小学 20.37 册、初中 29.81 册、普通高中 35.30 册，西南地区除少数地区少数指标外，绝大多数指标都低于全国平均值（见表4—17）。

---

① 数据来源：根据教育部官方网站公布的 2018 年教育统计数据计算整理，见 http://www.moe.gov.cn/s78/A03/ghs_left/s182/。

表4—17）。

表4—17 西南地区生均校舍面积和图书藏书量[①]

	校舍面积（平方米）			图书馆藏量（册）		
	小学	初中	高中	小学	初中	高中
全国	7.44	13.73	21.69	22.67	35.64	38.86
西南	9.10	13.01	20.62	20.37	29.81	35.30
重庆	9.29	11.89	22.98	15.72	18.96	33.92
广西	8.21	11.89	17.41	27.74	37.30	30.07
云南	9.02	10.83	21.74	23.56	28.22	38.21
贵州	7.43	12.29	17.46	23.00	36.84	35.49
四川	6.64	13.75	21.10	15.50	31.87	45.97
西藏	14.00	17.40	23.02	16.67	25.66	28.11

信息化水平可以用计算机和网络多媒体教室有关数据来衡量。根据教育部2017年统计数据，每百名学生拥有计算机台数的全国平均值是小学12.41台、初中17.73台，西南地区除重庆和西藏在小学阶段指标上超过全国平均值外，其他地区均不及全国平均水平，最低的广西百名小学生只有9.30台，百名初中生10.72台。小学每百名学生网络多媒体教室全国平均数为2.19间，除重庆和贵州超过平均数外，其他地区都在全国平均数之下。初中每百名学生拥有多媒体教室数全国平均值为2.62间，西南地区整体低于全国水平（见表4—18）。

---

① 数据来源：根据教育部官方网站公布的2017年教育统计数据计算整理，见http://www.moe.gov.cn/s78/A03/ghs_left/s182/。

表 4—18　西南地区小学、初中每百名学生拥有
计算机和网络多媒体教室数量 ①

	每百名学生拥有计算机台数		每百名学生网络多媒体教室间数	
	小学	初中	小学	初中
全国	12.41	17.73	2.19	2.62
广西	9.30	10.72	1.95	1.80
四川	9.81	16.73	1.42	2.27
重庆	13.16	11.42	3.07	2.40
云南	11.37	13.16	2.01	1.67
贵州	9.54	14.09	2.45	2.42
西藏	16.43	15.18	1.64	1.66

危房面积也是体现办学条件的重要指标之一。数据显示，与 2017 年相比，2018 年西南地区的校舍总面积均有所增加，与此同时，四川、西藏地区危房面积有所增加。从 2018 年来看，广西、云南和西藏三地的危房面积占比高于全国水平，最高的是西藏，占比 0.65%（见表 4—19）。

表 4—19　西南地区校舍危房面积 ②

	校舍总面积（平方米）		危房面积（平方米）		占比（%）	
	2017	2018	2017	2018	2017	2018
全国	863688901.47	877656809.45	1356626.37	1371064.23	0.16	0.16
广西	23278814.97	24162326.46	89141.58	81360.53	0.38	0.34
四川	39598618.81	40269852.06	37148.85	38815.00	0.09	0.10

---

① 数据来源：根据教育部官方网站公布的 2017 年教育统计数据计算整理，见 http://www.moe.gov.cn/s78/A03/ghs_left/s182/。

② 数据来源：根据教育部官方网站公布的 2017、2018 年教育统计数据计算整理，见 http://www.moe.gov.cn/s78/A03/ghs_left/s182/。

续表

	校舍总面积（平方米）		危房面积（平方米）		占比（%）	
	2017	2018	2017	2018	2017	2018
重庆	24615852.50	24408554.05	13261.29	6753.00	0.05	0.03
云南	16483280.60	17368123.77	112005.87	93131.62	0.68	0.54
贵州	23063558.47	22996910.86	5522.40	2761.20	0.02	0.01
西藏	1281916.75	1314528.96	6602.00	8575.92	0.52	0.65

2. 经费投入

一些少数民族地区经济发展相对滞后，生产力水平不高，贫困人口较多，财政多靠国家补贴，指望各级地方政府从紧张的财政经费中拨出充足的经费用于教育事业也是不现实的。近年来国家对西藏给予了重点支持，但西南其他地区获得支持相对较少。表4—20 为 2018 年西南地区各级教育生均公共财政预算教育事业费情况。

表 4—20　西南地区各级教育生均公共财政预算教育事业费 ①

（单位：元）

	普通小学	普通初中	普通高中	中职学校	高等学校
全国	10566	15199	14956	14201	20974
重庆	11380	15390	13910	11601	15458
广西	8013	10424	10071	9587	13855
四川	9983	13762	11710	11406	14907
云南	11479	13782	13331	11617	15333
西藏	26598	28525	29688	37335	37282
贵州	10156	12242	12795	6781	19490

---

① 数据来源：根据《教育部国家统计局财政部关于 2018 年全国教育经费执行情况统计公告》整理。

数据显示，除西藏外，西南地区各省（自治区、直辖市）普通小学、普通初中、普通高中、中等职业学校的生均预算内教育事业费总体上低于全国平均水平，只有重庆市、云南省的普通小学生平均费用和重庆市普通高中生均费用略高于全国平均水平。由于经费不足，民族地区很多地方在将本已有限的经费大部分用于支付教师工资之后，经费便所剩无几，根本谈不上添置现代化教育所需要的设备。

前述问题都可用量化指标来衡量，但还有很多问题是看不见、摸不着的，也是难以量化的。一些物质条件方面的问题，解决起来并不是太难，提高认识，加大投入，可以解决办学条件方面存在的问题。有些问题需靠完善民族教育立法来解决，有些则需要完善教育评估机制。一些深层次的问题，常常是隐而未显的问题，其对民族教育的未来发展所产生的影响，需要很长时间才能显现出来。后文所要探讨的问题，就可以视为此类具有深远影响意义的问题。

二、贫困人口的教育

制约西南地区发展的诸多因素之中，贫困人口多是一个重要方面。西南地区各民族间有很大差异，很多少数民族有朴素自发的可持续发展观，保持着与自然和谐的生活方式。然而也有一些地方，人口与环境存在矛盾，突出地表现在不断增长的低素质人口和对有限资源的依赖和掠夺。人口文化素质、智力水平、道德观念、公民化程度与资源的消耗和环境的污染存在着一定的联系。生态越脆弱，会使贫困人口越集中，人口增长越快，相对来说人口素质越低，教育越不发达，优秀人力资源越短缺。这些现象之间存在着一种恶性循环。人口文化素质直接影响环境的可持续发展，文化程度越高对环境问题的严重程度认识越深，危机感越强。

　　随着城镇化的推进，农村强壮劳动力迅速向城市转移，贫困地区外出务工人员日益增多，留守儿童教育也成为西南贫困地区一大难题。西南很多民族村寨地处偏远山区，外出务工的父母回家探亲成本高，从而使这些地区留守儿童教育中父母缺位情况较全国更为突出。在儿童文化生命起始点上，父母的教育作用尤为突出和重要。儿童身体、心理和认知能力的生长，发端于家庭环境，"蒙以养正"是教育的一个最深刻的真理。好比一粒树种，刚发芽就长歪了，日后得花很多工夫在纠正偏斜上。就儿童身体的生长、心理的健康、学习的进步来说，无论学校的老师有多么高的素质和仁爱精神都无法替代父母的教育影响。毕竟一个老师要关照几十个学生，而父母之于孩子，则是一对一的关照。留守儿童教育普遍存在的问题，首先体现在情感和心理方面，留守儿童多有孤独、自责、恐惧、冲动等方面的心理特征。留守儿童中的女童还面临着被性侵的危险。留守儿童的身体生长状况，由于缺乏悉心的照料和普遍存在的营养不良，难以谈得上健康发育。学业不佳也是这一切的必然结果，家庭教育的缺失和学校教育的不足，致使留守儿童在学习的动机、目的、过程及效果方面远远落后于一般的儿童。儿童的成长需要时时处处关心留意，得不断去发现善德和智慧生长的苗头，以便加以悉心呵护和培育。然而更为常见的是，留守儿童学习进步了却无人欣赏和鼓励，落后了也无人督促和过问，致使留守儿童缺乏学业成就感，失学现象相当严重。课题组调研人员在做田野考察时发现，很多留守儿童家庭只剩下文盲和半文盲的爷爷奶奶，他们的观念很难对现代儿童产生正向的功能。学校生活的枯燥、生活条件的艰难、外面世界的丰富多彩，使心智未开的儿童纠缠、迷茫于混沌的境遇之中。留守儿童逃学、厌学、辍学、外出流浪现象的发生率很高。

　　越是贫困的人口，越需要文化知识来提升反贫困的力量，读书学文化的事情也越艰难。西南一些贫困地区的孩子愿意去学校是因为"那里有一顿免费的午餐"。"不读书就没饭吃"的道理，以这样浅显的方式呈现。西南民族地区面积广大，人口居住分散，山峦重叠，道路崎岖，交通不便。由于人烟稀少，通常是三五户人家就成一个村寨。这种自然条件下农村小学的教育水平可想而知。小学布点很困难，学校若涵盖地区范围窄，能方便学生入学，但生源不足，教育成本高；涵盖范围广，会使很多远乡的学生有诸多不便，往返路上要花上几个小时，对低年级学生来说，没有家长接送会存在很大的安全隐患。一些贫困地区的孩子，通常在很小年龄就成为家庭的辅助劳动力，放学后还担负着放牛、拾柴、打猪草等农活。这是贫困地区农村小学生流失的重要原因之一。

　　反贫困与可持续发展两者之间的平衡，是一个普遍性的难题。一方面，摆脱贫困是当务之急，解决了贫困问题，全面建成小康社会的目标才有可能实现。为此，需要协调一切力量帮助贫困人口脱贫。另一方面，深度的贫困必然与人口素质的深层要素相关联，如果仅仅是外部条件导致的贫困，譬如生态脆弱、地质灾害、耕地不足等不宜生存的环境所致，可通过生态移民来解决。但要从根本上脱贫，必须得从精神上脱贫。物质的贫困和精神的贫困，难分难解地纠缠在一起。以经济方式摆脱暂时的贫困，并非难事，要从根本上解决贫困问题，还需教育担当起这个重大的历史使命。学校理所应当地成为学生丰富多彩的生活世界，在这个世界里，他们不为食宿和衣着担忧，不受疾病和苦难的困扰，丰富的校园生活熏陶着他们的情感、态度和价值观，愉快的学习生活成为他们幸福的回忆。设计并建设这样的学校，对民族地区脱贫意义重大。学习与生存的关联性应当以更深刻的方式来展示，这是贫困人口教育的根本立足点。脱贫需要发展生产，但生产的真正发展，需要的是多种因素的综合作用。生产不再是一个简单的下力气干活的问题，劳动者需要关于自然生态可持续发展的科学文化知识，需要从事现代化生产的劳动技能，需要健康的身体及共同生活所需的和谐的心理素质等。当今，即使是在满足最低层次的基本需要的脱贫式生产活动中，这一切也都是必要的。基于此，教育脱贫尚需在教育内容、教育途径和方式、教育者的全面素养等方面解决一系列的现实问题。

三、民族智力资源开发不足

教育均衡发展是个热点话题，它所涉及的实质是教育公平问题。民族教育中的公平问题，不仅仅是教育资源配置的均衡和受教育权的平等，还有个体发展上的机会平等。所谓个体发展机会的平等，是说具有不同智力特征和不同发展潜质的个体，都有平等的权利在学校教育的系统中得到充分的发展。学校教育的公平，则体现在为每一不同的个体提供平等的教育条件和发展的机会。目前所关注的，多为教育资源配置的平衡和受教育机会的均等，而对个体独特的潜能是否能公平地在学校教育系统中得到充分发展，则关注不足。以数理逻辑和语言逻辑为核心的两个学科群占据学校课程的核心地位，其他方面的智力发展处于边缘地位。忽视智力特征的多元化，在民族教育中显得尤为突出。

智力具有民族性特征并与文化背景密切关联，这一点早为中外学者所关注。西方学者罗伯特·斯腾伯格与艾琳娜·格里格伦科在一项合作研究中，以来自世界各地不同人类种群的大量实证研究案例，阐释智力是个体在特定社会文化背景中获得适应性生存的能力。智力的形成是文化过程的结果，它虽然具体地体现为个体的智力，然而实质上显示出族群的文化特征。[①] 霍华德·加德纳在阐述不同文化背景中的空间智力特征时，提到加罗林群岛的普鲁瓦特人（Puluwat）的航海技能。在散落于茫茫大海的岛屿间航行，需要高度复杂的技能，天体的位置、风向和天气、洋流的变化、海水的颜色、操舵的经验等诸多不确定因素，都是作出正确判断所依赖的条件，稍有差池就"有去无回"。外出捕猎的爱斯基摩人，得靠仔细观察冰块裂隙、小块雪地移动的角度和形态、天光的微妙变化等现象，综合各种在白茫茫的冰原上极难发现变化的细枝末节来寻找归返的路径。[②] 其实在这些过程中表现出来的，不仅仅是空间智力，还有多种能力的综合运用，它体现了智力与生存环境和生存方式的密切关联。

我国是个多民族国家，少数民族聚居的自然环境几乎包括了所有地形地貌。在漫长的历史过程中，以游牧、采猎、稻作等各种不同方式生存的民族，发展出了自己独特的文化，而每一种文化的核心价值系统，都凝结着族群千百年来累积的智慧。譬如，草原部落身体运动智力尤为突出，山地民族自然感受能力特强，高寒北国孕育含蓄的智力，丛林水乡滋养华彩的智慧。从"辩经"与"克智"活动，[③] 可以理解辩说能力受崇拜如何使一些族群的思辨能力突出发展；透过歌舞、器乐、殿堂、庙宇，可以感受到在节奏与旋律、色彩与线条的精心设计与组合中，隐藏着一种只有在特定的生活情景中才能生发的智慧。从这些窗口可以发现一个民族之所以成为一个民族的全部奥秘。

---

① Robert J. Sternberg and Elena L. Grigorenko, "Intelligence and Culture: How Culture Shapes What Intelligence Means, and the Implications", *Philosophical Transactions: Biological Sciences*, Vol. 359, No. 1449, 2004, pp. 1427-1434.

② Howard Gardner, *Frames of Mind: The Theory of Multiple Intelligences,* New York: Basic Books, 2011, pp. 211-214.

③ "辩经"是藏传佛教中的一种辩论，"克智"是彝族民间社会的口头论辩活动。

少数民族学生不仅在智力特征上被打上民族文化的烙印，其认知习惯和感知世界的方式和途径，也和主流文化环境中成长的孩子不同。学习现代学校教育课程所需要的认识、记忆、概念形成、抽象思维、逻辑推理等，并不是他们所擅长的。而他们所擅长的方式则与其所处的具体文化系统精神活动特点和生活方式相联系。他们面对的是实际生活中的问题，认识、思考和处理人与世界关系的方式和途径，也总是与具体的生活实际相联系，处理实际问题是他们的强项。由此来看，少数民族学生成绩差的现象背后，有着深刻的社会文化方面的原因，更有学校教育方面存在的问题。不能简单地、片面地将之归咎于少数民族学生的文化不适应。地处偏远山区、经济落后、交通不便、交流不畅，加之媒体网络的不足、语言障碍和城市化取向的课程内容，都使少数民族学生面临着更多的挑战。

四、职业教育问题

人民安居乐业，才能促进更高层次的物质文明和精神文明建设。职业教育是实施这一民生工程重要的现实途径。民族地区发展力提升，根本要靠民族文化力的提升。但不解决现实的生存问题，无以实现长远战略目标。长期任务与短期目标是一个统一的系统工程，必须有机地关联起来。目前民族地区经济发展的滞后与贫困形势的严峻，使解决生存问题显得刻不容缓。民族职业教育担负着民族地区民生工程的历史重任，是教育提升民族发展力不可忽视的重要阵地。民族职业教育是否为民族地区发展作出贡献，是值得深入思考的。

西南民族地区的职业教育有全国职业教育存在的普遍问题，也有民族地区的特殊问题。职业教育在专业设置、师资配置、校企结合、市场需求、资金投入、招生就业等方面存在的问题，都是普遍存在的常态问题。职业教育直接与发展生产力相关，而生产力是经济活动中最活跃的因素。实际生产领域发生的变化，常常使反应迟缓的学校课程措手不及。市场需求瞬息万变，职业领域迅速更迭，知识更新速度加快，课程设置还没派上用场就已经过时。这是当今时代职业教育领域所面临的必然现实。随着技术更新速度的加快和层次的提高，这种情况还会日甚一日。

除了这些一般问题，民族职业教育面临的首要的和突出的问题，就在于它所培养的人才，并未有效发挥促进区域经济发展的作用，而是在很大程度上"为他人作嫁衣裳"；其次，有限的教育资源重点用于同城市取向的产业和职业领域相关的专业，难以带来经济效益的扶贫式职业教育，很少有实际效益；再次，大量由于学业成绩不佳失去了继续求学道路的初中毕业生，尚未被职业教育全覆盖；复次，民族特色的职业领域目前开发仍不充分；最后，一个最为重要的问题是，民族职业教育需要完善基本理论体系建构和价值引导，进行整体的规划和部署。

当前民族地区教育除了上文提到的问题之外，还有一些特殊的具体问题。西南民族地区很多偏远山区，自然条件恶劣，地广人稀，山高谷深，村寨疏落，交通不便，办学条件差，分散的教学点作为教育资源不足的补充形式，有其存在的现实依据。尽管近年来有撤点并校的全国性统一布局和调整，但合校、并点、编班并不能使问题得到根本解决，一些大山里的"微型小学"①，1个老师要发挥校长、厨师、保洁员、校医等全部功能，而学生却寥寥无几。此外，民族贫困地区的女童教育问题、双语教育问题、学前教育问题等，都是存在已久且尚未得到很好解决的问题。

---

① 李易霖、赵惠：《大山里的"微型小学"：1个和11个》，《贵州都市报》2016年6月1日。

第三节　思路与方法

党的十八大以来，在以习近平同志为核心的党中央坚强领导下，西部地区经济社会发展取得重大历史性成就，为决胜全面建成小康社会奠定了坚实的基础，也拓展了国家发展的战略回旋空间。但同时，西部地区发展不平衡不充分问题依然突出，巩固脱贫攻坚任务依然艰巨，与东部地区发展差距依然较大，维护民族团结、社会稳定、国家安全任务依然繁重，仍然是全面建成小康社会、实现社会主义现代化的短板和薄弱环节。为加快形成西部大开发新格局，推动西部地区高质量发展，促进区域协调发展，决胜全面建成小康社会，开启全面建设社会主义现代化国家新征程，中共中央、国务院作出了关于新时代推进西部大开发形成新格局的战略部署。其中，"支持教育高质量发展"是落实新时代西部大开发战略的重要举措之一。具体包括以下主要内容：加强普惠性幼儿园建设，大力培养培训贫困地区幼儿园教师。加快改善贫困地区义务教育薄弱学校基本办学条件，全面加强乡村小规模学校、乡镇寄宿制学校建设。在县域义务教育学校学位供需矛盾突出地区有序增加义务教育供给，有效解决"大班额"问题，做好控辍保学工作。发展现代职业教育，推进职业教育东西协作，促进产教融合、校企合作。逐步普及高中阶段教育。加强学校语言文字工作，确保国家通用语言文字作为教育教学基本用语用字。支持探索利用人工智能、互联网开展远程教育，促进优质教学资源共享。①

---

① 《中共中央国务院关于新时代推进西部大开发形成新格局的指导意见》，见 http://www.gov.cn/zhengce/2020-05/17/content_5512456.htm。

　　在西部大开发和决胜脱贫攻坚的背景下，制约西南民族地区教育发展的现实问题，一部分可以通过加大投入、改善条件、均衡资源、优化配置等外部手段加以解决。但还有很多问题不是短期内能解决的，也不能指望仅靠外部力量和自上而下的调控就能得到根本的解决，更不是靠简单化的思维方式和技术化的可操作程序所能奏效的。教育公平是一个充满了高度复杂性的问题。不同历史文化背景、不同民族、不同语言、不同经济状况、不同性别和具有不同智力潜能的学生，如何平等地获得公共教育资源的支持，从而使个体得到充分发展的机会？还有主流文化与民族文化的融合、民族传统文化保护、教育与民族生存实际的联系等，诸如此类的问题，都是久已存在的问题。民族教育理念中存在模糊不清的认识和盲区，从而导致实践上的误区。我们的研究不能奢望会从根本上解决这些问题，但通过深层次的理论思考，厘清问题的实质，探讨解决问题的思路与方法，则是十分必要的。

一、回归民族文化之根

　　民族发展的根本动力在于文化力，民族文化保护、传承与发展对于中华民族整体的可持续发展具有重要意义。"和而不同"的基础是民族的存在，有所"不同"才有"和"，有"民族"才会有"团结"。民族传统文化于当今时代所面临的困境，首先是来自现代性的冲击。经济发展、现代生产和生活方式的全方位渗透，致使民族传统文化日渐衰落，有些已经濒临消亡边缘，拼力抢救民族文化遗产成为当务之急。其次是现代教育并未对民族传统文化的传承与发展提供有力的支撑，反倒在某种程度上削弱着它。漫长历史时期遗留下来的民族传统文化，有着精神、物质、制度、习惯和行为方式方面相对稳定的形态和存在方式，是一个民族的灵魂和集体的记忆，对民族成员有着凝聚力、吸引力、感召力，也是民族的精神命脉和发展的根基所在。现代化之于民族传统文化，有着兴废盛衰的关联性。从某种意义上说，这也是基于自然必然性的现实境遇。民族文化保护、传承，是问题的一部分。况且，并不是所有的文化形式都同样值得保护和传承，这里还有一个价值选择问题。面临时代巨变所进行的文化抉择，来自具有独立精神和自觉意识的文化主体。生命主体保持生命力的一个重要机制，就是自我扬弃、自我更新。失去生命力的东西得及时剥离，否则会腐蚀并危及其根本。

教育与文化是共生的系统，教育之道在"以文化人"，脱离了文化之根，教育就"异化"为无生命的存在。回归教育之道，在根本上就是向文化的回归。向民族文化的回归是民族教育价值定位的时代需求，也是历史的必然。回归是价值立场的回归，是起点与归宿的统一。其一，确立一个宗旨：民族教育要以促进民族生存与发展为根本使命，使各民族保持自身的特色，以其独特的文化和民族智慧谋求自身的发展并为整个中华民族的繁荣昌盛作出贡献。其二，坚持一项原则：以人为本。即从民族社会个体成员历史文化背景和生存发展现实条件出发，谋求适合自身特点的发展。教育是"成人"而不是淘汰。其三，沿着一个途径：以文化人。何为"文"？一方面是全部人类文化的成果，另一方面是自身文化系统的优秀成果和精华。"化"是一种内在的生长方式，人类文化和民族文化要内化为民族社会个体成员的本质要素，这才是民族教育真正要发挥的功能。其四，采取一种方法：双语教育。实现民族教育向民族文化之根的回归，一个最为现实的路径，就在民族地区完善双语教育制度。现代教育之所以能削弱民族文化，就在于教育的内容以主流话语为载体，它使人们用同样的方式去看、去听、去思考，将他们的意愿、思想、情绪统统纳入同样的模式。我们这里提"双语教育"而不是

"双语教学"，首先意在从根本上强调文化层面的回归而不是技术层面的操作；其次，双语教育不仅仅是为了提高学校主流文化课程学习效果，还有文化保护的意义。因此，加强双语教育应视为提升民族文化力从而提升民族发展力的有效举措。

二、民族教育与反贫困斗争

"脱贫"不是一个终结性话语，也不是一个终止性行动。对"反贫困斗争"概念的解读，将使我们的认识进一步深化。脱贫、扶贫、减贫和反贫困都是在致力于解决贫困问题，但在含义上有所区别。扶贫就是扶助贫困人口，得到帮助就能在一定程度上得到改善，但贫困状况未必摆脱；减贫是贫困状况的减轻；脱贫则进了一层，是摆脱了贫困。但是，贫困是有反复的，脱贫之后再度返贫也是常见的。"反贫困斗争"概念则意味着这是一场旷日持久的战争，强调这场战争的长期性、复杂性、艰难性和反复性。要彻底打赢这场战争，教育发挥着重要作用。

民族贫困地区义务教育阶段依然存在的辍学现象，在很大程度上与贫困相关。集中连片贫困地区，放弃教育的现象以及对"强制性"的教育采取漠视和拒斥的态度都是常见现象。加之脱离民族生活实际的学校教育，也在助长"读书无用"的贫困文化的滋长和蔓延，从而使贫困人口的精神贫困不断加深，增加了阻断贫困文化代际传递的难度。在这些现象背后，有值得深思的教育问题。民族教育若不能发挥正向功能和积极作用，不仅无助于贫困人口的脱贫，反而会加深贫困，形成恶性循环。

人力资本理论认为通过教育的途径传授知识和生产技能，实质上就是将人力资源转化为人力资本，可以提高劳动生产率，增加劳动者收入，从而实现减贫。研究者们用数据证明教育和收入贫困呈负相关，就是说，受过与未受过一定教育的家庭贫困发生率有差异，前者低后者高。人力资本投资不仅可使劳动力充分发挥知识的作用以有效地创造价值，还可改变劳动者思想观念和整体素质，从而通过持续地自谋生计实现脱贫。还有研究试图证明，延长受教育年限和提高受教育水平，可以减少贫困人口对政府补贴的依赖程度，提高贫困人口自身获取收入和应对贫困风险的能力，还能够对阻断代际贫困发挥作用。[①] 对于父母教育水平较低的贫困地区学生来说，义务教育保障了其受教育权，但更高阶段的教育就没有了保障。所谓"低发展陷阱"，指经济收入与教育水平不高之间的循环关系所导致的贫困的恶化。经济分化造成居民教育投入的差异，从而导致教育水平的差距，这又反过来影响贫困人口收入，扩大贫富差距。贫困人口家庭人均收入、平均受教育年限、职业培训机会从绝对值和增长率看都明显低于其他家庭。反过来看，劳动力的教育收益随着受教育层次的提高而增长，贫困发生率则降低。据此，单纯以贫困救助为依托的保障式扶贫，应当向提高贫困人口受教育水平的开发式扶贫转换。除了对老弱病残等丧失基本劳动能力的贫困人口进行经济扶助外，应投入更多的资金用于贫困人口的教育，对义务教育之后的贫困人口应实施教育救助，并加大对农民就业培训的补贴。这不仅可以减少贫困人口的依赖心理，还能帮助其提升脱贫致富的能力。

贫困是个相对的概念，今天即使最贫困的人口也比以往时代日子好过得多，但比起发达地区来，就显得贫困多了。还有一个不可否认的事实是惰性与贫困也有着必然的联系。反贫困斗争的实践证明，不仅是贫困的少数民族地区，即使在东中部的很多农村地区，贫困也是与懒惰捆绑在一起的。事实上，由于外部生存环境恶劣而带来的贫困不难解决，

---

① 李晓嘉：《教育能促进脱贫吗——基于 CFPS 农户数据的实证研究》，《北京大学教育评论》2015 年第 10 期。

反贫困斗争最后要攻破的堡垒是人性，深度的贫困来自人的灵魂深处。还有一种现象，在实行土地流转、"农民三变"（即资源变股权、资金变股金、农民变股民）后过上富裕生活的一些地方，闲暇增多的农民有大量的剩余时间，如果不能更好地用来谋求更高层次的发展，也会增长惰性，产生负面效应，久而久之，终因精神的贫困再度陷入恶性的循环。这使我们意识到，经济学视角的人力资源理论，重点放在教育投入和产出的算计，注重实际效益的产生，固然有其现实的价值和意义，但不能停留于这种基于现实的必要性和必然性而采取的短期的和功利性的行为，更不可因此而忽略或忽视了教育的根本使命。

"富有之谓大业，日新之谓盛德"（《易·系辞上》）。何为"富有"？它不是指财富的占有，而是指内心所能拥有的世界，是人的本质的富有。人类真正的伟大事业就是与世界的丰富性相适应的全面发展，这个发展是个历史的过程，是需要和能力的日益增长，是日新月异的变化，是人类生命丰富性的全面展开。人的贫困要从多维度、多方面去看，不能只看到资源和物质生活的贫困，还要看到知识、能力、精神、人性及人的本质的贫困。人的本质力量的缺乏导致发展动力不足以及需要和能力的贫乏，物质的贫乏不过是其必然结果和表现形式。贫困的深刻根源在相当程度上基于人性。深度的贫困与人的本质的贫困有必然联系。当今时代，消除贫富差距成为一个世界性的难题，足见贫困问题的社会、历史、文化根源之深，以及人性解放的深刻意义。不可用简单化的思维方式和技术性的操作去认识和处理复杂的社会文化问题。从教育的视角来看，贫困绝不是一个单纯的经济问题，收入贫困、精神贫困、知识贫困、能力贫困、文化贫困、权利贫困等都是密切关联的问题。

反贫困斗争有很多不同的思路，如通过政策和行政手段，进行产业扶贫、项目扶贫和异地搬迁精准扶贫，还有通过减少贫困的因素、减少贫困人口的数量、减轻或缓和贫困的程度、扶助贫困人口等实现脱贫；经济学的反贫困理论，主张从人力资本投入着手解决贫困问题；社会学的反贫困理论，认为造成贫困的原因是社会不公正，主张通过改造社会的分配制度、减少社会排斥、提供公共服务等手段实现社会的公平和正义，从而解决贫困问题。

教育反贫困致力于人的本质力量的提升和人性的彻底解放。教育要在反贫困斗争中充分发挥积极作用和正向功能，应将长远战略和根本任务同现实的脱贫攻坚战有机结合起来，要将理念与现实、理论与实际、长期与短期、经济与文化、精神与物质、学校教育与民族社会发展等关系理顺，并将其有机地联系起来，统一部署，统筹规划。在实践和具体行动步骤上，首先要把阻断贫困的代际传递列为头等重要的行动计划。民族社会治理的隐性成本难以为人们觉察，也无法加以量化和计算，但无疑从杜绝源头做起，代价再大也是值得的。老子的"善建者不拔，善抱者不脱"，说的就是这个道理。教育功能的发挥，具有滞后性、长期性和潜在性，因此必须早作谋划，谋之于未兆正是教育的本质功能。后文要着重探讨的民族地区学前教育发展问题，就是阻断贫困代际传递有效的现实途径。其次，要使教育发挥解放贫困人口的功能，教育和生产就不能视为两不相干的事情。要把"教育同生产劳动相结合"的原理与民智的提升、民力的蓄养、民生的改善、民族的发展联系起来，并将其落到实处，使教育真正成为助力人的全面发展和社会发展的途径。

三、教育自身的反贫困

教育的贫困可以在两个意义上来理解，一是贫困人口教育水平不高及教育的欠发达，还有少数民族贫困地区教育的贫困，这也是衡量贫困程度的一个重要指标。二是教育自身的贫困。教育内容的单调、教育思想的贫乏、教育者素质的不完善、教育形式的简单化、教育手段的单一等，都可视为教育自身贫困的表征。教育自身的贫困无法依靠外部力量来解决，只有靠教育主体自身在自觉的基础上进行自我批判和自我建构，这也是一个"刀刃向内"的自我革命。

在民族地区，教育的贫困已经造成了严重的负面效应。举个现实的例子，民族职业教育难以应对不断变化的技术更新和职业的更替，课程的设置跟不上市场的变化，人才培养难以适应市场的需求，只能将本地的劳动力按照发达地区的需要经过简单培训源源不断地向外输送。究其原因，就在于教育自身的贫困。当然，更为突出的表现是民族地区的受教育者终止、退出、拒斥、逃避教育的现象屡见不鲜。远离受教育者生存实际的教育不可避免地产生排斥。人们往往很难意识到教育中隐藏的排斥现象。譬如，在城市化进程中，普遍存在的留守儿童教育问题、进城务工人员随迁子女教育问题；具有特殊潜能和智力倾向的儿童，在重数理逻辑和语言逻辑课程体系的现代教育系统中，得不到平等发展的机会和相应的教育资源的供给，导致其发展的自生自灭甚至遭遇学业失败的命运。有价值判断就有选择，有选择就有取舍，不取也是一种排斥。课程内容的取舍是不是基于所有具有不同智力倾向和潜能的个体已有学习条件和文化背景呢？民族、语言、文化、经济地位、性别、个体智力条件和身心状况等各种差异，都会成为排斥的对象。排斥与贫困如此紧密地纠缠在一起，从而使反贫困斗争与反排斥斗争也紧密相连，成为现代教育必须面对的全球性和世纪性难题。

多样化、多元化是教育发展的时代趋势。教育的多样化要求无论从内容还是形式上，都要克服单一化和同质化的倾向，要有多种多样的形式，以满足各种不同人群的教育需求。不同民族、性别、年龄、身体和智力条件、文化背景、经济状况、社会地位的学习者的教育需求都应得到平等对待。推动人类进步的教育，本质要求是能够回应所有学习者多样化的需求。"全纳教育"所倡导的，就是形成一种全人类的共识，使教育能够满足所有学生不同的需要，强调不仅关注一般儿童，还要特别关注那些容易被边缘化和排斥的群体。教育的多元化是指基于不同历史文化渊源和民族生存实际，应时代要求而产生的多元文化教育。多元文化教育具有历史和现实意义上的多元性。元就是元基，"元者，善之长也"（《易·文言》）。多元意味着来自各个不同的源头，各有自身生存和发展的源动力。少数民族教育、民办教育、民间教育、社区教育、村寨教育等都具有多元意味。

教育自身如何丰富和完善？丰富性是基于内在本质而生长出来的，不是外部施与和人为构造的。系统自身内在的生长力才是真正最可宝贵的资源。很多时候，自上而下设置的系统难以在现实的土壤里安顿下来，那是因为缺乏内在的生命力。新疆疏勒县低保老人潘玉莲自发办校外课外教育，她不收费用，腾出自家的房子作为教室，靠拾荒换来的钱置办教具用品，辅导作业，教维吾尔族孩子学汉语背唐诗，并用良好的道德精神影响和教育孩子，坚持 25 年培养了 2000 多个学生，深得当地少数民族群众的爱戴和尊敬。[1]西南很多大山里的小学堂，多有类似的感人故事。这种来自底层的、自发的教育积极性，基于良好的动机并具有正向能，应当加以鼓励并积极扶持，通过价值引导和条件改善，推助其发展和进一步完善，使其发挥推动民族

---

[1]《中国好人榜》，中国文明网，见 http://www.wenming.cn/sbhr_pd/zghrb/zrwl/201703/t20170330_4150390.shtml。

社会发展的功能。

总的来说，教育自身的反贫困，首先是要解决观念和认识问题；其次是师资队伍培养要注重知识结构和基本素质的全面性；再次是完善民族教育系统，以优秀的民族文化丰富教育内容；最后是制定政策和法规提供制度保障。民族教育系统的完善包括各级各类的教育，如高等教育、职业教育、成人教育、基础教育、学前教育；学校教育、社区教育；公办教育、民办教育等。各级各类教育在精准定位和强化各自本质功能的同时，都必须在教学中贯彻教育性原则，不可将教育简单化为教学的技术。对作为民族教育主体的师资力量，重在多元文化素质的培育。对于从事民族教育的师资来说，最需要也是最欠缺的就是多元文化知识。因此，培养多元文化教师是解决民族教育自身贫困的一个重要途径。

四、非均衡策略与起始点建构

民族地区教育均衡发展是个热点话题。均衡是基于教育公平而提出的，然而事实上，由于民族社会发展的特殊性、复杂性和不确定性，无法在资源配置、供需矛盾的解决、各方利益的协调等方面真正实现公平。如果考虑到前述的各种排斥现象，教育公平还远未成为民族地区的现实。也许，均衡发展概念的提出和战略的实施，只不过能在资源配置和外部条件改善上对民族地区教育有所助益而已，实质性的变化还要靠内在力量的提升。靠外部的输血式援助难以有真正的、持久的发展，真正能够促进民族教育发展的策略和措施，还是要从能够使独特性资源和优势条件发挥作用的非均衡发展模式探索方面着力。

所谓非均衡发展的思想，基于"非平衡是有序之源"[①]的科学原理而提出。根据这个原理，在一个包含着多种要素和多种层次的开放系统中（无论是自然的还是人类社会的），当其演化到达远离平衡态的非线性区时，一旦系统的某个参量变化到一定的阈值，通过涨落，系统便可能发生突变，即非平衡相变，这时系统就由原来无序的状态变成一种在时间、空间或功能上有序的新的状态。[②] 突出特色、培育新的增长点是打破平衡态、形成新的秩序状态的有效途径。非平衡可以看作达到整体平衡的有效策略。均衡是目的，非均衡是手段，这还可以从"和实生物，同则不继"来解释。整体的"和合"，要靠独特发展的个体间的平衡与协调，个体独特的实质性发展是相互关系的基础。所谓"丰长而物归之"，是说突出其优势和长处，资源就能自发地向优势集中，从而产生报酬递增的正反馈效应。"丰长"能激发系统内在动力，实现从被动到主体性发展的根本转变。这或许可以叫作"长板原理"，将系统的优势发挥到极致，就能集结优势资源，不必老盯着"补短板"。有了自身的长处，才能与他者平起平坐，平等交流，和谐共生。

运用非均衡策略发展民族教育，要从三个方面考虑。

一是特色培育。首先要有特色的意识和独特的眼光，能够发现有发展价值的"增长点"或"发展极"，集中优质资源和优势力量，重点扶持，精心培育，突出发展以获得报酬递增的效果。从个体的文化过程来说，每个受教育者（群体）都有其独特的身心素质、内在潜力和特长优势，

---

① [比] 伊·普利高津、[法] 伊·斯唐热：《从混沌到有序》，曾庆宏、沈小峰译，上海译文出版社 1987 年版，第 171 页。

② 冯国瑞：《系统论、信息论、控制论与马克思主义认识论》，北京大学出版社 1991 年版，第 119 页。

发现独特性并提供"适切"的教育，才有可能真正实现教育的均衡发展。从民族社会整体来说，教育要担当优秀特色文化资源保护和发展的历史使命，将那些对于民族生存具有永恒价值和意义的优秀文化要素，通过教育开发变成促进民族可持续发展的智力和智慧资源。

二是强化起始点的建构作用。系统在由原来的无序状态开始新的有序结构形成之关键节点上，打好根基是最重要的。《易·蒙卦·象》曰："蒙以养正，圣功也"，混沌初开之时，根子立正，根基扎牢，能自然成就大功。反之，如《学记》所言："发而后禁，则扞格而难胜。时过然后学，则勤苦而难成。"发育偏离正道再来纠正，要大费周折且难保有成效。民族地区基础教育质量堪忧，很多孩子学业成就随着教育层次的提高而下降，后续发展乏力，与基础不牢固有很大关系。个体文化过程的起始点，不是小学教育而在学前。加强学前教育应成为教育者、管理者还有家长等所有人的共识。混沌理论讲的是系统演化对起始点的敏感依赖性，人的文化过程，要在起始点被耽误了，就会耽误一生。

三是协调发展。非均衡策略的实施要防止极化发展，"长板原理"的运用也不能一味地"长"下去。扶植特色、培养个性、发挥优势，宜于用来扶助弱者，这也是我们主张用非均衡策略推动民族地区内源性发展的原因。独特的目的是实现整体的丰富性和统一性，一味地特立独行，与他者格格不入，就背离了根本宗旨。思维的简单化和认识的片面性在这个问题上依然是有害的。无论从个体还是群体来说，相互对话、交流、理解、宽容、和谐、共生，都是必须确立的共同价值观。这就需要我们适度把握独特发展和协调发展的关系，在发展的起始点上，一旦建立起能够自主发展的根基和可依赖的特色资源，后续的发展一定要在丰富性、协作性和生态关联的整体性上着力，单一地、孤立地谋求片面发展，终究还是会落入"发展的陷阱"。

五、乡村教育的历史经验

西南民族地区乡村教育的城市化取向是显而易见的客观现实。当然，这也是现代化的固有特点。传统的农业社会向现代社会转变，最显著的特征体现在人的价值取向的变化。西南大多数少数民族传统的教育，在很大程度上属于原生态的教育文化，教育直接与生产生活联系。进入 20 世纪，西南农村地区逐渐发展起来的现代教育，取代了原生态的教育。学校教育对民族生存的实际不关心，教育不是本着改变农村面貌而设计的。从教育目的到教育内容、培养模式、考试制度，都是为人们离开农村创造条件和做准备的。"他教人离开乡下向城里跑，他教人吃饭不种稻，穿衣不种棉，做房子不造林。"[1]

除了离开贫困的农村，还有没有别的道路？基于中国的历史文化和发展现实，我们看到了新的希望。农业供给侧改革为解决"三农"问题提供了新的思路，这种新的探索并不是来自西方的经验。发展绿色经济也为西南这个具有独特资源的地区指出了光明的前途。"一带一路"倡议把这个有着悠久和深厚的古丝路文化根基，并有着陆上和海上交通枢纽转换之有利条件的地区，通过全新的方式推向世界舞台。如何把握好这些条件和机遇谋求发展，西南民族教育应当作出回应。

西南地区发展需要有一种与城市化取向有所不同的教育来推动。科学文化、艺术文化、道德精神等也都是必要的，但应该与民族生存的实际密切关联。探索新思路，历史的经验值得注意。20 世纪初期中

---

[1] 陶行知：《中国乡村教育之根本改造》，董宝良主编：《陶行知教育论著选》，人民教育出版社 1991 年版，第 120 页。

国平民教育所走的道路，需要重新审视。晏阳初为改变旧中国广大农村"愚、贫、弱、私"的状况而开展的平民教育实践，提炼了丰富的理论。"一大发现""两大发明""三种方式""四大教育""五个结合"，是他留下的宝贵遗产。"一大发现"是说他在平民中发现了比金银还要珍贵的"脑矿"。这种"发现"是一种真正科学意义上的创举，在人们视而不见、视若无睹甚至视之如敝屣的弱势群体中，发现了其智力资源的价值和意义。人民是推动历史前进的根本动力，改变世界的巨大力量，就蕴藏于民众之中。在我们的研究中，民族智力资源开发也是在这样的意义上被关注和重视的。"生意人知道开金矿银矿的重要，忘记了脑矿"，晏阳初如是说。今天，经济开发也不能将眼光只盯着有限的自然资源，智力资源开发和可持续发展才是无尽的宝藏。"两大发明"，一是开脑矿的工作——"平民教育"；二是发明了"乡村建设理论"。这是在"平民继续教育"基础上进行的，与"平民教育"连锁进行、整体推进。这对于教育反贫困斗争具有很重要的借鉴价值。"三大方式"，一是学校式，举办平民学校，为乡村建设培养专门人才；二是社会式，以高级平民学校或平民职业学校毕业生的各种活动为中心，进行继续教育；三是家庭式，与学校和社会相结合，帮助改良家庭的日常生活，解决家庭与学校之间的矛盾，扩大家庭的责任感，促进家庭的参与和社会化。对这些密切联系农村教育实际的方式的重新审视，使我们认识到重构学校与家庭和村寨社会之间的密切关系的重要现实意义，当代民族教育应当对此予以充分关注。"四大教育"，一是以文艺教育（包括文学和艺术）攻"愚"，用《平民千字课》及文学艺术教育，帮助农民扫除文盲，掌握和运用文字工具，丰富其文化生活。一些具体的实践活动还包括编写平民读物，选编鼓词、歌谣、谚语、故事、笑话等民间文艺资料，搜集民间实用绘画、乐谱等，组织歌咏比赛、农村剧社，举办各种文艺活动，以培养农民的"智识力"。二是以生计教育攻"贫"，通过普及科学知识，进行农业科学研究，创办实验农场，改良猪种和鸡种，对农民进行"生计训练"，开办生计巡回训练学校，训练比较热心、能干的中青年农民"志愿者"作"示范农户"，来带领其他农户使用新技术。组织农民自助社、合作社、合作社联合会，开展信用、购买、生产、运输方面的经济活动，以此培养生产力，改善生计组织，以提高其生活水平。三是以卫生教育攻"弱"，通过普及卫生知识，培养卫生习惯，还创建农村三级医药卫生制度，村设保健员，联村设保健所，县设保健院，用公共的力量创办公共卫生事业，以提高其健康力，使人人成为强健的国民。四是以公民教育攻"私"，培养民众的团结力、公共心、判断力和正义感，养成公共意识与合作精神。"五个结合"，一是教育与农民生活、乡村建设相结合；二是理论与实际相结合；三是科学与农村实际相结合；四是物质文明与精神文明建设相结合；五是个人与集体相结合。

平民教育与精英教育有着根本不同的宗旨，它关注底层民生，贴近生活，具有改造社会的实质性推力并产生了显著的效果。平民教育的理论与实践为中国农村教育提供了丰富的经验。虽然历史已逾百年，"农业""农村""农民"所呈现的"三农"问题，依然是当代中国社会要解决的重大时代课题，尤其是西南农村，问题更为突出。教育大众化让所有人受教育的权利和机会有了保障，只是教育的设计中有一个问题显然没有受到足够的重视：民族地区缺少与自身生存和命运息息相关的教育。但也得考虑到，完全照搬一般教育的经验，显然是不切实际的，因为即使在最贫困的西南少数民族地区，今天的情况也和20世纪初大为不同。那个时代农村在缓慢的生活节奏中很少有变化，几乎完全是处在稳定态。而今，剧烈的社会变革、市场经济的浪潮、现代交通和网络技术的通达、媒体传播的普及等，使贫困地区人力因素和劳动力资源急速分化，但凡有点活力的人，总能在外面谋得生计，剩下的弱势群体，成为社会不自觉的排斥对象。这里有两个问题，一是关涉弱势群体的生存问题，另一个是改变贫困面貌的力量流失。对于前者，进步的教育应当担负弱势者的教育责任，如果没人顾及底层贫困人口的教育，社会的正义就无从谈起。这个问题理论上没有异议，只是实践上难以跟得上。如果有足够的教育资源，就可按照平民教育的思路施以适切的教育，从而达到"智民"和"富民"的目的。于是，实质的问题就是如何为这部分人提供充足的教育资源。至于第二个问题，无论从理论上还是实践上，都处在一种不确定的混沌状态。从理论上说，不让贫困地区的人力资源外流，缺乏充分有力的、令人信服的论证，人们从不同的视角提出的正反两方面的观点和看法，都有一定的道理。现代化、城市化进程中涌现的问题，是只有这个时代才有而历史上从未有过的。人们的争论和看法无法改变历史的脚步，这只有让实践去解决。而实践上，持不同立场和价值观的人，都有着各自的实践。我们这里关注的是一种致力于民族地区发展的教育实践，那就是通过教育提升民族发展力，这种发展力不是要用于推动其他地区的发展，而是民族地区自身的区域发展。

六、人的发展是民族发展力提升的根本着力点

教育脱贫是民族地区发展力提升不可忽略的一个重要组成部分，为此而采取的具体措施，目的是摆脱眼前的贫困，有其短期性和功利性，却是维持生存所必需的。基于经济学视角的人力资本培育和人力资源开发，如培养高级专门人才、提高劳动素质、职业教育、技能培训等，比

脱贫层次的项目有更高远的旨意，同时也有极大的可操作性，能够用投入和产出来计量，也能立见成效，也是必要的和现实的。但以为这就是民族教育事业的全部，或者以此来作为唯一要突出的重点，视为处在一切之上的教育战略，忽略或弱化教育文化引领社会的功能发挥，也是需要注意并加以克服的，片面性和简单化会导致实践的偏颇。即使在职业教育和技能培训的专门领域中，一旦以功利性和短期效应为目标，也会只注重浅层的、低级的和工具性的技能培训，忽略后续发展的能力培养。教育文化工程重在"以文化人"的全面展开，这是一个复杂的社会工程。不仅是学校教育的责任，还需要家庭和社会的综合力量；不仅是注重人类的共同经验，还要培护民族文化之根；不仅是科学知识和技能的学习和掌握，更有道德、审美、价值观那样一些使心灵丰富、使需要增长、使素质和能力全面提升所需要的教育；不仅在普通教育中要坚持"以文化人"的原则，而且在职业教育领域也不能放弃这个宗旨。这是一个艰难的、长期的、深入的、复杂的社会工程，然而却是可持续发展所必需的，也是民族社会发展的必由之路。

基于上述理念，我们着力研究和探索的提升民族发展力的教育之道，是基于文化的视角而提出的发展道路，它包括两个主要方面，一是人力资源的开发，通过培养高级专门人才、提高劳动者素质、职业教育等来实现。在这个领域中，需要克服短期的、功利性的和简单化的思维方式和操作模式，致力于提升人的创造性、转换性、再生性及可持续发展等方面的能力。二是通过提升文化力激发内在发展动力和创新力，并培植有利于民族文化发展的社会生境和土壤。前者以促进经济发展的现实需要为出发点，后者则是立足于未来可持续发展的民族社会文化基础建构。总体战略须坚持这样的原则：物质文明建设与精神文明建设同步发展；兼顾短期效应与长远利益；协调生存与发展的关系；从民族生存的自然人文生态出发实施教育工程；从民族社会个体成员的文化过程着手实现社会的文化基础建构。

在民族社会生存与发展的历史进程中，人的主体性发挥具有第一推动力的作用。作为主体的人具有充分的自由度、灵活性和自我更新的创造力，能整合一切资源，调动一切可以利用的因素，在日益复杂的环境中开创个体生存之路，从而推动民族社会的发展。民族社会个体成员的主体性发展无疑是一切发展的动力之源，根本的发展力是通过促进人的发展来实现的，而人的发展意味着民族社会成员每一个体的自由全面发展。教育的设计要从基础性、综合性、时代性、开放性、个体差异性、可持续性等方面考虑，以适应民族社会发展的需要。这就是以人为本的真实含义，它不仅是基于一种人道的出发点，更重要的是，对于民族发展力的提升和民族和谐社会建构来说，这是真正科学的发展路径。依据科学原理，顶层设计与基础建构必须互相照应、彼此关联，民族社会个体成员的素质完善是民族和谐社会建设的基石，教育是实现这一目标的根本途径。

民族发展力在于文化力，文化为发展提供源动力。以文化为驱动力的发展，具有前瞻性、导向性、生态性、和谐性、主体性、创造性等正向功能，因而具有真正的可持续性。以教育提升文化力，从而激发民族社会发展的内源性动力和创造力，这是教育文化战略的根本宗旨。实现这一目标，须从民族地区独特性和发展现实出发，推进民族教育的实质性变革。所谓"独特性"主要指各少数民族独特的自然人文生态环境和历史文化背景。"教育文化"概念的使用意在强化民族教育与民族文化之间的关联性。在中国社会经济迅猛发展、城市化进程日益加速、社会文化全面转型的时代背景下，西南民族地区面临生态文明、政治文明、经济发展、文化传承与发展、民族创新力提升、民族和谐与国家安全等一系列特殊问题。历史和现实、生存与发展、教育与文化、理论与实践等对偶关系的双向互动和协调统一，是我们审视问题并探索解决途径的逻辑起点和认识论基础。基于此，我们的研究将聚焦于一些具有战略意义的方面，包括民族文化课程资源建设、民族智力资源开发和可持续发展、多元文化教师培养、职业教育、双语教育、学前教育等。

第五章　民族文化课程资源建设

　　建设民族文化课程资源，是现代教育与民族文化的实质性深度融合的现实途径。何为"深度融合"？就是你中有我、我中有你，密切交融、有机关联，使两者成为一个生态关联的、不可分割的整体生命系统。民族教育自身也是人类文化过程的一个组成部分，它是将多元文化与整个人类文化、将人类种群的个别经验与整个人类经验、将局部与整体联结起来的中介，具有不可替代的桥梁作用。不过，这只是就民族教育的应然功能而言，要在实际上使这种功能得以充分的发挥，就必须彻底改变长期以来所存在的教育与民族文化相互脱节的状况，从观念上和认识上厘清思路，并探索促成两者实质性融合的现实路径。

　　民族文化课程资源建设需要从深层次思考和挖掘文化资源，否则很容易使这个有益的探索遭遇庸俗化、形式化和技术化的蜕变。很多来自田野调查的案例已经证实了这一点。民族文化是特定时空环境中的人类种群，按照与自然和谐一致的方式由简单到复杂、由低级到高级的演进过程。作为这个过程结果的创造物，以精神、物质、制度、习惯和行为方式的符号化形式存在。这些符号化的存在物负载着民族的精神、心理、行为及生产和生活方式，规约着民族社会个体成员身、心、知结构的发育和成长。民族文化课程资源开发要面对的就是这个巨大的历史文化存在。然而，并不是所有的民族文化形式，都可以作为课程资源来开发，这里有一个教育对文化的选择问题。原生态的民族教育文化中代代相传的共同价值，是民族社会集体成员在漫长的生存斗争中自然地和自发地形成的，其价值选择带有自然过程的特征，并且是历史地形成的。而现代民族教育的价值取向，则取决于教育主体基于民族生存和发展的现实以及人类共同利益所做的文化选择。代表着主流文化的学校教育对民族文化进行选择、提炼，并升华为学校课程，这在实质上就是使地方性知识成为普遍知识、使民族文化融入世界文化、使民族文明成果成为全人类精神财富的过程。课程文化是教育文化的核心，学校教育的所有活动都围绕课程展开，教育文化的全部价值追求，也都体现在课程之中。课程文化依据主流价值理念选择文化、传递文化，使个体在组织化的环境中实现文化生命的生成与发展。处在课程文化核心地位的是价值体系。开发民族文化课程资源，要对民族文化的各种形态进行深入的考察研究，精选具有内在发展潜力、含有民族智力因素、易于激发创造精神、具有永恒价值并符合全球共同利益的精华要素，经过科学的编排，将其有机地融入学校课程。因此民族文化课程资源开发的首要问题是一个价值选择问题，而价值选择的核心原则和根本标准是真、善、美。求真是在科学的意义上，对民族科学文化要素进行筛选；求善是对民族传统文化中涉及积极高尚的道德精神的文化形式进行精选；求美是指对那些优秀的民族艺术形式的选择和传承。

第一节　科学文化课程资源开发

民族生存的自然人文生态环境是科学之根、人文渊薮、艺术摇篮。

民族文化之中，有科学文化，有人文文化，也有艺术文化。要揭示教育文化核心价值观与民族文化之根的联系，这是通过课程文化实现教育同民族文化深度融合的逻辑起点。

一、民族科技的科学文化意义

从科学文化的意义上来看民族科技，它不是一种简单的技术理性意义上的存在，也不是狭义的科学所特指的那些范式和规则。它负载着很多民族精神文化意蕴，不是一般意义上的科学技术。从广义来说，感知世界、认识世界、把握世界的真实脉络并运用从实践中得来的知识和经验，开物成务、制作器具、治疗疾病、耕作生产及观象制历等，都是具有科学意义的人类活动。在中国古代，伏羲氏"观象于天，观法于地"，古代先哲"探赜索隐、钩深致远"，这些在本质上都具有科学探索的意义。从事这样的活动，需要灵性、智慧、想象、发现、创造等品质。在西南民族地区到处可见的大量"物典"，是凝结着以往时代人们智慧与创造力的物质形态的遗存。丰富无穷的科技要素普遍地存在于建筑、饰物、医药、生产工具、生活用具、制造工艺等人类活动所涉及的诸多方面。

人们一般倾向于认为少数民族地区科技落后，且迷信盛行，缺乏科学知识和素养。甚而言之，少数民族与严格意义上的现代科学技术毫不沾边，他们所有的那些不系统的、零零碎碎的、有点闪光的技术发明，根本谈不上科学，不过是缘于自身经验积累而掌握了一套处理他们自己所面临问题的特有知识和技能而已。充其量也就是地方知识，而科学知识具有跨文化的交流和传播功能。事实并非如此，美国天文学家、科学理论家卡尔·萨根（Carl Sagan）在《魔鬼出没的世界》一书中，摘引了对居住在博茨瓦纳和纳米比亚共和国的卡拉哈里沙漠的坤桑人的狩猎生活的描述，用来说明人类原始的探寻猎物踪迹的智力活动过程与现代科学探究在本质上并无不同。[①] 这些保留着原始生活方式的坤桑人，在长时间的采猎生活中，把大量经历到的事实压缩为简化的图式，并通过言传身教使这些经验代代相传。根据足印被侵蚀和凹坑四壁崩塌的情况、沙子和树叶落入坑中的多少及深浅程度等现象判断动物走过的时间，这种思路丝毫不亚于天文学家研究陨石坑的情景。他们还知道，奔跑的兽群怕热，为了遮阳它们会改变路线以利用一片树林的阴凉，而树荫的位置由太阳在天空中不同时刻的移动决定。通过踪迹转弯方向的改变，就可能判断出动物是多长时间以前经过的。在一年中的不同季节，这种计算是不同的。所以猎手脑子里必须装有一部天文历法以预测太阳的运动。

中国古代神农尝百草的典故反映了农耕时代之前的另一种获得食物的主要方法。植物学家和人类学家常常发现，全世界以采猎为生的种族，辨别各种植物物种的准确程度可以达到西方分类学家的水准。按加德纳的定义，这是一种自然观察能力。这种自然观察能力是他们生存的前提，族群能够从远古存活到今天就依赖于这种智力活动。

不难想到，上述案例描述的情景，在西南很多山地生存的民族中，都有类似的表现形式。值得进一步思考的是在那些有关探查猎物踪迹的案例中，我们只是通过作者的语言描述知道了诸多复杂因素在智力活动中的作用。譬如，根据动物留下的足迹判断动物的种类、数量、大小、体能状况等，根据季节、天气、丛林、水源及太阳的位置等各种信息，判断猎物的路径及经过的时间。这种描述本身还带着经典科

---

① ［美］卡尔·萨根：《魔鬼出没的世界：科学，照亮黑暗的蜡烛》，李大光译，吉林人民出版社 1998 年版，第 351—354 页。

学思维范式的印记，使人感觉到这些活动与真正的科学研究过程并无本质的不同。然而实际情景的复杂性远非线性思维能够完全表述清楚。可以想象，不仅是那些被分析出来的因素，甚至连空中弥漫的气味、声音以及难以用语言逐一细述的氛围，都参与了智力活动过程。人类语言永远不可能完全描绘出大脑对世界的全息感受，智力总是在活的情景中方显出卓越的本色，这是以分解世界为主要特征的学校课程设计难以完成的。

很多使人类度过了漫长历史的生存方式已经发生改变，但是，与那种特定的生存方式密切关联、同步生长，又为漫长的生存、演化进程所形塑的思维模式、感知世界的方式、创造发明的模式，却深深地潜藏于民族社会成员的根性之中。他们的身体和心灵，就是按照那样的方式在漫长的历史中建造起来的，他们思维的方式和表达情感态度的方式，也是那样被确立，有着族类自身能够辨认和认同的特定的和稳定的形态。重新审视民族民间创造发明的科学价值和意义，并不是否定现代科学技术的价值和意义，恰恰相反，两者之间不仅不相互排斥，反而从最深刻的层面体现着人类认识世界、感知世界、了解世界、把握世界的各种不同途径在本质上的高度一致性。开发并挖掘那种隐藏着智慧和创造性的物典、技艺、技术、方法等，并以适当的形式融入课程，其最重要的价值和意义在于：第一，使科学与人文实现真正的融合与统一，因为民族的科技创造力是与文化之根密切联系着的；第二，贴近民族生存实际的科技文化课程资源，可以有效地用以激活民族社会个体成员身体与心灵中潜藏的生命之力和创造之力，唤醒几近磨灭的智慧和灵性；第三，深化对科学本质、科学精神、科学意识、科学方法、科学思维的认识，促进对现代科学课程的学习，丰富科学修养；第四，对民族民间科技成果的传承和保护，具有重要的现实意义。

二、西南科学文化资源管窥

教育要发挥文化选择的作用，就得从内容上精选和提炼民族传统文化中具有永恒价值的要素，在课程设计和实施上以人类学研究为基础，对不同民族智力倾向和根本特征进行充分的调查和研究。譬如精于骑射的民族与擅长思辨的民族，必定有着十分不同的智力特征，由此推开来，诸如游耕、采猎、航海、稻作等依赖不同的资源环境而生存的各个民族，在漫长的时间里都发展出了自己独特的文化，而每一文化的核心价值系统都凝结着族群千百年来累积的知识和经验。爱德华·斯普朗格（Eduard Spranger）说："教育也是一种文化活动，这种文化活动指向不断发展着的主体的个性生命生成，它的最终目的，是把既有的客观精神（文化）的真正富有价值的内涵分娩于主体之中。"[1] 课程若从这些方面关照人类种群不同的认知特征，民族智力资源的合理开发，民族智慧的增长和可持续发展才能有望实现。

西南地区自然人文生态的多样性和多元化，孕育了丰富的科学文化，民族医药、天文历算、蚕桑、织锦、建筑、交通等都是突出的方面。如藏族、苗族、壮族、瑶族、傣族、彝族等的医药学，都有悠久的历史和很高的成就。医药学是最需要大量人类经验积累的知识领域。即使以现代高科技手段为支撑的西医，也有很多难以攻克的疾病，然而一些民间的偏方却能医治一些疑难杂症。

民族传统天文历法的科学教育价值，在于对人同天地系统之间相互联系的感知和体悟的意义阐释。处在具体时空关系中的人对天地变化的感知是智慧发轫的起始点，时空演进的秩序是逻辑思维秩序结构建立的

---

[1] 邹进：《现代德国教育文化学》，山西教育出版社 1992 年版，第 4 页。

存在论依据。天文学知识和经验在各个民族起源的历史上，都有最早的记载并以各种不同的方式代代相传。有的是以口头流传的故事，说有关天上的日、月、星的运行与人事之关系；有的则是以刻在岩壁上的图像符号表达人与天地系统的关系；也有的发展出了较为完善的立法系统的，如藏历、傣历、彝历等。

藏族人民的历法诞生于长期对自然事物的观察，并随文化交流的影响而发生变化。最早的认识来源于对天体运动和四季变化的观察，以及对动植物生长的规律性变化的认识。变动不居的日月星辰与动植物生长的规律性变化存在着必然联系，规律被先民们以各种神秘方式表达。根据西藏地区古谚语，珞巴法、门巴法靠观察禽鸟和植物；藏北法靠观察星辰和风雪；本象法观察日月运行；岗卓法观察山、湖、牲畜。日月星辰、风雨雷电、山湖树木都会成为崇拜的对象，那是因为先民们感悟到那些事物中蕴含着宇宙永恒的秩序法则。物候历是藏民的本土历法，而后从印度引进了时轮历，又从汉人处引进了时宪历，加之长期的经验积累，藏族发展出切合自身生存实际的完整的历法系统。其历法为阴阳合历，一年354天被分为冬、春、夏、秋四季，12个月以寅月为首，以月亮圆缺后期为一个月，大月30日，小月29日。一个闰月做调节。9世纪以来受汉历影响一直采用干支纪年法，不同之处是以五行代替十干：甲乙为木，丙丁为火，戊己为土，庚辛为金，壬癸为水；以十二生肖代替十二地支即子为鼠、丑为牛……依此类推。譬如农历的甲子年，藏历就叫木鼠年。干支六十年一循环，藏历叫"饶琼"，与内地"六十花甲子"相近。此外，藏历也有二十四节气，还能对天气作出中长期预报。藏历对民俗生活影响重大，生产和生活的节奏都按照藏历来安排，另外，婚丧嫁娶、仪式庆典、迎宾送礼、搬迁开业等，藏民都要按照传统依据藏历择日定期，宗教活动更要依据藏历确定时间。

傣族早在遥远的古代就开始了对天文现象的关注和感悟，可以从傣族民间流传的故事和唱词中，找到许多有关傣族先民根据日月星辰运行位置及物候现象来安排生产与生活的表述。那些故事和古歌能流传到今日，足以见得那些对天地运行规律的感知对于民族生存的价值和意义。傣历有"大傣历"和"小傣历"之说，基本规则相同，仅纪年起始年不一样。傣历是阴阳合历，以太阳沿黄道十二宫运行一周即为一年，以月亮的圆缺周期为一月。傣历的新年定在太阳再次运行到黄道十二宫的宫首白羊座时。① 泼水节是傣历中送旧迎新的日子，一般要延续几天。傣族天文历法中对日月星辰在黄道上的运转位置掌握很精准，其特有的计算方法为纪元纪时法。傣族天文历法民间传承，每个村寨都有佛寺和佛爷、康朗等天文历算知识的传授者，并有一部分傣文的年历书，通过听经、研读历书或向他人请教，一般人都能掌握通用的历法，相当多的人还掌握简单的历算，根据统一的日历安排农事活动或举行宗教仪式、节日民俗。②

"蚕桑文化"在西南有悠久的历史，蚕丝古道上的嘉陵江流域自古就是栽桑养蚕之地，具有两千多年的历史。今日这里仍是丝绸重镇聚集之地，因为蚕丝在现代生活中具有重要的使用价值。家蚕丝因含有对人体极具营养价值的 18 种氨基酸，被誉为"人体第二皮肤"和"纤维皇后"。根据国家农业部种植业管理司公布的数据，2015 年全国生产家蚕的省（自治区、直辖市）家蚕产量排序，名列前三位的分别是广西（占全国总量 44.91%）、四川（占全国总量 19.91%）、云南（占全国总量 9.78%），重庆也排在前 10 名（占 2.35%）。蚕桑产业能够产生明显的生态效益、经济效益和社会效益。对于西南很多贫困地区来说，种桑养蚕不仅能够

① 张公瑾：《傣族文化》，吉林教育出版社 1986 年版，第 111 页。
② 赵世林：《傣族文化志》，云南民族出版社 1997 年版，第 68 页。

脱贫，而且能够致富。与蚕桑业相关的一系列行业，如栽桑养蚕、鲜茧收烘、干茧流通、茧丝加工、织绸印染、成品加工、外贸出口及多元利用等，形成规模庞大的产业链，能够带动一个地区农工商贸、一二三产业的共同发展。因此蚕桑经济被称为山区经济、扶贫经济和小康经济，对于提高农民收入、增加地区就业、促进地区经济发展、带动欠发达地区工业化都具有较强的现实意义。① 根据有关研究，蚕桑业的生态发展模式，不仅有绿化和美化环境的功能，而且桑树耐寒、耐旱、耐贫瘠、耐盐碱的特性，还可发挥涵养水源、防风固沙、净化空气等生态功能，能够对石漠化、荒漠化、矿产开采等生态破坏严重的地区进行生态治理和修复。蚕桑文化与中华文明的发源关系密切，由之而发展起来的丝路文化是东西文化交流的桥梁，今天，新的"一带一路"建设又将西南蚕桑文化推向世界大舞台。"一带一路"倡议的提出，其灵感本就源于古丝绸之路，而这又是建立在蚕桑文化之基础上的。中国的科学家们关于家蚕基因图谱的解读，使这个领域的科学研究走在了国际的前沿。蚕桑科技联结着古代农耕和古代历史文化，联结着东西文化交流，联结着现代经济，联结着科学前沿。而尤为现实的是，随着"一带一路"和生态建设及绿色革命的推进，蚕桑科技将为解决"三农"问题和精准扶贫发挥重要作用。

三、民族科学文化课程资源开发问题与方法

民族科技资源面临着枯竭的危机，很多历史上曾对民族生产生活及繁衍生息产生过重要作用的科技形式正在消亡。民族传统历法和医药文

---

① 封槐松、李建琴：《我国蚕桑产业发展"十二五"回顾与"十三五"展望》，《中国蚕业》2016 年第 1 期。

化后继无人是尤为突出的问题。解决这些问题的思路之一是在学校的科技教育中有选择地开设相关课程，如中央民族大学和成都、云南、广西、贵阳等地的中医学院先后开办了藏、壮等民族医药专业，以及中医学本科专业傣医、壮医、苗医等方向。① 藏医还开展了研究生教育。这些措施虽然在一定程度上可以为民族传统科技起到保护和传承的作用，但根本途径还是民族科技教育的普及。国务院《"十三五"促进民族地区和人口较少民族发展规划》对民族医药事业的发展予以高度的重视，提出要加大力度并加快速度促进其发展。具体措施包括健全民族医药管理机制；提升民族医院基础设施、设备配置、人员配备标准化水平和服务能力；推进民族医药信息化建设；支持特色专科建设；加强民族医药基础理论和临床应用研究，支持民族医药临床研究能力建设；加强民族药资源保护利用，重点打造一批药材种植资源保护区和药用野生动植物种养基地；加快民族药材和制剂标准化建设，培育一批民族医药标准化实施推广示范单位；加大民族医师、药剂师、护理人员及城乡基层民族医药专业技术人员培养和培训力度，稳步推进民族医师、药剂师、护理人员执业资格考试工作；推进民族医药传承发展，加强民族医药学科和人才队伍建设，建设一批民族医药重点学科，培养一批民族医药学科带头人。国家层面对民族医药科技发展高度关注并予以大力扶持，足以显示其科学文化课程资源开发的价值和意义。

民族科技教育早已受到关注并有多年的实践探索，然而真正从科学人类学和文化人类学的角度来挖掘民族科学文化价值的并不多。已有的实践虽然将一些民间的发明和创造列入课程，但那不过是提供民族生活的经验事实来证明现代科学的原理而已。并且，那些发明和创造的人文

---

① 《我国已有 15 个民族有使用本民族医药的医院》，《亚太传统医药》2007 年第 1 期。

科学意义并未得到合理的阐释。一些田野调查的结果显示，西南少数民族地区开设的民族科技校本课程，占了很大比例的是实用技术的应用，而民族特色类的只占很小的比例，并且在内容上基本与科学原理没有太大关系，列入的只是诸如少数民族地理、民族民间文化、民族知识读本等，未能在深层次上涉及科学文化。① 民族科技必须与少数民族自然人文生态联系起来，从人与自然、人与世界的对象性活动中阐释主体智慧和创造性生成的机制。没有这种视角，就没有文化的深度和历史的深度，也就难以发现民族科技与特定的人类生存世界的深刻关联性，从而也不能从中提炼出能使人类智慧和创造力得以升华的知识系统。从这个意义上说，没有深度的开发，等于浪费资源，就如把珍贵的木料当柴火烧了。课程文化对民族文化的选择和提升，体现在深度的挖掘和开发，一个器物、一种工艺，甚至一种生活方式，能够流传千年而不衰，一定有着深刻的法则，有那样久远的历史文化深度，就有值得深入挖掘的价值。器物可能过时了，但凝结在里面的人类智慧，具有永久的启迪意义。"民族科技"这个提法，有时候会使人陷入一种狭隘的视域，囿于技术理性的认识和阐释视角。那些凝结着民族智慧和创造性的物质与非物质形态的存在，如物典、药典、事典、法典、艺典等，若仅仅从技术层面去评价和阐释，就失去了其真正科学文化的意义。

民族科学文化课程资源建设，核心价值追求在"求真"。"求真"在最普遍的意义上就是追求真理，而真理最通俗的理解就是人们对于客观事物及其规律的正确认识。科学的根本精神在于追求真理，真理需要掌握认识工具的人去探索和发现。认识世界的意义关联，思考事物间相互联系的规律，就是探求真理。山野中生长的孩子，更贴近自然，本性中

---

① 廖伯琴、张超：《西南民族地区科技校本课程开设现状调研及反思》，《民族教育研究》2010 年第 6 期。

充满了对自然的好奇，他们能在生活情境中运用自己的智力，解决许多城里孩子同样情况下束手无策的问题。然而在学校的课程学习中，难以发现课程与生活世界的意义关联，常常处于纠结的状态，学业的失败也是必然的。学校的课程，适合那些善于接受编排好的知识的学生。他们顺利地通过一级级考试，升入高一级学校。以这样的方式培养出来的各级各类学校毕业生，缺乏个性和创造性，也就是很自然的事情了。卡尔·萨根引用哲学家约翰·帕斯莫尔（John Pasmore）的话，科学常常是作为学习的一些方法并按常规步骤去应用的一种东西。它是从课本中学来的。从实际的效果来看，"学校的课程吸引了错误的一类人来从事科学工作——喜欢常规而缺乏想象力的男孩和女孩"①。科学研究的队伍中充满这样的人是难以有科学上的重大发现和突破的。由此我们得深入反思科学教育中缺失了什么。民族科学文化课程资源建设，应当为那些具有喜爱大自然、富有好奇心、对实际生活世界的一切充满兴趣的孩子创设良好的条件，准备充足的精神营养和教育资源，扶植其源于自身的生命冲动和创造品质，并通过课程将其进一步提升为科学探索的能力、习惯及方法。而这样的课程，也必须是源于他们自身熟悉的物质环境、生活情境、生活方式、心理特质、认知方式和话语习惯的。

　　教育是一个生长过程，生长意味着主体的主动性和积极性得以发挥，能够使用自己的智力和创造性，在为其提供的合适土壤里一步步探索并获得成功的经验，获得生长的快乐。生长还意味着主体用新的眼光来看事物，用不同的方法解决问题。杜威说："在教育上可以得出的一个结论就是：一切能考虑到从前没有被认识的事物的思维都是有创造性的。一个三岁的儿童，发现他能利用积木做什么事情；或者一个六岁的

---

① ［美］卡尔·萨根：《魔鬼出没的世界：科学，照亮黑暗的蜡烛》，李大光译，吉林人民出版社 1998 年版，第 375 页。

儿童，发现他能把五分钱加起来成为什么结果，即使世界上人人都知道这种事情，他也是个发现者。他的经验真正有了增长；不是机械地增加了另一个项目，而是一种新的性质丰富了经验……如果创造性一词不被误解的话，儿童自己体验到的快乐，就是理智的创造性带来的快乐。"①科学素养也是在实际生活中一点点生长起来的，包括作为科学研究起点的"发现问题"，离开了生活的实际，难以培养问题意识和探究精神。民族科技教育未能将课程与生活紧密联系起来，以至于给人以"两张皮"的感觉，这是迄今为止在这个领域教学中存在的最大问题，也是民族科学文化课程资源开发要解决的根本问题。

　　怎么能够让学生探索真理、追求真知的科学精神得到有效的培养，科学品质有实质性的生长，丰富的民族科学文化提供了极为有利的教育资源。如何利用这些资源进行科学教育，不仅是教育研究者、课程设计者、资源开发者要研究和解决的，教师的积极参与也是必要的和关键性的一个环节。民族科学文化资源利用的成败，很大程度上取决于教师自身对民族科学文化资源的价值和意义的认识及其自身的科学素养状况。因此，培养合适的师资是首要的问题。另外，从学生角度来说，如何利用开发的课程资源，也需要精心地思考和设计。西南民族地区大量存在着的民族民间科技，与学生所处的生存环境中人们的生产生活息息相关。很多传统科技形式对当地民族来说不仅仅是文化记忆，还是人与自然和谐发展的历史经验的结晶；不仅有历史的和现实的价值意义，对民族地区未来发展也具有重要的启迪作用。它能引发囿于现代化困境中的人沉思：究竟什么样的生活方式能与自然共存？科学教育课程，应把引导学生从本地传统科技资源中获得智慧和启迪，作为一个重要的教学目

①　[美] 约翰·杜威：《民主主义与教育》，王承绪译，人民教育出版社1990年版，第169页。

标。科学文化课程资源建设要为学生提供书本以外的知识和经验，并指导学生从大量的民族科学文化遗存中发现具有科学价值的要素，并对那些资源进行分析、归类、整理，总结原理性知识，培养发现问题、提出问题和分析问题的能力。要充分利用课外资源中那些既具有历史文化深度，又有未来发展意义的科学技术要素，开发智力，培养兴趣，增长知识，丰富内心世界，促进主体性增长。

第二节　人文文化课程资源开发

民族社会的人文化成，是人与人、人与自然环境相适应的结果。文化使一个族群成为一个民族，这是现代民族教育不可无视的存在。文化的存在体现于物质、精神、制度和生活方式，也以符号的形式负载着族群共同的价值追求，并代代相传。一种文化存在能从遥远的时代延续到今天，是什么成就了它？是大自然的根本法则，那是一个成就和谐与善的生命法则。人文文化的核心，就在于"求善"。

一、民族传统人文文化的价值意义

科学、人文、艺术被视为人类文化的三个分支领域，这是西方现代话语体系的划分。西方古代并没有科学与人文的分离，人文中有科学，科学中有人文。人与所生存的世界有多渠道的交流和全息的联系，也有各种感知和认识世界的方式。以概念、语言的方式与以数字、图像的方式认识和阐释自然，两者并无本质的不同，都是将整体的世界划分或切割为可以辨别和理解并加以阐释的部分。这是人的本质属性而不是自然本身。人文与自然相对。人对自然的认识和阐释，无论采取何种方式，都力求保持与自然本质的一致性，这也是"求真"。若在这样的意义上理解，科学也是人文的一部分，因为，科学也是关于世界的知识而不是世界本身，是人认识和把握自然的一种途径。如此来说，科学与人文是无法严格区分开来的。在中国话语中，广义的人文与天文相对。古代圣贤先哲仰观天文，俯察地理，遵循天地之道，构建人类社会秩序法则，于是有了人文世界的化成。《易·贲卦·彖》："文明以止，人文也。观乎天文，以察时变；观乎人文，以化成天下。"天文就是天地系统的纹路、理路，也可理解为自然的秩序法则。而人文，按孔颖达的说法乃"诗书礼乐之谓也"。人文何来？终究还是来自天地系统的根本法则。"与天地合其德，与日月合其明，与四时合其序"是人文化成的至高原则，也是人类至善的生存方式。融合古今、中西关于人文概念的理解，我们将人文文化看作是价值理性引导的文化过程，它在实证性科学所难以企及的一切领域展开。作为这个过程之结果的存在形式，在精神层面，形成了关于世界的一切知识和意义关联；在物质层面，创造了丰富多彩的物质文明；在制度层面，形成了人类社会完善的伦理秩序和组织结构。从人的发展和民族社会发展的维度来看，人文文化形塑了个体的情感、态度、价值观及认知、思维和行为方式；对族群来说，则形成了具有凝聚力和发展力的共同价值系统和文化传统。人文文化提升人的道德精神，丰富人的内心世界，是人的自由全面发展必不可少的精神素养。

认识人文文化的意义，要特别关注天文与人文的内在关联。人的本质的丰富性及人性的解放，都是基于人类对自然本质的认识，对天文的感悟和天地之道的弘扬，是人文世界化成的起点也是其归宿。纵观历史，几乎所有伟大文明的开端，都与天文的发现密切相关，人文世界的一切都是从仰慕天体苍穹和敬畏超自然的力量开始的。当人们发现天体有规律的运作，如昼夜交替、四季轮转，便开始关注人类世界自身的秩序结构。这也是康德将"仰望苍穹"和内心道德法则连接在一起的一种意义阐释。在许多少数民族口头流传的史诗、创世神话和其他文学作品中都有着同样的逻辑。中国古代先哲的宇宙模型，也体现了"道"与"德"的关系。"天地之大德曰生"集中地表达了这一观念。生生之德体现在从自然到人类社会的一切方面。人文所关怀的道德法是有充分的根据的，它不仅仅限于人类社会的秩序结构。在生物界，大自然以独特的方式昭示了生命的法则；在人类，则由人文文化孕育并滋养了善与德行的追求。这不是一个可以简单归结为信仰的问题，和谐是遍及宇宙的结构形成之终极原因。人的自由就源于自然本质与人类的道德法则的有机融合。伦理结构与秩序，与自然的秩序是同源的。

人文蕴于山川。任何特定的自然人文生态中的文化系统，都是在一个漫长的历史过程中，在人与人、人与自然相互作用的过程中形成的。正如不同人类种群的体质特征与他们存在的自然条件有着必然的联系，其人文特征和文化景观，也都是人与自然长期适应的结果。作为特定人类种群的文化心理和道德精神，是时空交错的演化进程凝结的种群的精华，是历史产物、是集体智慧、是自然生态与人类活动的结晶。崇高的道德精神是部落和村寨中"视之而不足见"却又无处不有的永恒存在。在建筑、服装、饰物、雕塑、图腾中，在歌舞、仪式、典礼、婚丧、节庆中，在生产、生活和日常交往中，都可以用心灵感触到那种永恒的价值追求。人文文化课程资源建设，要寻找的就是那种代表民族精神的具有永恒价值意义的符号。任何一个人类种群得以繁衍生息和兴旺发达所依循的秩序结构，都是基于"善"的理念来构建的。"善"是一个民族的灵魂。不同民族追求的善尽管有各种不同的表达形式，但一定包含着一些共同的品质。使"善"永存人间的途径和方式各有特点。民族村寨留住永恒的"善"的途径和方式，对现代学校道德教育具有重要的启示意义。了解了一个村寨的善是怎么代代相传的，我们才会知道，"善"远不是"说教"所能教会的。

"善"在民族社会获得永恒存在的基础是群体的价值共识，通过诸如语言、仪式、歌谣、舞蹈、建筑、劳动以及日常生活过程来体现，因此，那些形式都具有符号意义。生活中的细节，弥漫于生命活动一切方面的言行举止，都能发现善的踪迹。"美言可以市尊，美行可以加人"（《道德经·第六十二章》），认同和赞扬也是保留"善"的方式。民族社会个体成员的自我成长过程是在文化环境中被形塑的过程。个体与社会的对象性活动，使生命本质不断丰富，需要和能力的增长与民族社会共同生活相适应。发展的程度越高，与社会的适应性关系越紧密。直到最后成为社会化的人，这就是被"文"所化的人。民族社会个体成员自身的发展与其所处的人文文化环境如此密切，以至于割断了这个联系，生命就成为无根之木，足见民族人文文化课程资源建设及课程开发，对民族社会个体成员的发展和民族社会的发展有多么重要的意义。

二、西南民族地区人文文化课程资源检视

依据我们前述的文化理解和文化阐释，应当从精神、物质、制度、习惯和行为方式等方面对人文文化课程资源进行归类整理。如泰勒所说的知识、信仰、道德、法律等与精神活动有关的，可归到精神文化一类。各种工艺制作和物典形态的文化载体，可归为物质文化一类。乡规民约等之类则属于制度文化。风俗习惯、节日仪式、待人接物、日常交往等则属于习惯和行为方式。非物质文化，有些属于精神方面的，有些

属于制度的，也有些属于风俗习惯的。人文文化课程资源建设，首先要对民族地区人文文化的整个家底，在普查的基础上对其有全面的把握和了解，然后从不同的视角进行审视并进行归类和整理。在当代价值观的指导下，精选具有现代价值和意义且具有强大生命力的优秀文化形式，根据不同内容、不同形式的资源特征，以相应的和适切的方式和途径进入学校课程。

人文文化体现人与人、人与自然的关系。因此，人文文化课程资源建设，首先要考虑不同自然生态环境中的人文资源的不同特点。高原畜牧、山地耕牧、山地旱作、山地耕猎、稻作农耕都有各自与所处环境相适应的人文文化和人文景观，放牧的、稻作的、游猎的、航海的民族也都有自己的文化特色，在宗教信仰、生活方式、语言习惯等方面呈现极大差异和多元化。不同地区的学校开设的人文文化校本课程，以本土特色为首要原则。如藏区学校的人文课程，若论培养藏族孩子勤奋向学的精神，宗喀巴或米拉日巴艰苦求学的故事就比"悬梁刺股"的汉语典故效果好；讲诗词修养，以《格萨尔王》为文本就比李白、杜甫的诗更有魅力。① 因为那样更贴近民族心理和情感，且能唤醒埋藏在心灵深处的文化记忆。民族地区学校要发挥推动民族社会发展的功能，必须避免成为"文化孤岛"。加强学校与民族社会联系的有效途径，就是利用本土文化资源开展人文教育。来自田野考察的很多实例，都证明了民族文化进校园加强了学校与村民、教育与民族文化之间的实际联系。

一种文化存在形式可能集真、善、美于一身，这正说明真、善、美是内在地关联在一起的，是统一的。譬如织锦工艺，就含有科技成分，也有善的追求，更有美的形式。因此，同一种文化形式可用作不同目的

---

① 巴登尼玛：《试析现行藏族义务教育课程中存在的几个问题》，《民族教育研究》1996年第 3 期。

的课程资源；不同目的的课程资源开发，也可利用同一种文化存在。再如侗寨的鼓楼，既可被列为科学文化课程资源，同样也可列为人文文化和艺术文化课程资源。然而，有些文化存在，譬如民间口头流传的故事，可以是德与善的价值载体，却不宜用作科学教育的课程资源。同样，一些具有工具理性意义的科学技术形式，本身也不具有道德和善的价值意义，所以，根据各种不同的文化存在形式所具有的主要特点来归类，也是必要的，具有真善美统一性的课程资源可单独归为一类。

挖掘民族人文文化课程资源，首先是一个发现价值的过程。西南地区诸多少数民族丰富多彩的人文文化犹如浩瀚的大海，究竟什么是值得保存、传承和弘扬的？发现价值就是发现真理，许多文化现象，早已化民成俗，"民日用而不知"，"阐幽发微"需要有洞察的眼光。教育要从那些人们司空见惯、习以为常的生活方式中，发觉人们视而不见的价值和意义，首先要有一个标杆和定位。以时代精神和当代弘扬的价值理念去审视民族传统人文文化资源，就有了立足的基本点。据此，还可以将人文文化课程资源按照价值来归类。譬如，生命关怀方面，民族原生文化形态中，有很多可列入关爱生命的主题，不杀生、爱护动植物，甚至动植物图腾崇拜中也富有生命意识；生态保护和可持续发展方面，少数民族生产生活方式中自发的生态保护理念和村规民约，都具有生态维护和可持续发展方面的价值意义；崇德尚善，这几乎是各民族永恒的价值主题，关爱生命和生态观念也都可以归结为道德和善，生态伦理的逻辑起点就是善。处理人与人、人与社会、人与自然关系的根本基础，就是道德和善。它体现于从生产、生活到人类生命活动的一切方面。

少数民族民间口头流传的故事、古歌、诗歌、谚语、格言等，涉及民族生存世界的方方面面。如族群的历史、生产生活经验、善良美德、忠诚守信、正义勇敢等，里面凝结着民族智慧、民族精神、民族心理以及民族情感、态度和价值观，体现着人与人、人与自然关系的最高价值原则。它们之所以在千百年的时间里以口头语言的方式代代相传，自有其深刻的意义。试想，什么东西能够以口头语言为载体流传千古？在没有文字的民族中，正是那些通过口头传递的文化存在，真正体现了民族永恒的价值追求。不仅蕴涵着深刻的真理和崇高的道德精神，还富有语言艺术的魅力，它们经过无数人的过滤和提炼，经历千年历史的验证，是人文文化资源中真正的瑰宝，是文化存在中上乘的珍品。

我们在民族教育文化原生态的有关论述中提到，节日是民族文化的大观园，民族精品的博览会。节日里，民族情感、民族心理、民族智慧、民族精神、民族风情等，在同一时间激扬迸发，突然焕发奇异光彩；人的才艺才华、精神风貌、人品个性、情感智慧等，汇聚一处碰撞交流，放射无穷正向能量。这个民族人文文化资源富集的时刻，是民族文化课程资源建设不可忽视、无视和冷落的现实场景。还有关于图腾崇拜，山石、江湖、土地、动物、植物、日月、星辰成为敬畏的对象，在这些符号上寄托希望、负载价值，也有积极的意义。在工业文明使人与自然关系日益紧张的时代，重新唤起人对宇宙自然的敬畏之心，从而使生态伦理的时代精神植根于人的灵魂深处，对于生态保护和绿色可持续发展能起到正向能的作用。宗教也是少数民族人文文化的一大景观。在物质主义盛行的现代社会里，宗教信仰是坚定地固守人文阵地的领域，它用最高的善抵御着物质世界的诱惑。宗教对于民族社会人心道德建构和社会稳定具有一定的现实意义。它不能进入学校课程，但我们需要了解关于宗教的知识，从而对它的历史性存在能够有清醒的认识。人文文化的最高成就是现代社会的政治文明、和谐社会秩序建构和人性的解放。如何看待民族人文文化资源，关键在于文化选择和价值引导。并非一切形式都可以纳入课程，教育文化要按照时代精神和人类共同利益的价值取向对民族传统文化进行选择和提炼，使其成为优质的人文教育资源，发挥文化保护和传承、激发民族内在发展力、丰富民族社会个体成员内心世界、提炼和升华精神境界的功能和作用。

三、有效利用人文文化课程资源开展人文教育

如何在民族地区基础教育学校里切实有效地实施人文教育，有三点建议。

第一，每个学校都应开发人文教育的校本课程，可发动教师、学生及家长，广泛搜集一手资料，整理归类，精选内容并合理安排，编撰取材于当地民族人文文化资源的人文读本，突出本土特色，全面反映本民族人文历史及文化风貌。可开设专门课程传授有关知识，也可作为课外读物增长见识、开拓视野、丰富人文素养。搜集、整理当地民族文化课程资源的过程本身，也可列为学校课程的一部分，重在师生和家长的广泛参与，从过程本身获得有益的人文教育。并可将这一过程列为常规性课程。

第二，每个学校都要安排民族文化进校园的活动课程，活动内容则是当地民族优秀文化形态，视野要开阔，要有创意。除了歌舞艺术、工艺制作、体育竞技、种植采药之外，应因地制宜，开辟更多的形式。从事这些活动，要聘请当地村寨能工巧匠和艺人进行教学和指导，加强学校和民族社会的联系，以学校教育之力，为民族优秀传统文化的保护、传承和发展奠定深厚的人文基础，培养文化土壤，开辟生境，培养后继之人。

第三，培养人文教育的精英。一些民族地区学校的民族文化进校园活动流于形式，与两个层次的教育主体有关，一是学校领导，二是教

师。校长是学校的灵魂，校长的人文意识及教育理念决定着人文教育是否能真正落实。人文教育是一个良心工程，由教育者的良知和使命感支配。学校发展的整体部署和工作重点，忽略和排斥人文教育通常是丝毫不受责罚的，没有人是责任承担者。教师也是个关键性因素，是将一切教育的要素相互关联起来的枢纽。教师对人文文化课程资源的理解和解释、教师的教育和教学方式，还有教师本身的人文素养等，都是决定人文教育实效性的先决条件。教师自身人文素养贫乏，也是根本无以担当人文教育之重任的。尽管民族地区有如此丰富的人文文化资源，但对于一个视野狭窄、知识单调、内心世界贫乏的人来说，根本无以发现其价值和意义。还有，如果教师把全部身心用于提高学生考试成绩而无暇顾及人文教育，也是不被问责的。这种情况如不改变，人文教育必然落空。如何培养人文教育的精英，是一个需要更多的研究和实践探索的问题。

第三节　艺术文化课程资源开发

一、艺术文化阐幽

艺术是一种文化现象，它体现在人类生活世界的一切方面。音乐艺术、绘画艺术、雕刻艺术、服装艺术、语言艺术、建筑艺术、园林艺术、身体运动艺术等等，不可尽数，如果将艺术的意义再延伸到方法论上，那么处理一切问题都需要艺术。如此来说，艺术几乎是无所不在的。我们能够从中体验到和谐之美的所有活动，都因艺术而显得精彩。

课程中的艺术文化，"化人"的着眼点在审美意识的培养。音乐和美术课程是培养审美意识的重要途径，但其根本目的并不在于绘画和歌唱或演奏的技艺，而在于对艺术本质的领悟。艺术是什么？《大不列颠百科全书》解释为："用技巧和想象创造可与他人共享的审美对象、环境或经验。艺术一词亦可专指习惯上以所使用的媒介或产品的形式来分类的多种表达方式中的一种，因此我们对绘画、雕刻、电影、舞蹈及其他许多审美表达方式皆称为艺术，而对它们的总体也称为艺术。"①

　　艺术概念有无穷多的说法，这也说明了艺术现象本身的丰富性和永远不可穷尽的新奇性。美的感觉体验、一种创造活动、一个文化过程、一种文化符号、与人共享的资源、和谐与秩序的体现、生命意志的表达方式等等，都可以表达艺术的某些特征，但美学的、社会学的、心理学的、哲学的甚至还有几何学的定义等，所有的定义加起来也未必能给出令人满意的解释。"反本质主义"者反对探讨艺术的本质，因为抽象的概念界定并不能将艺术锁定。无论你怎么界定，艺术都会超出已有的理性所能够认识和阐释的范围。艺术文化中有太多语言难以表述的成分。尽管说不清道不明，但是否艺术，人们大致都可以感觉得到。总要符合某些方面的特征，人们才将其视作艺术。我们可以从某个方面，或者某个重要特征来讨论艺术。我们这里把艺术看作体现着和谐与秩序的文化符号。而艺术文化则是以具有审美特性的符号为载体的文化过程，核心价值是对美的追求。

　　艺术本身不是美，但它的灵魂是美。一个文化过程的创造物因为有美的灵魂而称为艺术。什么是美？有人认为美不过是人的主观体验而已，没有客观标准，从宇宙的角度看，美和道德都是没有根据的，宇宙

---

① 美国不列颠百科全书公司：《不列颠百科全书》（国际中文版），中国大百科全书出版社 1999 年版，第 507 页。

既不爱惜美，也不讲求美德。这个问题涉及对美的本质的认识。我们认为，美的本质在于和谐与秩序。这不仅体现在我们对于自然事物的欣赏，而且体现在美德、美的心灵等人类社会现象，它们的本质都在于和谐。凡是破坏了和谐与秩序的事物，自然的过程和人类文化的过程必然将其淘汰；凡是符合了和谐与秩序法则的事物，都必将为自然过程和社会文化过程所肯定和保存。因此人类所认为美的事物，必与自然法则一致。这里我们重温歌德的名言：存在是永恒的；因为有许多法则保护了生命的宝藏；而宇宙从这些宝藏中汲取了美。[①] 由此可见，我们的"美"感来自对生命法则的领悟。

音乐何以具有震撼心灵的力量？在贝多芬看来，音乐是上界的语言，很神秘，也很耐人寻味。音乐是声音的振动，心灵能够被震撼，自有其共振和谐振的物理基础。科学前沿理论中有一个"超弦理论"，揭示构成这个大千世界的最基本的要素是"振动的弦"。"自超弦理论发现以来，音乐的世界成了惊人的现实，因为这个理论认为，微观世界里到处都是小小的弦，它们不同的振动便合奏出宇宙演化的交响曲。根据超弦理论，变化的微风吹遍了整个宇宙……根据超弦理论，宇宙的基本构成要素不是点粒子，而是有点像细橡皮筋的上下振动着的一堆丝线。"[②] 从夸克到美洲豹，从细菌到人类社会，从花岗岩到爱因斯坦的大脑，从最简单的基本粒子到最复杂的智慧生命，形态各异、五彩缤纷的世界，蕴藏着一种令人难以置信的简单韵律。弦的长度小于普朗克尺度以下，但它凭借谐振的魔力演化出无穷大的宇宙。森林草原，山河海天，动物世界，人类社会，各有自己振动的频率。弦与弦的共振，化生出美妙的

---

① [奥] 埃尔温·薛定谔：《生命是什么》，罗来鸥、罗辽复译，湖南科学技术出版社2003年版，第17页。

② [美] B.格林：《宇宙的琴弦》，李泳译，湖南科学技术出版社2002年版，第130页。

世界。《礼记·乐记》云："大乐与天地同和，大礼与天地同节。"和谐与秩序，原是来自宇宙深层的法则，符合这个法则的事物就会有相互之间的谐振，从而团聚而形成更大的结构，并有生生不息的演化之路。

艺术是人所创造的美，它区别于自然的美。但是艺术的美是从自然的美中汲取滋养的，所以最美的事物总是与自然的本质和谐一致。大自然之美，如山川、河流、草原、大海、雪原等的美，欣赏它、感受它，需要有同样和谐而丰富的内心世界。人心对大自然之美的感悟，经典描述见于刘勰《文心雕龙·原道》中的一段话："傍及万品，动植皆文：龙凤以藻绘呈瑞，虎豹以炳蔚凝姿；云霞雕色，有逾画工之妙；草木贲华，无待锦匠之奇。夫岂外饰，盖自然耳。至于林籁结响，调如竽瑟；泉石激韵，和若球锽；故形立则章成矣，声发则文生矣。夫以无识之物，郁然有采；有心之器，其无文欤？"①由此来看，可谓"大美美于野"。只是，要有灵性，才能感悟大自然之美。音乐的本质来自大自然的韵律，色彩与线条构型的艺术，也本源于自然。少数民族服装艳丽多彩，与他们所处的自然环境之间有着内在的关联性，色彩人类学可以解释其中的道理。色彩是大自然的生命符号。人类从色彩的变化解读了自然事物之间的联系，也将这些变化中预示着生命发展前景的特征视为善的和美好的，于是，色彩的审美一定与人对自然事物之关系的理解相关联。许多生物也认得大自然的色彩符号，鸟类用亮丽色彩的羽毛吸引异性，以便顺利完成基因的复制；植物鲜艳的花朵招徕蝴蝶为自己传授花粉；变色龙通过色彩来表达攻击性、快乐感和吸引异性；斑马黑白色的条纹有独特的功用；某种颜色会使人体温升高。这些例子说明了色彩对生命系统具有物理作用，生理和心理对色彩有特定反应，源于光谱的物理性

---

① 刘勰：《文心雕龙》，上海古籍出版社 2008 年版，第 1 页。

质。但没有一种生物像人类那样赋予色彩以丰富的文化意义。譬如，绿色是生命之源，自养生物凭借叶绿素进行光合作用，释放氧气并积累自身物质；异养生物则靠食用绿色植物或其转化物而生存。因此我们常说生命是绿色的，这种食物之间的链条被称为"绿色追逐"。这种追逐是生命本能，彰显绿色的生态功能。我们今天用"绿色事业"来表述生机蓬勃、有着可持续发展前景的事业。红色是血液，维系生命的永动机靠它运输营养，因此它是活力的象征；红色是太阳，是温暖的颜色；红色是火山口横溢的岩浆，热情而奔放。染有红色的符号和标志具有革命的意义。色彩与四季的变化之间也有联系。所有生命在四季的轮转中都会有色彩的变化。中国传统文化为四季配的颜色为：青春、赤夏、金秋、玄冬。而这些色彩也与人世间许多事物有着固定的联系。

综上所述，那些体现了和谐与秩序结构的自然现象，与我们对美的事物的认识之间有着必然的联系，审美的本质在于对生命现象的感悟。音乐与绘画虽然被视作两种不同的艺术形态，一个诉诸听觉，另一个诉诸视觉，但它们之间存在着本质的内在联系。从色彩与线条的组合之中可以看出节奏与旋律的变化，和从节奏与旋律中听出色彩与线条的组合，这种感知能力被称为"通感"。通感之所以存在，是因为人的生理、心理和大脑的构造本身就是大自然的产物，大自然是按照自身的法则来塑造人这架神秘的机器的。

二、审美教育的人类学关照

植根于西南独特的自然人文生态环境的民族传统艺术，形态各异，丰富多彩，蕴于山川，源于生活，集真、善、美为一体，具有无言的教化功能。它以自发的方式代代相传，塑造了民族心理，升华了民族精神，凝聚了民族智慧，激发了创造的热情，促成了人与自然和谐相容的生存方式，保持了民族发展的内生动力和创新的动能。深刻认识民族艺术文化资源的价值和意义，充分发挥其教育功能，对促进西南民族发展力提升有重要的现实意义。

艺术教育的核心价值取向是"求美"，究竟什么是美，抽象的概念解释往往显得苍白无力。天地不言，荟萃精华，酝酿甘醇，以时光雕琢美的形象，以共识塑造美的灵魂。它以无言的存在宣示着对美的阐释，读懂它需要艺术人类学的关照，不同的人类种群所创造的艺术能够获得跨越遥远时空的永恒存在，与其特定的生存环境密不可分。各种艺术形态的构成中，色彩和线条、节奏和韵律是最基本的要素。在服饰、建筑、工艺、雕刻以及歌舞演唱等活动中，色彩、线条、节奏、韵律，以各种不同的方式组合，体现出人与自然的和谐统一。从视觉艺术方面来说，大自然的丰富色彩对心灵具有形塑作用，它与人的感官交互作用，从而使人们形成与其所处的自然生态相适应的生活节律与心理反应。人与外部世界相互作用的信息，会累积起来形成稳定的性状和反应图式，并通过文化过程代代相传。

西南很多少数民族在色彩运用上，都体现出与自然的密切关系。色彩原料来自当地物产，色彩的运用也与空间要素相联系。现代人运用色彩讲求科学原理，从色彩构成、搭配、组合等方面分析各要素间的相互作用，还考虑人对色彩的知觉和心理效应，根据规律组合，按照场合使用。而在保持着原生文化形态的族群中，色彩的来源、色彩的组合、色彩的使用、色彩的效果等，都依靠族群在漫长的岁月里形成的经验，本质上是一种生命信息的积累，具有特定情境的特定适应性，自有科学原理难以企及的妙用。一个民族审美习惯和传统，是自然人文生态塑造的。人按照自己的审美观创造了色彩符号，色彩符号也反过来影响着人的审美心理。德国色彩学专家爱娃·海勒（Eva Heller）曾经针对不同年龄、身份的人就色彩的情感、特征等问题进行了调查，证明来自不同地区、民族和宗教的人群在色彩审美方面存在显著差异。① 少数民族服饰、建筑与景观等事物的色彩组合，凝聚着族群集体的潜意识，民族的灵魂就附着于这些集体的创造物。由此可见，色彩与线条的艺术同民族文化心理的形成，有着内在的必然联系。

有色彩人类学，也有音乐人类学。少数民族音乐所使用的乐器，与自然环境也有必然联系。南方盛行清越嘹亮的乐音，而较少使用雄浑低沉的音声，这是绿水青山的自然情调。乐器多来自纯自然的造物，如管乐、葫芦丝、口弦等。普米族的口弦很有特色，一般用竹子削成，一厘米宽的薄竹片，中间切上两刀，一头连着，一头断开，像个簧片那样能够震动。三片或者四片，一手拿着放在嘴里吹着，另一只手伴弹着。一个人或者几个人一起，就能奏出优美的曲子。口弦所使用材料来自当地的森林，乐器的音质和音高取决于自然品质和演奏的技术。普米人演奏口弦时，通常把一组具有固定音高的单支口弦组合起来，通过口腔肌肉的控制和呼吸的力度来调节音色和音调。高超的演奏者能奏出丰富多彩、悦耳动听的调子，将人性与自然微妙地结合在一起。

歌舞的灵魂是节奏、韵律和肢体语言，而建筑则是"凝固的音乐"，正如果戈理的名言"当歌曲和传说已经缄默的时候，建筑还在说话"。大自然淘汰了不符合自然法则的事物，而存留了美好的东西。美好的东西同时也是真与善的有机融合，真、善、美有着内在的统一性。西南民族传统艺术的生成具有自发性、自主性、创造性和适应性，诸如体现在山歌、舞蹈、工艺等形态中的传统艺术，皆来自底层的生活，来自个体

---

① ［德］爱娃·海勒：《色彩的文化》，吴彤译，中央编译出版社 2004 年版，第 2 页。

的体验。每一种艺术形式，每一件艺术作品都能使人感受到创造者的个性特征和浓厚的民族生活气息。这种生命系统具有自发的内源性动力，能从环境中汲取资源，并根据不断变化的时空环境进行自我整合、自我更生并获得适应性生存。

民族传统艺术来自民间，自发的教育传递，使之不断得到复制、强化、提升与更新。因为民族传统艺术自然、自发，又与生活密切联系，所以在民族生存与发展的历史中，发挥了巨大的推动作用。从民族传统艺术的生成与发展，可以感触到一个民族在复杂多变的环境中获得适应性生存的强烈动力及其民族发展的基础。然而今天我们深切地感觉到，存活了千百年的西南民族传统艺术，有许多正在急速地变成"遗存"。拯救民族传统艺术成为一项迫切的任务。民族艺术文化课程资源建设，是艺术教育的一个重要部分，它对民族传统艺术具有积极的保护作用。艺术教育旨在人的发展，只有人的内心世界升华了，人的本质丰富了，才会有多方面的能力和需要：以音乐的耳朵聆听节奏与旋律的韵味；以审美的眼睛欣赏色彩与线条的造型；以灵敏的心性感悟大自然的美妙。有了这些能欣赏美和创造美的主体性基础和客观条件，民族传统艺术文化也才会有存在的生境。民族地区学校要充分利用民族艺术文化课程资源，大力开展艺术教育，使其发挥促进个体全面发展的功能，进而为提升民族发展力作出贡献。

三、民族艺术文化课程资源开发思考与建议

民族教育要发挥提升民族发展力的功能，唯一正确的途径是贴近民族生存实际。我们关注民族文化课程资源建设，也是为了这一根本目的。以艺术文化课程资源开发和利用为例，对民族地区学生来说，艺术

教育可能是最好的教育形式，因为没有语言的障碍和逻辑思维的限制，艺术的感悟是跨民族、跨文化交流和联系的渠道。到过民族地区、接触过少数民族实际生活的人们都有一个朴素的认识和经验：少数民族擅长艺术。大概因为少数民族的生存方式最接近自然，而艺术的本质，似乎比逻辑思维更接近自然的真相。"能歌善舞"是描述少数民族特点的使用频度最高的词语。若能充分利用这个条件更深入地实施艺术教育，对陶冶性情、开启智力、丰富人性、提升道德精神、激发生命力和创造力都将大有益处。艺术还可以使人灵秀通达，在各种知识领域间实现自由联结和转换。特别是儿童早期的艺术教育，有着开启心灵的窗口效应。利用民族艺术文化课程资源开展艺术教育，具有本土的适应性，也有着文化的连续性。利用这种艺术教育资源诱发儿童潜质，激活心灵深处的文化记忆，有利于学生全面发展，从而也会全面提高学业成就。

民族课程文化建设的核心价值取向是真、善、美。究竟什么是真、善、美，只靠课堂的讲授是难以搞明白的。"学在田野"这个概念，就是说要从民族生存的实际当中去学。我们一直坚持的一个观点就是：全面发展不是教会的，而是在一个学习和实践的历史过程中成就的。教育的起始点，不是全面的、完善的、细节丰富的规定性，而是简单、扼要、精炼、凝缩的核心价值观。核心就意味着简要，就像一粒种子，小中蕴涵着大，简单中孕育着全部的未来，在一个本质逐渐展开的过程中才会生长出全部的丰富性。这是一个完全开放的系统，有着粗糙而简单的基线，也充满着发展的不确定性，会犯错误，也必然会通过纠错而逐渐完善。一个从一开始就完满的、自洽的理论系统，与实际常常是相悖的，会给教育的实践带来迷茫。所以，我们不认为以条目繁多、细节丰富的所谓"核心素养"作为教育的起始点是合理的。以核心价值观为指导，在实践中不断丰富和完善才是正确的道路。即使我们主张的以真、善、美为核心价值的教育，也不要以为将真、善、美的知识素养和价值意义以完备的形式教给学生，就能达到预期效果。真知灼见要从田野中获得，来自实际的经验比书本里和课堂里得来的更具有生命的活性，也更接近世界的真实脉络。在接触民族生存实际的过程中，我们才能够从那些无所不在的历史文化存在中，切实感悟到什么是真、善、美，以及它们是以什么方式和途径，获得了永恒的存在。接触民族文化、感受它、体验它、认识它、思考它，就会将自身的发展与民族的命运联系起来，提高文化自觉，唤醒灵魂深处的文化记忆，传承文化基因，将民族精神发扬光大。

民族艺术文化资源丰富多样，是个巨大的艺术宝库，但能不能成为艺术教育的课程资源，取决于很多因素。并且，艺术教育也不是孤立的，它与求真和求善的教育是不可分割的统一体。民族文化课程资源建设必须将科学、人文、艺术的要素有机整合，将课程与生活统一起来，将核心价值与民族文化联系起来，才能实现教育提升民族发展力的功能。民族文化课程资源建设需要多方的合力。仅仅靠专家学者是远远不够的，也是不切实际的。因为，即使由专门的研究队伍和研究人员搜集了一手材料，提炼出课程资源，编纂了读本和教材，也未必能得到有效的利用。如何利用民族民间文化课程资源，应该调动师生和家长的积极性，将搜集当地民族民间艺术资源的活动，作为艺术教育课程的一部分，在这个活动课程中，增长艺术的欣赏力和辨别力，了解艺术创作的来源和动力，了解各种艺术形态发生的历史背景和全过程。增长知识，提高能力，学会学习和研究。这种方法，实质上就是研究性学习。

现代学校艺术教育主要是通过音乐和绘画来进行。然而，仅仅学得一点画技，能唱歌跳舞，这是远远不够的。民族地区很多学校的民族文化进校园活动中，普遍流行的是歌舞艺术和织锦、蜡染之类的工艺美术。一些小学的课间操，就是采取跳民族舞的方式。然而值得提醒的是，如果不做深层次上的拓展，民族文化进校园活动就会遭遇庸俗化、通俗化和形式化的蜕变。要让民族地区学校里的艺术教育真正落到实处，也需要教育的精英。一个学校，如果没有真正懂得艺术的教师，实质上就是一个功能不全的学校。而真正懂得艺术，并不仅仅是能唱歌弹琴绘画就够了。一个理想的艺术教师应该有融会贯通的知识，需要有对艺术本质的深刻认识和把握。不仅能够从节奏与旋律的组合中听出色彩与线条的变化，从色彩与线条的组合中看出节奏和韵律，还要能够将这种"通感"用之于理解和把握世界千变万化的运动方式。这应该作为艺术教师专业发展的方向和目标。

第六章　民族智力资源开发与可持续发展

　　民族智力资源的合理开发和可持续发展是民族发展力提升的根本着力点。这需要一系列的举措和多种力量的协调运作。民族文化课程资源建设是其重要组成部分，它为民族智力资源开发提供了现实基础和必要条件。与之相关联的举措，一是以智力资源的民族性特征为逻辑起点，为基于不同历史文化背景的学生提供适切的教育；二是加强双语教育促进民族智力潜能的挖掘和培养；三是集中优势教育资源致力于起始点的建构，为未来可持续发展夯实基础。

第一节　智力资源的民族性特征及教育开发

　　民族智力资源概念突出两个方面的意义，一是将智力看作一种推动发展的资源，二是强调智力资源的民族性特征，以便提供适切的教育，实现民族发展力提升。

一、智力资源是发展的第一推动力

从经济学视角看，为了创造物质财富而投入生产活动中的一切要素都可以称为资源，包括人力资源、物力资源、财力资源、信息资源、时间资源等。人们也从质量和数量两个方面来认识人力资源，素质的要求涵盖了体质、智力、知识、技能等方面。尽管人的素质被看作人力资源的重要组成部分，但是在使用这个概念的时候，人们往往是从工具理性的意义上来考虑，即使涉及智力，也只是指那种实用的知识和技能。根据加德纳的理论，人类智力至少涵盖了诸如语言、逻辑、听觉、视觉、运动、自省、交往、自然观察等不同方面的能力，它们相对独立并不同程度地并存于个体的心智结构中。① 智力结构中多元并存的能力之间，有着相对的独立性和绝对的关联性。多种智力在竞争与共生关系中涌现出具有生命系统特征的整体性。以生命的全部丰富性应对环境的高度复杂性，这是演化了近四十亿年的地球生命中最高级的智慧生命的存在方式。这个演化过程昭示了一个必然的趋势：随着环境复杂性的增加，生命本质的丰富性也不断提高。人的本质的全部丰富性基于大脑功能的充分发挥，多种智力体现了人感受环境的各种刺激并作出合适反应的不同方式，有全息的感受才有可能产生主体对环境变化的合理应对。这种能力是随着实践不断增长的。

有活性的智力结构与生存实际密切关联，与生活脱节的知识灌输，无异于对智力资源的掠夺性开发，难以有可持续的发展。我们认为，智力是人类感知世界、认识世界、改造世界以获得适应性生存所需要的全部能力或潜能，智力资源的合理开发对于发展的突出意义体现在以下方面：

其一，智力资源是一种元资源。人类对自然资源的开发和利用、对信息资源的处理和加工、对关系资源的认识和使用，以及人类所创造的一切，归根结底来自智力活动。它是第一推动力和一切创造的源泉。

---

① Howard Gardner, *Intelligence Reframed : Multiple Intelligences for the 21st Century*, New York: Basic Books, 1999, pp.41-48.

其二，智力资源是一种软资源。它没有特定或固定的形态，因此它不受局限，是一种活动的力量，可以因地制宜，随机而动，在已有经验的基础上进行改造和重组以适应变化的环境。在这个意义上，智力被看作是一种"潜能"，蕴涵着生长中的不确定性。

其三，智力资源得到合理开发，会有可持续的发展；如果开发不当，就会成为掠夺性开发，导致智力资源的枯竭。在个体智力发展的起始阶段有关键机制，"潜能"的有效开发和培养，能开启心智的通道，错过关键期，潜能会逐渐萎缩。

其四，智力资源具有生命系统的特性，能反观自身，有自我意识，可以自催化、自维生。与随着开发和利用逐渐减少的有限自然资源不同，它可以生长出新的智力结构，是生成和生长型的无限资源。

其五，智力结构具有与生命性密不可分的整体性。智力资源要素的分析是认识的需要，实际上，各种不同的能力只有在一个被称为个体整体的关联性中才具有意义，就像胳膊离开了人体就不再是胳膊，将一种智力从整体的智力结构中离析出来它就失去了可以再生的内部环境和动力。独立性是相对的，关联性是绝对的。

其六，智力资源与文化背景具有内在的关联性。它是民族智力资源可持续发展理念的重要理论依据，后文将详加论证。

总的来说，智力资源是一种内源性动力系统，它具有灵活性、开放性、整体性、再生性，并因其载体生存世界的独特性而呈现出多样性和多元化的特征。

二、智力资源的民族性特征

智力或个体潜能是在民族文化的土壤里生长出来的，心理和认知的倾向性也是为文化所形塑的。个体身、心、知的物质结构，是民族历史文化的凝缩。心智的结构是身体结构的一部分，以往人们把身体看作得自遗传素质的一种东西，文化只是用来指那些习得性的知识、能力与行为方式和习惯。但是研究表明，不仅个体的知识结构与文化心理是文化的结果，人的身体也因文化的影响而发生着变化。如在性别特征方面，女性的行为，如投掷、跑步、进食等和男性相比，都会表现出一种受约束的特征。人的一切行为，不只是由自己身体的构件装配组合起来的，而是由他所接受的全部教育、他所归属的整个社会，以及他在社会中存在的位置装配组合在一起的。① 由此来看，人的整个身心结构就是一个完整的文化符号系统。一个人的文化心理会驱使一个人不仅在观念形态上，而且也会在身体的外在形态上产生生理结构生长上的倾向性。在一定程度上，受某种观念系统支配的意志和欲望，决定着个体的行为方式。而长期稳定的行为方式则可以导致形体的某种形态的发生。也就是说，在某种程度上，精神可以变成物质。这就是文化所造成的结构性变化。

如果说，连身体都是文化塑造的，作为身体结构之组成部分的心智就更不用说了。文化就是特定民族的文化，世界上不存在与历史文化背景不相关联的抽象智力。智力与它生长的背景有着千丝万缕关联性的独特存在。或许一个文化体系内部所有成员的智力特征，有某种共性，但与其他文化系统相比，会显示出明显的差别。特殊的智力倾向是与族群特定的生活方式相关联的，譬如，一些游牧民族的某种形态的运动智力，那是其他民族所不能比拟的。还有许多山地民族在自然环境中生存的智力，那也是世代居住在都市的人们所没有的。智力资源有民族的差

---

① ［英］阿雷恩·鲍尔德温等：《文化研究导论》，陶东风等译，高等教育出版社2004年版，第267—293页。

异，但未必可用优劣来衡量，它们只是具有不同环境中的独特适应性而已。从一定意义上说，民族智力资源的差异是民族文化过程的产物。我们在田野考察中发现，贵州岜沙苗族孩子的视觉空间智力、肢体运动智力和人际交往智力是其优势智力。山地民族世居的环境要求有灵敏快速的视觉空间智力、灵巧矫健的身体运动智力与其相适应，苗寨中友好的人际关系和朴素的民族情感又哺育了岜沙孩子优良的人际交往能力。在西南地区 30 多个民族中，几乎每一个民族都有与本民族的文化与生存方式密切关联的智力倾向。

智力资源的民族性特征，从个体层次看，主要指个体认知、学习、适应所必备的物质和精神基础。物质基础指大脑和身体方面的生理构件，精神基础指能力、知识、情感等非物质因素。生存于特定文化系统，个体的智力活动与族群的意志密切关联，族群的价值系统引导着个体智力结构生长的方向。那些表现了非凡智力的族群成员，总会获得更好的生存资源和更多的生存机会，于是凝结在生产和生活过程中的智力劳动，会成为族群所珍视的价值，会以符号化的形式代代相传，从而成为一个族群不灭的灵魂和创造力的源泉。从集体层面来看，族群的生存智慧，常常体现在特定时空关系中形成的生产和生活方式、宗教信仰、民族文化心理、集体无意识的行为及习惯等方面。这是一种族群整体积淀的财富，从中可以观察到具有典型特征的智力倾向。总的来说，族群的智力资源是个体智力的生境，共同的生存方式、思维方式、价值规范、语言、心理、情感等，使个体智力倾向深深打上族群的文化烙印。族群的文化塑造着个体，而个体也以个性化的智力创造活动丰富着族群集体的智力资源。

民族智力资源的丰富性，来自民族生活的积累和文化的沉淀。这是一种自发形成的智力结构。历史上，这些智力资源创造了多彩多姿的民族文化和与环境相适应的生存方式,而这些文化形态又成为民族智力资源存在的环境,两者之间互为存在的条件。从服饰到庙宇建筑、从壁画石刻到民族工艺、从视听艺术到形体艺术,从原始的民间艺术到适应现代生活的新的艺术形式等,构成了遍布于西南地区繁荣并茂的民族艺术文化景观。在精神层面,民族的智慧凝结在宗教生活与世俗生活的方方面面。民族的智力就存活在这样的生境之中,民族的文化基因负载着这些智力的信息代代相传,从而塑造了民族,延续了文明。而这些智力也是具有价值倾向的,它指向人与自然的和谐共生。西南民族的智力资源是西南独特的自然、人文系统的复杂性和多样性造就的。

三、为个体智力潜能可持续发展提供适切的教育

什么是智力资源的可持续发展?那就是当学生离开了学校、离开了老师,在面临生存世界不断涌现出复杂的新问题时,其智力也能够以相应的发展和变化来应对,这种智力结构是有活性的、生长着的系统,而不是被无用知识充塞因而窒息了发展的僵死系统。所以,智力资源的合理开发关乎后续发展,而智力资源的可持续发展也正是民族发展力的活水之源。民族地区的学校教育,应依据智力资源的民族性特征和未来可持续发展的需要,设计教育的目标、内容、途径和评价体系。学校课程的价值导向,应从单一性转向多元智力开发。民族地区一些学业不佳的学生放弃教育,这不应看作是他们不能适应学校课程而主动退出,实质上这里暗含着教育的排斥。教育需要转换一下视角来看问题,有时不是少数民族学生智力条件差而不适合学校课程,而是由于学校设置的课程不适合他们在民族生活的实际中形成的认知倾向和智能形式。

人类学习的发生是内部和外部两大类要素相互作用的结果。内部要

素指此前习得的知识、动机和能力等，外部要素则指输入刺激的结构和形式。不同的已有条件和当下的学习任务，需要外部条件的合理利用。教育就是这种外部作用，其成功与否，在于是否合理利用内部条件。影响成长（生长）的因素，在很大程度上是受发生学支配的。美国教育心理学家罗伯特·加涅（Robert Gagne）指出："有助于学习的一组因素是个体在从事任何新的特殊学习之前已经存在的性能……先前习得的性能便构成了学习必要的内部条件，这些内部条件通过一组转化过程（如学习理论所设想的）而发挥作用。"[①] 教育过程中个体的行为表现有多种不同的类型，这些特征是由学生有差异的学习条件决定的，与不同类别的习得的性能相关联。"行为的这种多样性也可依据学习的条件加以区分。在寻找和鉴别这些条件时，我们首先必须注意存在于学习者内部的性能，其次要注意学习者外部的刺激情境。每一种新的性能的学习都有不同的先前学习的起点并且很可能也要求不同的外部情境。"[②] 因此，合适的外部作用，必须要考虑到学生的起点在哪里，他们要达到何处？学习的先决条件是什么？学生下一步将能学习什么？个体的智能系统是一个复杂适应系统，而复杂适应系统是自参考的。"系统'记忆着'使得某种特殊发展成为可能的初始条件，即每一种新结构的进化开端。我们可以说，系统能够溯源（ri-ligio），即沿原环节返回它自己的起点。在沿原环节返回途中，系统能够'再现'自己的经验，这种'再现'不是从一个个的细节上，而是从一系列整体的自维生方式上。在一种特定的自维生方式中，系统相对于特定的空—时结构是自参考的。从更广义的观

---

① ［美］R. M. 加涅：《学习的条件和教学论》，皮连生等译，华东师范大学出版社 1999 年版，第 16—17 页。
② ［美］R. M. 加涅：《学习的条件和教学论》，皮连生等译，华东师范大学出版社 1999 年版，第 17 页。

点看，我们现在可以认为，一个进化中的系统，其特征是相对于它自身的进化是自参考的，这也就是说，一个进化中的系统，是一种把自身看作为具有以各种各样结构展开的潜在能力的动力学系统，这种展开不是以随机无序的方式，而是以相干的进化序列进行的。"① 依据这个原理，学习的发生和发展的过程具有路径依赖性。对处在发展中的个体来说，所谓"再现自己的经验"，就是通过自参考来展开自己全部潜在能力的过程。无视先前的学习条件而强加的外部知识，无以使个体从已有的经验获得参考和对照，这种无机联系不可能具有激发潜能的动力作用。这就可以解释，何以有那么多的少数民族学生难以适应学校课程，根本原因就在于有些学校教育忽略了少数民族学生的学习基础和以往经验。

学校课程迫使学生舍长就短，这样既学不好功课，也使其他方面潜能发展的通道被关闭。可持续的智力发展，必须从个体生命的已有基础和学习条件出发，给予适切的教育。具有国家认同层面的统一性要求是必要的，但根据民族生活的实际开发个体特殊潜能，与前者是互补的和相辅相成的，不能将民族智力资源的合理开发排斥在学校教育之外。潜能的合理开发与智力的可持续发展，是影响发展力的核心要素。

教育者有责任从观察每一个体的智力活动中，发现其潜能和切合其发展实际的教育需求。一个教师真正的科学发现，不是学生的短板而是长板。当民族教育定位于"齐一"的目标，就会致力于补短板；当致力于"和而不同"，就需要去"丰长"，也就是扬长避短。发现了特殊的智力表现就是发现了长处，因为每一种智力都有它独到的用处。接下来就是要创设合适的环境，提供必要的帮助，使每一个具有不同智力倾向的孩子，在现代学校教育的系统中，都能平等地享受公共教育资源，获得

---

① [美] 埃里克·詹奇：《自组织的宇宙观》，曾国屏等译，中国社会科学出版社 1992 年版，第 58 页。

充分的发展。

民族智力资源合理开发和可持续发展面临着困境，时代的巨变导致与特定生存方式相关联的智力资源因失去生境而萎缩，不适当的教育也会剥夺特定特殊智力资源发展的机会。智力资源枯竭，族群就失去内在的生长基，衰亡就难以避免。社会的巨大变革使一些族群传统的生产和生活方式及其价值观面临抉择关头：是彻底崩溃解体还是获得新的增长基因？答案似乎不言而喻。当一个族群将要丧失其核心价值系统时，首先丧失理智，动乱必从内部起始，然后危及周边地区及整个国家。内外都和谐的民族，也必然是智力资源富足的民族。依照生态学的原理，民族文化与民族智力资源存在着一种双向互动、相辅相成的关联性，民族文化是智力资源的生境，文化孕育了特定民族的智力资源，智力资源又反过来为文化的繁荣和创新发展提供智力的支撑。因此，民族智力资源的合理开发，与民族传统文化保护、传承与发展是紧密相连的事业。也可以从"再生产"的角度来看待民族智力资源与民族文化的关系，文化的活性，可以再生产出智力资源；智力充分发展了，也可以实现文化的再生产。

如何使一个民族历经千百载孕育的智力资源得到可持续发展？教育的作用就在于为不同民族的学生提供适合其发展的课程。地方知识体系或如我们前述的民族文化课程资源，对少数民族学生来说，就是他们所熟悉的文化，与他们原本的心智条件同宗同源，因此开设那样的课程是契合他们的生存实际的。他们也有相应的理解与接受能力，从而降低因学业不佳而遭遇教育排斥的机会。但是，这在教育的实际中实行起来有很大的困难，许多现实问题一时也难以找到合适的解决办法。首先，全国统一的选拔人才制度，短期内不可能得到根本的改变。其次，学者呼吁、国家提倡民族学校要有足够的课时开设地方课程，但这实行起来有很大难度，因为连办学基本条件都成问题的民族地区学校，缺乏足够的师资力量开发校本课程。最后，师生、家长未必真正愿意花时间学习那些课程。

我们认为，从民族发展力提升视角考虑，需要在民族地区学校开设多元文化课程和地方性课程，以实现民族智力资源的合理开发和可持续发展。实施这样的课程要解决以下方面的问题：

首先，评价问题。考试选拔制度既然不能废除，就要在如何利用好它以发挥杠杆作用上下功夫。多元文化教育尽管讨论多年，理论与实践也很丰富，但在课程体系中和评价模式上始终处于从属地位，不能纳入正规的评价体系，这就使其处于无足轻重的地位，极少引起一线教学人员的关注。当前情况下，可以从考试制度上做一些尝试，少数民族高考加分的政策要用好，不能搞平均分配，要体现在多元文化课程内容和地方性知识的评价上。对少数民族考生，增加这一部分知识考核的权重，有利于促进多元文化课程的实施，从而起到民族智力资源合理开发的作用。

其次，要解决好文化融合的问题。现代教育与民族文化融合的途径是让民族文化进入课程，但如果进入课程之后，与主流文化课程没有关联，实行起来完全是两套不同的路数，就会在实践上带来很多问题。要让两者有机融合，相互促进，不是仅仅把民族文化纳入课程体系就行了。这就需要解决好民族文化课程资源开发问题。前一章节讨论的，是以"真、善、美"为核心价值取向对民族文化课程资源进行搜集和整理，而这正是教育文化主流价值取向所在。实现这一实质性的融合，需要将民族文化课程资源中许多来自本土的地方性知识，提升到人类共享知识的高度。这个任务应落实到一线教师身上，将这些内容纳入教师专业发展的轨道，在不断地研究性学习和实践探索中寻求解决的路径。

再次，多元文化教师培养。教师是把理念与现实、理论与实际、主流文化与地方知识、课程与生活、教育与个体发展等一切相关要素联结起来的关键，是功能转换的枢纽。民族文化要真正融入主流文化课程，教师的多元文化素质是必要条件。多元文化教师首先必须具备必要的知识结构和知识储备，能将地方性知识融入一个统一的知识体系中；还要具有多元文化教育理念，能在情感、态度、价值观方面产生正向的影响作用；还必须得通晓民族语言，具有能够与不同民族的学生进行情感交流和心灵沟通的途径。

最后，多元文化教育要面向所有学生。一些多元文化课程与地方性课程，要有针对性地为特定民族而开设，用来解决民族智力资源开发问题，有专门的对象和特定的适应性，这是必要的。但在民族地区的学校里，规定所有学生都必学这样的课程显然不合适。这个问题可以采取选修课的方式加以解决，给学生留下选择的空间。然而这只是指某些课程的教学，就教育的人类共同利益关怀意义上来讲，实施多元文化教育，也是时代的需求。在这个意义上理解的多元文化教育，是来自不同人类种群之间的相互理解和包容，是合作与共生价值理念的确立，是民主平等的生活方式的养成。因此，要营造共同生活的情境，从教育教学的各个环节上，体现多元文化价值理念，为来自不同文化背景的学生提供平等交流和对话的机会，创设相互学习、相互理解、相互包容的良好校园文化环境，促进文化的深度融合。

第二节　加强双语教育促进民族智力资源发展

双语教育是按照国家语言文字工作的指导思想，在"大力发展和规范使用国家通用语言文字，科学保护各民族语言文字"的意义上实施的。所谓"国家通用语言文字"是指"汉语普通话和规范汉字"。双语教育开展多年，取得了一定成效，但由于少数民族地区语言文字情况复杂，各地区、各民族之间存在很大差异，实践中具体问题较多。这里思考和讨论的主要问题是双语教育对民族智力资源开发和可持续发展的意义以及面临的困境和解决思路。

一、双语教育概况及现实问题

新中国成立以来，国家积极推动民汉双语教育，制定了一系列的政策措施。尤其是近年来随着民族教育的发展，双语教育的地位和作用日渐突出和重要。进入 21 世纪，国家对少数民族双语教育提出了更高的期望和要求，从教师培训、对口支援、教材编写、教学研究、语言测试等方面给予了很大的支持。如 2002 年《国务院关于深化改革加快发展民族教育的决定》中明确提出"大力促进民族中小学双语教学""国家对双语教学的研究、教材开发和出版给予重点扶持"。2010 年以来，在有关政策的支持下，双语教育教学对象进一步扩大，从中小学延伸到学前教育阶段，致力于建立健全从学前到中小学各阶段有效衔接的双语教育体系。《国家中长期教育改革和发展规划纲要（2010—2020 年）》中提出"加快培养幼儿教师、民族地区双语教师""加大实施民族地区双语特岗教师支持力度，开展对口支援"。此外，教育部民族教育司在 2015 年工作要点中还提出"加强双语教师队伍、双语教材和教学资源建设，推进双语教育信息化，提高双语教学质量"的要求。各项政策逐步完善，形成了一套完整的双语教育体系。适应各民族使用的语文教育体制，可以概括为两种类型：一是从初等教育到高等教育全部使用汉语文教学；

二是本族母语和汉语文的双语教学。一般来说，无本民族文字的民族（回族、瑶族、土家族等民族）、虽有文字但不通用的民族（纳西族、水族）以及杂居地区的民族采用第一种类型的语文教育，即汉语文教学，有通用民族文字的民族(蒙古族、藏族、维吾尔族、哈萨克族、朝鲜族、彝族、傣族等民族）采用双语教学。实行双语教学的又细化为两类：一是从初等教育到部分高等教育都以学习民族语文为主，汉语文仅作为一门课程讲授（比如新疆的哈萨克语学校）；二是从初等教育到高等教育都以学习汉语文为主，但也学习民族语文（比如云南的傣语学校）。目前国家在少数民族地区大力提倡并支持双语教育的发展，有些民族地区还专门开设双语班，所有课程用汉语讲授，民族语只作为其中一门课程讲授。①

根据国家《宪法》和有关规定，在少数民族地区学校和民族学校中，对少数民族学生进行以少数民族语言和国家通用语言作为教学语言的教育教学活动。地方政府和教育机构根据群众意愿和不同区域的实际情况，一般采用三种双语教学模式："少数民族语言授课为主，加授国家通用语文课程"（简称"民加汉"）；"国家通用语言授课为主，加授民族语文课程"（简称"汉加民"）；"部分课程用民族语言授课，部分课程用国家通用语言授课"（简称"民汉并进"）。② 也有学者根据调查，提出了四种双语教学模式：（1）理科课程使用汉语授课，其他课程使用民族语授课；（2）民族语文及音、体、美等课程中，涉及民族传统文化的内容用民族语授课，其他课程使用汉语授课；（3）全部课程使用汉语授

---

① 丁宏主编：《中国少数民族事业发展报告（2015）》，知识产权出版社 2016 年版，第109 页。

② 万明钢、刘海健：《论我国少数民族双语教育：从政策法规体系建构到教育教学模式变革》，《教育研究》2012 年第 8 期。

课，加授民族语文课程，课程体系设置与汉语系学校相同，民族语文课程从小学一年级或三年级起开设；(4)"母语授课为主、加授汉语"的传统双语教育模式。[①] 教学实际当中，由于各地差异较大，对各种模式的运用也存在着更为复杂的情况。

2015 年，全国幼儿园和中小学实施双语教育的学校有 12000 多所，接受双语教育的学生有 410 万人，双语教师有 23.5 万人。民族院校和民族地区的部分职业学校和高校也有双语教育。[②] 全国每年编译中小学民文教材 3500 余种，出版发行一亿多册。双语教育在民族地区大力推进，普及程度大大提高；但总的来看，少数民族地区双语教育的覆盖率还不够高。以上统计数字是全国的情况，若具体到各个地区，这些数据与实际情况就会呈现较大差距。

近几十年来随着经济文化转型和双语教育的开展，少数民族语言使用情况发生的最大变化，就是由单语型（民族语）向双语型（民族语—汉语）转变，这是少数民族语言发展的共同趋势。一个民族掌握和使用语言种类的多少，与其开放程度有关，封闭的文化系统只需本民族语言就能满足需要。随着对外部世界的开放，语言交流也必然由单语型转向双语型。例如，基诺人在家庭和村寨内使用本民族语言，在学校、机关、医院等场合则使用汉语。每个基诺人语言认知系统有三套语音储备，一套用于拼读基诺语，一套用于拼读当地汉语，还有一套拼读普通话。他们能够根据实际需要随时转换。元江县羊街乡烧灰箐村 210 个拉祜人都能使用三种语言：苦聪语（母语）、哈尼语（第一兼用语）和汉

---

① 王鉴、李文涛：《民族地区双语教学成效与问题调查研究：以新疆疏勒县为例》，《当代教育与文化》2012 年第 5 期。

② 教育部：《民族地区双语教育》，见 http://www.moe.edu.cn/jyb_xwfb/moe_2082/s6236/s6811/201209/t20120903_141514.html。

语（第二兼用语）。在家庭和村寨使用母语，与哈尼族交往或赶集时使用哈尼语，在学校、机关商店等公共场合，则使用汉语。他们也能在不同的场合实现语言的自由转换。白族和纳西族杂居的一些地方，除了使用自己的母语外，还全民兼用汉语，两族人中也有不少人能使用对方的语言（纳西语或白语）交流。他们在家都说母语，村寨相遇，对方是什么民族就用对方语言交流，若不知道对方是什么民族，就用汉语先发话，待确定身份后再使用对方能接受的语言。"用什么语言合适，就用什么语言"[①]是那里的村民使用语言的常态。这些情况反映出在一些民族地区，语言的使用变得越来越复杂化了。令人担忧的是少数民族青少年母语能力不断下降，甚至有很多人不会母语。一些少数民族语言的衰退趋势很明显，还有些处于濒危状态。认识不到母语的价值和意义，忽视母语的学习，这种情况在一些少数民族地区很普遍。有的少数民族语言出现衰亡和濒危的趋势，与当代人类面临的自然生态和人文生态恶化有着共同和共通的根源，都是人类可持续发展所面临的时代挑战。拯救语言与生态保护有着同样的急迫性。

双语教育自身也存在着很多问题，主要表现在以下方面。

第一，对双语教育的认识问题，不同的价值取向对双语教学和双语学习有不同的态度。从学习者一方来看，价值取向由语言的功利性方面来决定，升学、就业、创业等，都有可能强化汉语学习而弱化母语。从学校教育和教师一方来看，为使学生提高学业成就，需要加强双语教育，但在他们的理解中，所谓"双语教育"就是教会少数民族学生使用汉语工具以提高学业成绩。不同的价值取向和认识上的误区导致双语教育实践的偏差。

---

① 戴庆厦：《论开展全国第二次民族语言使用现状大调查的必要性》，《民族翻译》2014年第 3 期。

第二，数量不足和质量不高。师资和教学条件的不足致使双语教育覆盖率远未达到应有的水平。而教学质量不高则是长期以来未能得到解决的问题。一些地方的双语教育几乎是在走形式，只求完成数量指标，无力实现质量提升。

第三，双语教师知识、能力、素养不足。双语教师学历水平、汉语水平和双语教学技能偏低，一些地方甚至还有相当比例的中专和高中毕业生任教。一些担任双语教学的教师未经过专业训练，只是因为懂汉语就被学校安排教授汉语课。在一些学校里随着不同年级汉语教学需要，安排相应水平的老师，汉语水平较差的到小学，好一些的到初中，更好的安排到高中。[①] 如此一来，汉语课被看成了一门语言教授课，双语教育蜕变为一种教学的技术，这种情况在一些少数民族贫困地区并不少见。双语教育教师应当具备多元文化教育理念及情感、态度和价值观方面的知识和素养，不经过专业培训，难以保证教学质量。

第四，教材不足与民族生活的联系。多数双语教材主要以翻译汉语教材为主，然而，以主流文化背景的学生为主要对象的汉语教材，其在内容和形式、选词用句、思维方式等方面，远离民族生活的实际，与民族文化断裂，与民族心理不相适应，导致学生已有经验与新知识系统之间出现断层。

二、双语教育对民族智力资源开发的意义

双语教育并非是得到一致赞同的，人们对待它的态度取决于实际的需要。美国社会 20 世纪 80 年代后对双语教育提出质疑，是基于其是否

---

① 王鉴、李文涛：《民族地区双语教学成效与问题调查研究：以新疆疏勒县为例》，《当代教育与文化》2012 年第 5 期。

对英语学习有积极效果来考虑的，而英语水平对移民来说是融入美国主流社会的"门票"。根据美国宪法，凡是要获得美国国籍的移民，必须证明其有理解英语的能力，其中包括用简明的英语说话、阅读和写作的能力。迄今为止，懂英语依然是进入美国的准入证。若以此为出发点，"沉浸式教育"比双语教育可能会有更好的效果。一些研究试图证明，停止双语教育课程后，英语成绩会迅速上升。也有相反的论证，双语教育可以使语言学习的能力提高，从而提高英语学习效果。

中国社会发展的现实完全不同于美国，是基于多元一体的民族大家庭视角来审视和解释的。保持各民族的独特性、主体性和文化的多样性是实现民族和谐社会发展的基石。而文化的存在，一个重要标志就是语言。即使是那些没有文字的民族，也生活在自己的语言之中。由此必须确立的一个观念是：在学习以汉语为载体的主流文化课程的同时，不能使民族语言消亡。保护语言不仅仅是基于一种生态情结和感情冲动，其科学意义和对未来可持续发展的价值应当引起高度重视。

有关调查显示，我国"少数民族语言有一大半正在走向濒危，甚至有少数语言已经完全失去交际功能，仅仅留在部分老人的记忆里。面对这种形势，语言学界有必要采取大规模的记录、抢救和保护措施"[①]。然而，只有抢救和保护，也未必就能拯救濒危语言。积极的和科学的保护还得靠教育。从根本上抢救濒危语言是当代教育义不容辞的责任和历史使命，也只有教育能有如此担当。教育能够提供有效的途径，也能组织和利用实现这一功能所必需的文化资源。而这一切首先建立在对双语教育价值和意义的深刻认识。语言保护实质上是与民族的可持续发展内在相关的。因此，我们的主张是双语教育必须坚持双语并重，"双语教育

---

① 戴庆厦：《论开展全国第二次民族语言使用现状大调查的必要性》，《民族翻译》2014年第 3 期。

就是汉语教育"的认识偏颇需要纠正，不可偏废任何一方。

首先，语言承载着文化基因。任何一个人类种群在漫长的进化过程中所孕育的最高文明之一就是语言。文化形态的发生，起于发声。"嘤其鸣矣，求其友声"，鸟类尚有"声发而文生"之灵动，何况人类。在人类从非人进化到人的过程中，正是最早的语音符号促进了智力的增长，推动了人类文明的演进。在没有文字的时代，就是口头语言存留了种群生存斗争中积累的一切有价值的文明成果。不同的民族以各种不同的声音要素组合表达特定意义，只有该文化系统中的人能够理解，这就是文化认同的含义之一。语言是历史地形成的文化结晶，正是在此意义上，"语言是人类演进的活化石"的意义得以体现。譬如，循着音节、语音、语调结构，可以追溯到"汉藏语系"的共同源头。我国当今尚存的一些小语种，有些还保留着汉藏语系、阿尔泰语系的古老面貌，它们是揭开历史谜团的钥匙，其学术价值极高。口头语言比文字的历史悠久得多，其蕴涵的文化深度也远远超出人类理性的量度。文字是延伸到体外的语言，人类很多发明和创造都是"体外文明"，是人类本质"延伸的表现型"①。口头语言则还存留在人体，作为一种存活了千万年的生命系统，口语的生境，就在种群的生理、心理和智力结构中。所谓生境，对于文化基因来说，就是能够引起自身被复制的环境的集合。我们说语言也是一种生命现象，也可以提供足够的证明。② 词与词杂交能够繁殖后代并且不断进化。它们有家谱、有渊源，有自己独特的生命，这在任何层面上都是显而易见的。词汇和句型有出生、有衰老、有死亡，也有

---

① ［英］理查德·道金斯：《自私的基因》，卢允中等译，吉林人民出版社1998年版，第316页。

② ［美］刘易斯·托玛斯：《细胞生命的礼赞》，李绍明译，湖南科学技术出版社1997年版，第117页。

变异。在不同的环境中与不同的词类结合，会在一个新的语境中扎下根并生存下来，当然，它也会繁衍自己的后代，就像一种生物为自己的生存开辟了一个新的生境。外来词或俚语从一个语言迁徙到另一个语言，任何语言都会在几十年的时间里发生显著变化，一种语言甚至会在一两个世纪的时间里改变其语法形态，有时甚至改变其句法。但词汇却会流传千年，语言的最基本的要素甚至可以追溯到无限遥远的时代。在俚语、熟语、俗语、谚语、民歌、古诗中，有着民族真正的文化基因。人就生活在语言中，而语言有自己的生命之根。语言与特定种群历史地形成的文化系统，及这个系统中每一个体的身体结构、心理结构和认知结构是一个生态系统，语言的萎缩必然导致整个文化生态系统的解体。

其次，民族语言与民族智力资源内在关联。德国语言学家威廉·冯·洪堡特（Wilhelm Von Humboldt）说："一个民族怎样思维，就怎样说话，反之亦然，怎样说话，就怎样思维。"[①]语言必定与生活实际相关联，而生活实际中的意义关联，则是语言的本质所在。世界的意义关联和秩序结构是怎么在头脑中被反映并被编码的？自然是通过语言。语言是工具，在语言的工具箱中有各种各样的要素，能派上各种不同的用场，有指称的、判断的、联结的、状态的、性质的、时空的、声色的等，认识到了世界的什么性质，理解了什么样的存在，就有相应的语言的表述。马丁·海德格尔（Martin Heidegger）说"语言是存在之家"，汉斯·伽达默尔（Hans Gadamer）则说"能理解的存在就是语言"。[②] 理解是一种心智活动，借语言得以实现。人与世界的一切关系以及人类的全部经验，都是用语言表达的，因此，人拥有世界的方式就是语言。每一个民族的语言，都可以视为一种特殊的世界观。

---

① 赵维森：《隐喻文化学》，西北大学出版社 2007 年版，第 136—137 页。

② 赵敦华：《现代西方哲学新编》，北京大学出版社 2000 年版，第 119 页。

有多少民族，就有多少种世界观。由此来看，语言的多样性和复杂性是世界的多样性和丰富性的体现。语言不是个别人思维的产物，它具有超越任何个人经验和体验的意义。语言在生活中发生，是一种可以依据自组织原理来阐释的文化现象，它的形态发生和结构稳定性是在漫长的时间由无数代人的实践结晶而成的社会化产物；它与特定时空中特定群体的文化活动和生产、生活密切关联；它的形态结构，甚至与地理环境也有联系，与民族所经历的特定的历史事件有内在关联。根据上述哲学层面的思考，民族智力资源的可持续发展是与民族语言的使用密切相关的。然而，并不是单方面强调民族语言的重要性，排斥他种语言，就能促进民族智力资源的可持续发展。生命系统必须向外部开放，与外部世界保持能量和信息的交换，方能获得可持续的发展。语言系统也必须保持开放，融入时代精神，从其他文化汲取精华要素丰富自身，剔除糟粕，吐故纳新，才能保持鲜活的生命力。双语教育旨在促进民族智力资源开发和可持续发展，而不能只定位于提高少数民族学生学习汉语课程学业成绩上。

再次，从双语教育与智力资源开发来看，双语教育能为智力的增长提供支持。有研究表明，双语教育的实施不仅提高了少数民族学生汉语水平，也促进了其思维的发展，从而使学习能力得到全面提升，知识面得以拓宽，学业成就得到提高。调查对象中有 89.1% 的学生认为双语教学提高了自己的学习成绩，92.8% 的学生认为双语教学使自己学到了更多的东西。[①] 一般来说，能熟练运用两种以上语言的学生，其学习能力和认知水平高于只能使用一种语言者。两种语言之间的转换，具有使知识之间的意义关联得到巩固和加强的效果。语言的转换就是

---

① 王鉴、李文涛：《民族地区双语教学成效与问题调查研究：以新疆疏勒县为例》，《当代教育与文化》2012 年第 5 期。

思维的转换，经常进行思维转换的训练，能建构具有开放性的、具有多向转换功能的知识结构和思维结构、思维方式，有利于创造品质的形成。双语学习过程中，由于经常得在两种语言的转换上花费时间和功夫，这也实质上促进了语言能力的生长。杜威有句名言：教育即生长。语言智力的生长，需要时间和过程，而实实在在地花在生长过程中的功夫，都不会是白费的，必然有其回报。国外有研究指出："当一个人拥有两个或两个以上的语言，他实际就拥有了一个思想的集成源（one integrated source）。"① 学习第二语言会调整大脑发展的结构，一个相对较新的技术被称为"功能性近红外光谱"，可以用来比较双语儿童与单语儿童的大脑，研究表明单语和双语大脑语言区域发展相似，但某些区域，如涉及两种语言和思维能力的额叶皮层，双语儿童会表现得更加活跃，特别是当他们阅读的时候。还有证据显示，熟练运用两种以上的语言可以提高思维能力，还可以防止大脑智力衰退；第二语言学习可以促进大脑的变化，增加认知功能的某些重要领域的神经细胞密度。双语教育有助于支撑大脑思考部分。② 再有，发生在大脑中的两种语言之间的转换，实质上是两种文化的碰撞、交流、对话与融合。因为，语言是文化的载体。这种发生在内心世界中的文化对话与交流，所需要的基本条件是思维的开放性、灵活性和关联性，双语学习过程无疑为这些品质的培养提供了实质性的帮助，从而为文化间的相互理解和包容奠定了心理基础和认知基础。在这个意义上，跨语言就是跨文化。

---

① C.E.Baker, *Foundations of Bilingual Education and Bilingualism*, Clevedon: Multilingual Matters, 1996, p.147.
② 朱建军：《国外双语教育研究述评：理论、政策、论争、优势、取向及启示》，《乌鲁木齐职业大学学报》2014 年第 3 期。

最后，通过双语教育促进民族智力资源发展，需要纠正一种偏向：认为双语教育就是汉语教育。尽管语言表达上人们不那样认为，但在实践操作上，总会出现误区。语言表达与实际过程出现偏差，双语教育在实践中蜕变为双语教学，归根结底是短视和近视造成的。我国目前的现实是汉语人口多，使用范围广，而少数民族人口少且各有各的语言，使用范围小，且随着我国经济、文化飞速发展，少数民族地区发展相对滞后，于是，普及语言对小众语言领地的"占领"就会成为一种自然的和自发的趋势。即使普及语言无意入侵，少数民族为了更快地发展自己，对学习汉语的强烈需求和积极态度也空前高涨，对母语学习的忽视和放弃也是自然的。有一点须有清醒的认识，即使是对自己母语的掌握和运用，也是需要一个学习过程的，语言的习得及其对本民族语言蕴涵的文化的深刻理解，不是天生从娘胎里带来的。学校教育如果不能在合适的语言学习阶段，通过合适的内容和方法帮助学生获得相应的语言知识和能力，将会为后续的学业带来极大的困难。民族地区的现实正在发生着迅速改变，交通、网络、商品、经济等所有现代性力量的影响和驱动，促使民族地区空前开放，人口流动加速，不同民族之间交往频繁，语言交流大有"无为而自化"之趋势。单就网络的普及来看，就足以使传统的对话与交流手段发生根本性的变化，国家通用语言文字依赖现代网络技术平台，全面覆盖地方话语和乡土话语。现在真正要担心的，不是学不好汉语的问题，而是民族语言的丧失问题。鉴于此，双语教育应特别关注双语之间的平衡发展，尤其要注意濒危语言的教育保护。大力推动双语教育，促进民族智力资源开发，推动现代教育与民族文化的深度融合，提升民族地区发展力，从而实现民族和谐社会健康发展。关于双语教育的一切努力，当围绕这一根本宗旨展开。

三、加强双语教育的思考

双语教育的问题体现了民族教育中几乎所有的重大问题和核心问题，就此意义来说，思考双语教育的问题并探索改革的思路，关乎民族教育的全局。基于前述的分析与论证，我们提出以下建议。

（一）正确处理好双语教育中的几对关系

首先，要正确认识双语教育和双语教学的关系，不能将教育问题变成教学问题。教学是技术层面的，而教育是价值层面的。所有双语形式的教学过程中，都要渗透文化与价值观的教育。其次，要处理好主流文化与民族文化的关系，双语教育要致力于两者之间的相互交流与融合。文化主体对自身文化的自觉，是与他文化之间相互理解和包容的基础。再次，双语课程要在民族智力资源开发上着力，而不能简单定位于提高汉语水平和学业成绩。最后，第一语言和第二语言要平衡发展，不可有所偏废。在处理这个问题上，要采取补短板的策略。教育的决策者和管理者、一线教师、双语学习者及家长和民族社会成员，要从各自不同的位置上在上述方面达到认识的统一，形成双语教育的合力，协调一致，才有可能真正推动双语教育的发展。有一些特殊的实际问题，可能是比较棘手的。譬如，如果民族地区某个幼儿园的大部分少数民族儿童，第一语言都是汉语，要不要开设他们自己所属民族的语文课？按照民族教育的根本宗旨和价值取向，无疑是应该开设的，但是家长会同意吗？这个问题所涉及的是个体发展与民族社会发展的关系问题。家长考虑问题的出发点是孩子的升学和就业，是切身命运。诸如此类的问题，本质都是个人利益与公共利益的冲突。要使两者有机地统一起来，需要教育者首先对双语教育的价值和意义有正确的认识，如双语学习对具有特定历史文化背景和遗传条件的少数民族儿童，具有智力资源合理开发的适切性和智力发展的可持续性。

（二）因地制宜采取适合的双语教育模式

双语教育关涉民族情感、认知心理、个体发展、语言文字、文化传统、师资培养、教材编写、民族政策以及民族社会发展等一系列问题，多样性和差异性普遍存在于不同的区域、民族、学校、学生等方面，各有各的特殊问题和具体情况，没有哪种双语教育模式和教学方式能够适合所有的地区、学校、个体。也正因为如此，双语教育在目标、内容、途径、方法、师资等方面才会出现各种各样的问题，引发立场、观点不同的争议。譬如，对于濒危语种，所在地区学校教育要强化的可能并不是汉语学习，而是即将消失的民族语言本身。教育的积极保护，就是采取各种有效手段强化母语学习。在这样的地区，学校教育有没有意识到自身应担当的使命，应当有一个问责机制。

（三）整体设计实施学校双语教育

双语学习成绩应平等地成为评价的重要指标，必须放在突出的位置，其他学科的学习可适当降低要求以保证双语教育的成效。由于近年来民族地区经济发展与社会开放程度不均衡，双语环境在不同地区不同民族间有很大差别。有些地方的少数民族学生，第一语言已不再是本民族语言，汉语成了"母语"。对这样的少数民族学生，补短板就是重新学习本民族语言。平衡与协调要落实到学生个体，不仅仅是整体的协调。另外，还有一种新情况，外语作为第三语言，在现代学校教育中的地位也非常重要。新的要素加入语言学习话题，可能使人担忧，加重了学生的学习负担。如何平衡，的确需要认真研究。但有一点，必要的语言学习不是负担，它是打通一切知识通道的根本途径，掌握了语言工具，可以自由地叩开任何知识领域的大门。反之，缺了它，再多的知识传授和学习也是无用的和难以奏效的。语言学习本身就是学校教育要达到的重要目标之一，从前述观点来看，开发民族智力，要从语言着力。

（四）培养双语教师多元文化教育素质及研究性学习能力

双语教育中最为突出和普遍的问题之一是师资问题，随着学生教育层次的提高，对双语师资的要求也相应提高。关于专业化、教育教学能力、知识、学历水平等各种问题都是老问题了，也是双语教育要解决的常态问题，这里要强调的是多元文化素质培养。双语教育师资仅有专业知识、双语能力是远远不够的，还必须得有跨文化的知识结构、基本素养和跨文化交际能力。因为双语教育的根本任务在教育，而不是教学的技术，不是仅仅用双语完成课堂教学任务就够了。还要在与多民族学生的交往中，贴近他们的生活，了解他们的文化适应情况及学习的困难和障碍，帮助他们解决实际问题，培养学生跨文化交流的情感、态度、价值观，学会理解、宽容，学会共同生活所需要的一切。对双语教师更高层次的要求，还有研究性学习的能力。因为民族地区双语教师需要量大，高校双语教师教育资源有限，远远不能满足实际需要，而靠培训也是远远不能满足实际教学需要的，所以得靠双语教师的研究性学习来补充。即使高校开设了相关专业，由于双语教育的复杂性和多样性，适应双语教育实际的知识、能力和素养不可能在学校教育中获得，也必须在实践中通过研究性学习来获得。需要研究性学习能力还因为，要使双语教育发挥开发民族智力资源的功能，就必须要将民族文化课程资源引入双语课程，而这些内容不可能从统一的教材中得到，只有深入民族生活去挖掘。这实际上就是说，双语教师得有校本课程开发的相关知识和能力。为实现这一目标，建议在教育硕士层面，开辟这样一个专业方向，为双语教师的专业发展提供学习和研究的平台。

（五）双语教材编写应与民族文化课程资源开发联系起来

民族地区的双语教材开发，应该根据当地民族学生所熟悉的生活环境和文化特点组织材料，不能只是简单地复制和翻译汉语教材。要使学生在掌握现代文化知识的同时，了解本民族的历史文化，了解民族生产生活方式的主要特征，以及民族社会在现代化进程中面临的实际问题。也需要通过教材所呈现的民族文化内容，唤醒文化记忆，开启民族智力，激发民族精神，确立主体意识，这些都是民族发展所必须具备的品质。教材的编写，应分不同的层次，最高层次的双语教材，需要有力的组织者和一支高素质、跨学科的研究队伍，不仅需要教育学、人类学、文化学、艺术学、自然科学等领域的专家学者，还需要一线的双语教师，学生和家长也有必要参与进来。这一类教材，通常具有较为普遍的适用性。另一个层次的双语教材，也是必不可少的，每个学校都应该有根据所在地的民族文化课程资源编写的校本双语教材，并且要把这种校本教材开发作为学校课程与民族生活相连接的桥梁，以社会实践和研究性学习的方式展开。

（六）双语教育要从学前教育开始

语言的学习有关键期，错过了关键期，就得付出加倍的努力来补救，即使如此也难见效果。当然，这里谈的主要是第二语言学习的起始点，教育尽可能早地为儿童提供双语教育，有利于随后的发展。很多实际的调查研究证明，一些小学低年级少数民族学生学业不佳，主要原因是语言障碍造成的。目前在有条件的地方，学前都开始了双语教育。但教育资源不足的地区，这方面依然是空白。低年龄段的双语教育师资要求相对较低，一般来说，只要投入跟上了，这个问题并不是很难解决，关键在于人们的价值权衡。民族地区教育主管部门和学校，应从长远发展考虑，为学前教育发展设置优先权，集中优势资源和充足的资源，支持学前双语教育的开展。

第三节　民族智力资源开发从早期教育着力

教育的意义在不断扩展。学后，延展至人的终身；学前，延伸到婴幼儿，甚至到出生之前。近年来，民族地区学前教育成为日益增长的教育需求，但普及学前教育尚未实现。从民族智力资源开发和可持续发展的视角审视学前教育，旨在以民族社会未来发展为价值导向，促成混沌边缘诞生的生命沿着人类文化演进的正确方向健康发展。

一、起始点的文化意义

以"文"化"人"，得从个体生命的起始点就提供丰富的人类文化来滋养、孕育。"学"的意念蒙发于未学，"学"的理路肇始于学前。中国经典话语意蕴深邃，可与当代科学前沿理论相互印证。个体文化生命的起始点是一个混沌场域。混沌现象被复杂理论研究者以三种方式描述：蝴蝶效应、对初始条件的敏感依赖性、信息增殖。初始状态的微小差别会在系统演化的过程中被逐渐扩展和放大，遵循"报酬递增"或"正反馈"的原理，形成最后结果在宏观上的巨大差异。文化生命的起始点，在个体身、心、知结构上可能有细微的差别。即使像城市和乡村、东部和西部这样巨大的差异，也不会在起始点上造成可观察得到的明显差别。而后，随着个体生命在文化时空中的展开，差别会逐渐扩大。文化进入的早晚，自然具有初始条件的作用。这就是说，初始条件下形成的结构与秩序，影响和决定着系统后来演化的路径。

"生命诞生于混沌边缘"的观点，可以用来解释文化生命的"涌现"现象。初始条件下，结构与秩序是怎么形成的？可由"白蚁立桩"的例子来说明。科学家惊异于非洲大白蚁建造的内部结构复杂、外观雄伟壮观的巢穴，想弄清它们在没有设计和指挥的情况下是怎么做到这一切的。他们弄来一批白蚁，把它们放进一只盛满泥土和木屑的盘子，观察它们怎样工作。木屑的成分是木质素，是一种微型木料。

> 开始，它们的举止一点也不像个承包商，没有谁站在那儿发号施令或收费。它们只是团团转着跑来跑去，漫无次序地衔起土粒木屑又放下。后来，两三颗土粒木屑碰巧堆叠在一起，这一来一下子改变了所有白蚁的行为。它们开始表现出极大的兴趣，发疯一样把注意力集中到初始的柱上给它加上新的木屑和土粒。达到一定的高度后，建筑停止了，直到近处建成了别的柱子，他们才重新活跃起来。这时，构造由柱变成了拱，弯得匀匀的，然后合拢，一个拱券建成了。于是几只白蚁又开始建造另一个拱券。[①]

这些微小、相对来说没有头脑的动物建造形体如此庞大、内部结构如此复杂的建筑物，是在一个没有任何中央执行者的控制和指挥之下进

---

① ［美］刘易斯·托玛斯：《细胞生命的礼赞》，李绍明译，湖南科学技术出版社 1997年版，第 117 页。

行的。整体的行为模式来自众多个体的行为，但又超越了每一个体的单独行为，这就是"涌现"这个概念所指称的现象。用这种理论来审视个体文化生命的起始点，能够对发展的动力机制有更为深刻的理解。在我们的经验中，一个终日玩耍、无所用心的顽皮少年因某个偶然的机遇或机缘，突然开蒙，开始了某种有连续性和秩序结构的新行为模式，就是"混沌边缘"诞生的生命，那就是文化生命的起始点。促成这一过程的实现，需要提供一个文化资源环境，让个体在这个文化环境中通过对资源的自组织和整合，产生新的结构与秩序。我们不能强迫一颗种子发芽，但可以把土壤料理好，让种子自行生根发芽。生命系统有这样的特性：一旦有了最初的结构与秩序，就有了足够的稳定性来支持自己的存在，继而会在生命元基的驱动下不断开辟新的生境，而不是停留或固守在一种稳定状态。尤其是处在旺盛的生长期的生命。这就是说，当个体生命涌现出某种新的行为模式的时候，常常连带着一片新的资源环境的开放。绵延的生命之流，就像水流利用了岩石、树木和土壤，自组织成弯弯曲曲的河流一样，个体生命也会对自身的要素和外环境中的资源加以创造性的自组织。根据正反馈的原理，一旦拥有，就会越来越多。"拥有者被施与"，报酬递增，初始条件在随机因素的作用下得以放大和锁定，从而形成不可逆转的趋势，直到最终锁定了生命发展的轨道。从心理学角度看，学前阶段正处于儿童智力发育的前运算阶段，儿童不断地运用符号对来自外部的大量信息进行编码、内化，编码就是秩序化的过程。因此，前运算阶段的思维具有不可逆性。

学前教育的作用就是在个体文化生命形态发生的起始点上，以丰富的文化资源和催化功能，为其奠定后续发展的基础。当个体生命处在"混沌边缘"那样的时刻，生命发展的轨道尚未锁定，教育切不可以确定性知识的传授为唯一目的，而要为有着各种不同智力潜能的个体生命平等地提供充分发展的条件，培育生境，孵化、孕育和滋养生命。关注儿童发育的"关口事件"，抓住教育时机，对初期发展至关重要。没有关爱、鼓励、赞赏，儿童难以有健康的发育生长。所谓滋养，就是欣赏和赞扬。得不到肯定的生命就会萎缩甚至夭折。儿童未来发展存在极大的不确定性，而不确定性和未完成性是最可宝贵的教育资源。正因为不确定，才有可能通过以"文"化"人"的价值引导，使人从盲目的混沌状态进入人类文化的轨道，也正因为不确定，才有可能通过教育，发展出全面的能力和多种适应性品质。人是"能无限制地'向世界开放'的X"①。就此意义来说，教育有充分的理由倾其全力占领学前高地。

二、西南民族地区学前教育形势及问题

儿童早期发展是当今国际普遍关注的话题。儿童与成年人相比更有可能面临极端贫穷带来的伤害。早期体验及适当的刺激，对于儿童的大脑发展和今后的学习、健康与成年后的收入会产生深远的影响。营养、发育不良的儿童，或者缺乏早期刺激的儿童，可能在学校学得更少，也更容易遭遇学业的失败。发达国家和发展中国家的证据也表明，针对弱势群体的高质量的幼儿园项目潜在的回报率为每年1%—16%。2016年世界银行与联合国儿童基金会发布的《终止极度贫困：关注儿童》报告呼吁各国政府关注儿童贫困问题，使经济增长惠及最贫困的儿童。

（一）学前教育发展形势

自2011年以来，我国政府对学前教育支持力度持续增加。先后实

---

① ［德］马克斯·舍勒：《人在宇宙中的地位》，陈泽环等译，上海人民出版社1989年版，第28页。

施了三期学前教育行动计划，2017 年启动了第三期行动计划，支持地方公办民办并举，并以多种形式扩大普惠性学前教育资源；支持地方深化体制和机制改革；支持地方健全幼儿资助制度。重点支持了农村地区和脱贫攻坚地区。中央财政对西南地区各省（自治区、直辖市）学前教育资金的支持力度，由 2019 年财政部、教育部发布的一份预算表可见一斑（见表 6—1）。

表 6—1　2019 年西南地区学前教育发展资金预算表①

（单位：万元）

省份	核算	核定	已下达
重庆	58500	50400	8100
四川	122000	99900	22100
贵州	83000	66600	16400
云南	83000	64800	18200
西藏	29000	15300	13700
广西	90000	72900	17100

西南民族地区各级政府也作出了相应的部署，从政策、资金、师资、教育质量提升等各个方面进行了大力扶持。

四川省 2018 年学前三年毛入园率为 82.14%，普惠性学前教育资源覆盖率达 70.38%。实施《四川省第三期学前教育行动计划（2017—2020 年）》，规划投资 130 亿元，计划到 2020 年，全省学前三年毛入园率达到 85% 以上，普惠性幼儿园覆盖率达到 80% 左右。特别是在民族地区学前教育发展方面实施了一系列措施。2015 年秋季学期起，在大

---

① 中华人民共和国财政部、教育部：《关于下达 2019 年支持学前教育发展资金预算的通知》，教育部官方网站，见 http://www.moe.gov.cn/jyb_xxgk/moe_1777/moe_1779/201906/t20190604_384361.html。

小凉山彝区 13 县实施"一村一幼"计划，2017 年扩大到全省 52 个民族自治县、8381 个村。实行民族地区保教费减免政策，按每生每年 600 元标准减免民族地区所有在园幼儿保教费。①

重庆市出台《第三期学前教育行动计划的实施意见》，计划到 2020 年底，全市学前三年毛入园率达到 90% 以上，普惠率达到 80% 以上，公办幼儿园占比达到 50% 以上。主城区公办幼儿园占比达到 50% 以上，普惠率达到 70% 以上，主城区学前教育过于商业化、家长负担重的局面得到根本扭转。幼儿园教师配备和工资待遇保障机制基本建立，幼儿园保教质量评估监管体系基本形成，学前教育成本分担机制基本完善，保教质量明显提高。②

贵州省学前教育在财政性教育经费中占比从 2016 年的 4.17%，提高到 2018 年的 6.61%。在全国率先启动实施农村学前儿童营养改善计划。③2018 年，全省在园幼儿达到 154.9 万，比 2010 年增加 78 万，学前三年毛入园率达到 87%。在快速发展的同时，进一步关注为儿童提供有质量的教育。④

云南省从 2015 年到 2017 年共安排学前教育专项资金 25.68 亿元，用于 1089 所公办幼儿园的新建、扩建、维修和改造；安排幼儿资助资金 1.79 亿元，资助幼儿 63 万人次。省财政拨出 1600 万元实验经费，推助 8 个试验区进行学前教育改革。安排经费 5578 万元，用于开展"一村

① 《四川省着力推进学前教育普惠发展》，教育部官方网站，见 http://www.moe.gov.cn/jyb_xwfb/s6192/s222/moe_1755/201903/t20190301_371771.html。
② 《重庆市人民政府关于第三期学前教育行动计划的实施意见》，重庆市人民政府网站，见 http://www.cq.gov.cn/zwgk/wlzcwj/hmlm/hmlmszf/202001/t20200114_4605008.html。
③ 焦以璇：《教育部举行新闻通气会 六地分享基础教育典型经验》，《中国教育报》2019 年 8 月 2 日。
④ 《2019 全省学前教育宣传月在遵义启动》，教育部官方网站，见 http://www.moe.gov.cn/jyb_xwfb/xw_zt/moe_357/jyzt_2019n/2019_zt12/zxfc/201905/t20190522_382881.html。

一幼"建设试点,在学前三年毛入园率最低的 6 个州市中,每个州市选出一个试点县实施该项计划。①

广西壮族自治区政府 2014—2016 年共投入 38.7 亿元用于学前教育发展,全区新增、改建幼儿园 8000 余所,幼儿"入园难"问题得到一定程度缓解。《广西教育提升三年行动计划(2018—2020 年)》提出"实施学前教育普及普惠工程",到 2020 年,学前教育三年毛入园率达90%,实现乡镇公办中心幼儿园全覆盖,重点支持人口大镇新建 1—2 所公办幼儿园,贫困县 1500 人以上大村建设一批村级公办性质幼儿园。②

西藏自治区学前教育事业近年来在国家大力扶持下有了很大的发展,在全国率先实现学前免费教育,学前双语教育普及水平大幅提高,初步构建起覆盖城乡的学前教育公共服务体系。截至 2018 年,全区幼儿园 1477 所,学前三年毛入园率 77.9%。较 2010 年,幼儿园增加了1358 所、学前毛入园率增加了 53.4 个百分点。③

总的来看,在国家教育政策的指引下,西南民族地区学前教育得到了很大的改善。不过,受制于民族地区经济文化发展状况和水平,学前教育长期面临的"入园难""教什么""谁来教"三大难题,仍然是制约民族地区学前教育发展的瓶颈问题。

(二)现实问题

调研发现,西南民族地区学前教育在办学条件、师资队伍、课程教

---

① 《云南省努力办好学前教育》,教育部官方网站,见 http://www.moe.gov.cn/jyb_xwfb/
s6192/s222/moe_1757/201804/t20180412_332972.html。
② 《广西壮族自治区人民政府关于印发广西教育提升三年行动计划(2018—2020 年)的
通知》,广西新闻网,见 http://www.gxnews.com.cn/staticpages/20180120/newgx5a62c-
f9a-16859917.shtml?pcview=1。
③ 李梅英:《西藏大力发展学前教育:托举摇篮　呵护希望》,《西藏日报》2019 年 5 月
31 日。

学等方面存在较为突出的问题，不利于民族智力资源的早期开发。

第一，民族地区学前教育发展不均衡。在人口集中、经济文化发展水平较高的城市地区，教育资源较为丰富，学前教育发展快，有的地方超过全国平均水平。而在很多人口分散、交通闭塞的农村，学前教育发展滞后，有些地方连乡镇也未建幼儿园。家住偏远村寨的村民须将孩子送往距离遥远的乡镇幼儿园，山路崎岖，交通不便，入学之艰难可想而知。由于送子女上幼儿园的成本太高，经济条件一般的家庭放弃送子女上幼儿园，由老人在家中照看孩子，使孩子失去了接受早期系统的幼儿教育的机会。

第二，学前师资在数量和质量上不足。面积广大的民族地区对学前教育师资的需求，无论从量上还是从质上说，都是在很长时期无法满足的。在很多农村地区的幼儿园，幼儿教师编制紧缺，多数为临时聘用人员，教师的专业知识、能力和综合素质，都处于较低水平。这不仅难以实施有质量的学前教育，还存在一定的安全隐患。条件艰苦、待遇差、没编制等各种不利因素，不仅导致优质师资引不来、留不住，还会造成原有教师队伍的流失。

第三，幼儿园缺乏民族本土特色的课程教学体系。要充分利用学前教育阵地有效开发民族智力资源，就应当有切合自身发展需要的合适教材，要结合民族生活的实际，实施有本土特色的课程。但在民族地区，具有民族特色的幼儿园课程教学体系十分缺乏，具体表现在以下方面：一是课程教学的随意化。部分幼儿园没有教材，课程教学计划都由老师自行安排，缺乏系统的专业设计。二是课程教学的小学化。提前教授小学阶段的知识内容，教学方法不符合幼儿身心特点和发展规律。三是缺乏本土化的课程内容和双语教学条件。采用统一的汉语教材教学和学习，忽视民族语言和民族文化内容，使幼儿产生听不懂、远离生活实际难以理解等方面的问题。

三、智力资源开发要占领学前高地

占领学前高地，对民族智力资源开发起着关键性的作用。为实现这个目标，须在以下方面着力。

第一，确立国家和政府在学前教育上的主体地位和责任。随着民族地区经济的发展，民族地区学前教育的需求会有迅速的增长，潜在的巨大市场会激发资本投入学前教育的积极性。从现实出发，要让面积广大、贫穷落后的民族地区学前教育得到普及，需要调动民间的积极性，尝试多种力量、多样化形式办学，使学前教育生态充满活力。同时，政府部门应充分发挥主导作用，加强管理和政策指导，引导民办幼儿园把握好公益普惠的基本方向，切实提升学前教育质量。学前教育是国家教育体系的基础，其公共性、公益性和全局性决定了其普惠性的特点。因此，落实政府对学前教育的责任，最主要的方面在于办好公办幼儿园，为所有儿童提供充裕、普惠、优质的学前教育。民族地区学前教育应适应民族社会的特点，做好整体规划，加大投入，加强监管，抓好教师队伍建设，协调各方力量，形成齐抓共管的运作机制，朝向优质、特色、多样化发展。

第二，把双语教育列为民族地区学前教育的重要内容。双语教育对民族智力资源开发具有重要意义。国家民委在 2010 年发布的《关于做好少数民族语言文字管理工作的意见》中提出要把学前的双语教育纳入教育范围，扩大双语教学的覆盖面，使双语教学实现科学合理的衔接。创办双语幼儿园，是将民间学前教育需求同民族发展力提升统一起来的契合点。当然，一些家长需要的是让孩子提前适应学校课程，但这并不妨碍幼儿园利用儿童语言能力增长的最佳时期实现教育目标。有一点需要强调，双语教育必须是双语并进，补齐短板。在儿童文化生命的起始点上，通过本民族语言传递的文化基因，将会在个体心理、认知、情感等方面打下深深的烙印，成为未来发展的源动力。语言是通向世界的大门，双语学习的提前启动，等于及早打开心灵的窗口。学前教师最基本的培训必须包括双语的要求。

第三，民族地区学前教育要回归儿童的生活世界。对于学前儿童该学什么的问题，教育者得树立明确和科学的学前教育观。我们提出"学"在学前，是说以"文"化人的起始点要早，而这里的"学"，得理解为"不学"之"学"。"不学"是指不刻意去学习学校的课程，而要在游戏和玩乐之中获得不言的教益。儿童早期身心向生活世界的开放程度，关系着内心世界的丰富性和需要、能力的全面性，那是未来生活质量和幸福感的本源所在。因此，学前教育应该让儿童敞开心扉与丰富多彩的生活世界全息交流。对于办学条件较差的偏远村寨，可能有着连城市都不具备的优越教育资源，那就是丰富的生活世界和美丽的大自然。少数民族儿童本就离自然很近，森林草原、山河田园、花草树木、鸟兽虫鱼都是天然的教育资源。民族地区可以充分利用自身资源环境特点，以较低的成本开办一些诸如"森林幼儿园""草原幼儿园""自然之家""生活乐园"之类的学前教育机构，不失为有创意的思路。

第四，强化学前教师的人文素养。学前教育性质完全不同于分科设置的中小学教育，通识教育应成为学前师资的必备条件。具有丰富的内心世界和人文精神的教师，是使学前儿童的心灵向生活世界全面开放的必备条件。从一定意义上，学前师资应在知识的广博、心胸的通达、想象的丰富、心性的灵活、心地的善良等一系列人文素养方面有更高的要求。只有内心世界丰富的老师，才能够从丰富多彩的生活世界捕捉真、善、美的灵动，从而为那些天真无邪的、想象丰富的、充满好奇的儿童，提供富含文化营养且又充满童趣的课程资源。

第五，开发具有民族地区特色的学前教育课程。在国家课程、地方课程、校本课程三类课程中，最薄弱的是校本课程（在幼儿园称为园本课程）。民族地区学前教育课程建设要契合民族地区多样性与文化多元化的现实，用富有创意的眼光去发现蕴藏在民族文化之中的教育资源，使幼儿园课程真正成为"活"的课程。幼儿园课程开发不能盲目和随意，而要以《幼儿园工作规程（2016版）》《幼儿园教育指导纲要（试行）》《3—6岁儿童学习与发展指南》为指导，基于民族地区社会和儿童的实际特点，做好课程规划，体现课程建设的系统性、长远性和有序性。课程内容的选编，要遵循真、善、美的价值标准，从民族文化课程资源中，选取具有本民族、本地区特色，且与当地儿童生活密切关联的内容，既有童趣，又有智力开发意义；既能增长知识，又能培养道德和审美感；既有室内课程，又有室外活动课程，全面体现幼儿园课程生活化、游戏化、体验化、整体化、过程化与情境化的特点。

学前教育是民族教育文化整体系统中的一个有机组成部分，不仅与教育系统内部存在着多种联系，还与经济、文化、民族、社会、家庭等有着千丝万缕的联系。民族社会经济文化的发展水平决定着学前教育的发展；学前教育功能的充分发挥，又能为民族社会发展产生推动力。占领学前教育高地，要从全局出发，从长远利益考虑。学前教育发展应与整个民族地区经济社会发展相协调，合理调整布局，科学利用有限资源，探索切实可行的路径。

第七章 民族教育文化重点建设工程

　　西南民族地区教育发展是一个系统的文化工程，顶层设计应具有整体性、系统性、前瞻性、改革性、文化性、本土性。前文阐述的民族文化课程资源建设和民族智力资源开发，可视为主攻方向，具有带动全局的战略意义。然而，一个系统工程，还需要有多方面的同步发展予以支持。精英教育与大众教育、物质文明与精神文明、经济发展与社会文化建构、短期效应和长远发展等应统一起来，作为重点建设方面予以关注。以教育途径提升西南民族地区发展力，应立足于民族生存与发展的实际和本土化特点，针对改革面临的重点和难点问题，以新发展理念为指导，调动各方积极因素，协调运作，相互配合，同向同时发力，推动民族教育文化工程全面健康发展。

第一节　民族教育师资培养本土化

　　发展文化，需要培育土壤，也需要扶植精英。精英是民族社会的活跃基因，富于主体精神和文化自觉，能激发民族社会的活力，唤醒文化意识，调动沉睡的力量，从而繁育民众的土壤；精英也能以敏锐的眼光，洞察未来发展的先机，以灵活的头脑和卓越的能力开创事业，引领民族社会走上繁荣发展的道路。扶植精英和培育土壤历来是教育文化的主要功能。这两个方面构成了相辅相成的统一体。如果说职业教育和专业教育是大众的教育，那么通识教育就是精英教育。民族社会教育发展所需要的教育精英，是具有通识的、富于多元文化素质的、高层次的骨干力量。精英植根于民族文化的土壤。

一、以通识教育培养民族教育精英

民族的精英是民族社会发展的引领者。推动民族社会发展，需要从培养精英入手。民族教育要发挥培养民族精英的功能，要在通识教育上着力。发展力的提升来自主体的解放和人的本质全面实现。无论是民族文化课程资源开发还是双语教育和学前教育的师资，都需要深厚的人文素养和丰富的内心世界。因此，加强通识教育对民族教育师资力量的培养具有重要意义。

"通识"是融通一切的学识，是自由人的品质，是全面发展的基础。孔子说"君子不器"，君子有"风"的德行以周流六虚、遍行八荒而不受限制；小人则囿于"草"的本性，根系土壤，利益纠缠而难以伸张。君子之所以能够做到"智者不惑，仁者不忧，勇者不惧"就在于"通达"。《学记》有"知类通达"的道理，"类"讲区分，而"通达"则是认识将之贯通，贯通了才有古人所追求的"和"，"和也者，天下之达道也"①。真知是共通的，它横贯时空而不相悖。中国近现代以来思想界的先驱们主张要有一种"一以贯之"的学问，将中西、古今、文理的学问融会贯通，将自

---

① 《礼记·中庸》："喜怒哀乐之未发，谓之中；发而皆中节，谓之和。中也者，天下之大本也，和也者，天下之达道也。"

然、社会、人文作为一个整体的世界来理解。在这个意义上理解的通识才是真谛，这与古代西方的智者们主张的自由教育在根本含义上是一致的。从融通的学识的意义上来认识通识，其与专业知识之间就不是对立的。通识应能在深刻的层面揭示不同学科领域之间的意义关联。专业领域中真正深刻的知识，必然体现着真实世界的运行法则，在本质上与整体世界相通。认识能将之贯通，知识就活了。了解和认识人类把握自然的特点和方式，远比只知道一些技术上的细节和知识点更为重要。前文提到民族传统科技文化课程资源建设，尤须课程开发者和实施者具备这样的通识，民族教育师资培养中所缺乏的，正是这样的知识和能力结构。

在知识大爆炸的时代，任何人都没有能力掌握全面的知识。因此，在思考民族社会个体成员有限的受教育过程时，智力资源的合理开发和可持续发展，就成为必须重视的着力点。最有价值的知识是具有转换和生成功能的知识结构，它能使专业知识与整体世界联系起来；它是开放的体系，能通过与外部世界的交流汲取能量和信息，从而保持不断生长的活力。通识教育的目的，正是要在已经被分割的知识领域间重新架设意义联结的桥梁，形成整体性世界观。通达的知识结构和融通转换的能力，是和谐与自由的品质形成的基础。通识教育实施的关键在于教师。丰富的精神世界，要成为民族教育师资的重要培养目标。没有融会贯通的知识结构，缺乏丰富的人文素养，无以开发民族文化课程资源，构建契合民族生存实际与未来发展的民族教育。因此，民族教育的师资自身得具备精英的品质。

二、多元文化教师教育

西南民族地区多种民族、多元文化共生的现实，要求民族教育培养适应多元化生存的个体。如此，才能从根本上提升西南民族地区的发展力。多元的概念内在地包含着多向的关联性和开放性，是生命力和创造力的源泉。适应民族教育的师资队伍，除具有符合时代要求的各种知识、能力及新的教育理念之外，最显著的特点体现于多元文化素质，能自觉地意识到在面对贫穷、歧视时，自身所担当的角色；在处理民族认同、民族意识、民族文化心理及国家统一等问题时，自身肩负的历史使命。从情感和态度上来说，他们具有宽容的胸怀，理解并善待来自不同民族、性别、社会阶层、弱势群体的受教育者；从价值观来说，他们主张社会的公平与正义，以民主的态度与来自不同文化背景的人交流，从而达到共识；从知识和技能上说，他们具有民族文化素养，懂得民族语言，了解民族的历史、文化传统、生活方式和行为习惯，从而能从民族生活的实际中挖掘课程资源；从教育理念上说，他们主张并践行教育公平的原则，使来自不同文化背景的个体都能真正得到公平的发展机会，使具有不同民族性特征的智力资源都能得到合理的开发和培养，以利于个体在未来生存实际中的可持续发展；从发挥的作用的角度来说，多元文化教师是联结不同文化群体、教育理论与实践、教育与教学、知识与品德等一切教育活动的能动性主体，是课程与生活相连接的关键，也是沟通主流文化与民族传统文化的桥梁。具有多元文化素质的教师，是促进民族内源性发展的生命原基。

多元文化教育的理念、知识、技能、情感、态度、价值观等成为影响教育效果的决定性因素。鉴于西南民族地区多元文化并存，多样化生存与生活方式共处的现实，具有多元文化素质结构的教师成为当前民族教育改革急需的人才。民族地区的教师培养应从目标定位、课程设置、教育途径等各个方面突出教师基本素质与多元文化的结合。多元文化教师承担的教育使命，不仅是培养民族和谐社会的建设者，还要为民族地区多元文化课程建设作出贡献，因为他们自身就处在多元文化相互作用的交汇点，也是教育理念与教育实践转换的枢纽。

多元文化教师是一种新型的师资。迄今为止，民族地区的师范教育都是按照传统的模式培养教师，在课程设置及教育计划中，尚未体现出多元文化素质培养的目标定位。国家西部大开发战略中的少数民族骨干人才计划，旨在培养少数民族高层次人才队伍，促进西部地区经济建设和社会发展，这项工程对民族地区发展具有重要价值和现实意义，但从其课程设置来看，并未突出多元文化素质培养。这些民族骨干人才可以在很多部门发挥作用，却难以发挥多元文化教师所能发挥的功能。

培养多元文化教师需要教育的顶层设计，还得落实于底层的建构；要解决教育理念问题，还要有特殊的课程设计；要有专门的政策，还要有各种资源的支撑。民族地区因其特殊的自然人文生态环境，理应有多样化的教育形式，只有一种大一统的教育和形式化、简单化、程式化、技术化的操作模式，显然不能适应民族地区内涵式发展的现实需要。

三、探索民族教育师资培育新途径

民族教育全面发展需要依靠教育的精英。培养民族教育精英成为高校责无旁贷的历史使命。为缓解民族地区发展的人才危机，改善人才层次结构，形成一支涵盖少数民族地区经济和社会发展各重点领域的骨干人才队伍，国家五部委于 2005 年选择部分中央部委所属院校，实施少数民族高层次骨干人才培养计划（以下简称"少干计划"）。招生实行"定向招生、定向培养、定向就业"和采取"自愿报考、统一考试、适当降分、单独统一划线"的原则。重点招收教育、科技、医学和特色文化艺术、信息技术以及经济、公共事业管理等领域从业人员。招生范围为西部地区 11 省（自治区、直辖市）及新疆生产建设兵团和其他省份的少数民族地区。2006 年计划招生 2500 人（博士生 500 人，硕士生 2000 人）。到 2017 年，这个数量增长了一倍（博士生 1000 人，硕士生 4000 人），培养总数已有五万多人。总的来说，"少干计划"的实施，对促进民族地区发展起到了积极的作用。

"少干计划"实施十多年，既对民族地区发展做出了贡献，也存在一些现实问题。"凤凰不还巢"的问题曾经长期困扰"少干计划"的有效实施。这指的是很多人不惜付出高额违约金，选择不按政策规定返回生源地就业的现象。"少干计划"实施中暴露的主要问题，还有教育质量问题、政策成效问题、缺乏民族特色等。从少干生的培养过程来看，重点高校无论是师资，还是课程，基本上不是专门针对民族地区发展的实际需要来设置的。"少干计划"重点向理工类、应用型专业倾斜，招生比例原则上不低于招生总数的 50%。教育专业虽然搭上了这趟"班车"，但其所占的比例极低，对民族地区教育发展的师资需求来说，几乎是杯水车薪。

解决民族地区师资问题的政策措施，相关的还有"特岗教师计划"和"乡村教师支持计划"。前者全名为《关于实施农村义务教育阶段学校教师特设岗位计划的通知》。该计划的实施对于缓解西部农村义务教育阶段师资不足问题起到一定作用，但实施规模和覆盖面有限，其他诸如待遇、职称、住房、专业发展等方面的实际问题也不是一时半刻能解决的。2015 年国务院办公室发布的《乡村教师支持计划（2015—2020 年）》，提出逐步形成"下得去、留得住、教得好"的局面，造就一支素质优良、甘于奉献、扎根乡村的教师队伍，并提出八项举措：一是全面提高乡村教师思想政治素质和师德水平；二是拓展乡村教师补充渠道；三是提高乡村教师生活待遇；四是统一城乡教职工编制标准；五是职称（职务）评聘向乡村学校倾斜；六是推动城镇优秀教师向乡村学校流动；七是全面提升乡村教师能力素质；八是建立乡村教师荣誉制度。

《乡村教师支持计划（2015—2020 年）》针对的是全国的农村教育，对东部和中部农村有效的措施，在西南地区的特殊环境中未必有效。这些措施要支持的教师，并不是我们所关注的具有特殊性的民族教育师资。民族教育师资培养，还需探索更为有效的方式和途径。我们认为，民族教育精英需要采取"本土化培养"策略。一个最为关键的因素在于认识、把握和发挥"根"的力量，从"根"植本民族文化土壤、精神家园在本民族之中的人当中，发现和培育民族教育的精英苗子，才是可靠的路径。多元文化师资培育应该探索和尝试各种不同的途径，不宜只集中在大城市的重点高校中进行。在"乡村教育""平民教育"的丰富理论与实践中，也有乡村师范教育方面的启示。陶行知指出，由设在城里的师范学校培养出来的乡村教师不了解农村儿童的生活，其教育也不能适应他们的生存需要。并且，在城里读书的师范生，一般不愿回到贫困的乡村从教。要改变这种情况，民族地区乡村教育的师资培养，应从小就在民族地区乡村青少年中培育其热爱乡村教育的情感和服务乡村教育的志愿，从中选拔优秀苗子进入高一级学校学习，可以采取师范院校与地方教育部门、学校联合培养的方式，安排一定的时间让学生在乡村学校实习、实践，使其更好地了解乡村教育实际，并与民族文化进行深层次的互动和融合。20 世纪五六十年代，"本土化培养"曾在中国盛行，几乎每个地区都有中等师范学校，培养对象为小学教师，开展的是"全科教育"。考虑当前西南地区民族教育的现实，历史的经验也是有启示意义的。当前民族教育师资培养中一些难以突破的困境，或可在这种探索性的努力中找到合适的解决途径。

第二节　推进民族特色职业教育发展

西南民族地区发展力提升的一个重要途径就是大力发展职业教育。如果说，通过教育提升民族文化力是民族地区可持续发展和长远发展的根本战略，那么职业教育则是通过提升区域人力资源素质，培养区域产业发展合格人才，推动民族地区经济发展的有效且必要的现实途径。民族贫困地区经济发展与文化力提升是相互联系且相辅相成的，一个是关涉作为发展的现实基础的当下民生，一个是关系民族发展的长远目标。贫困的现实得到改变，才能为教育文化事业的发展创造有利条件。

一、西南地区职业教育发展形势

西南地区职业教育虽然起步晚，但取得的成就是显而易见的。重要的成就，也许不是职业教育为西南经济发展培养了多少人力资源，而是观念的提升、基本平台的建立和经验的积累。当前西南地区职业教育整体发展形势，是在更大规模上的展开和内涵式发展。

党的十八大以来，习近平总书记多次就职业教育的发展作出重要指示，强调"必须高度重视、加快发展"，"把加快发展现代职业教育摆在更加突出的位置"，指出"要加大对农村地区、民族地区、贫困地区职业教育支持力度，努力让每个人都有人生出彩的机会"①。国务院及相关部委先后发布了《关于加快发展现代职业教育的决定》（2014年）、国

---

① 《习近平就加快发展职业教育作出重要指示，更好支持和帮助职业教育发展，为实现"两个一百年"奋斗目标提供人才保障》，《人民日报》2021年6月24日。

务院印发《国家职业教育改革实施方案》（2019 年）、《职业教育提质培优行动计划（2020—2023 年）》（2020 年）、《关于推动现代职业教育高质量发展的意见》（2021 年）。为深入贯彻习近平总书记重要指示精神及相关文件要求，西南各省（自治区、直辖市）根据本地区的实际情况和发展需要，制定了"十四五"时期职业教育发展的整体规划。

贵州省提出，要构建支撑技能社会建设的现代职业技术教育体系，推动职业教育扩容提质创新发展。具体做法是：（一）提升中等职业教育办学条件。实施中职"强基"工程。重点支持 100 所左右中职学校实施"强基"工程，全面改善办学条件、稳定办学规模、提升办学质量。市（州）政府办好 1—2 所本级中职学校，规划保留中职学校的县级政府重点办好 1 所规模不小于 3000 人的中职学校。促进普通高中和中等职业教育相互融通。（二）提升高等职业教育办学质量。实施高职"双高"工程。着力支持 3 所中国特色高水平高职学校和专业群建设，支持 15 所左右高职院校实施贵州"双高"计划。打造一批具有贵州特色、引领改革、支撑发展的高水平高职学校，为服务"四化"建设提供高素质技术技能人才。（三）积极推进本科层次职业教育。完善职业教育体系，举办本科层次职业教育，填补本科层次职业教育空白。重点支持"三大战略"，在学前教育、护理、养老服务、健康服务、现代服务业、工程技术应用、农林畜牧等适用长学制培养的专业领域实施中高本贯通培养。（四）加强职业技能培训。实施"黔匠"培养工程，面向十二大农业特色优势产业、十大千亿级工业产业、服务业创新发展十大工程等产业领域，培养培训"黔匠"人才，每年定向培养输送 8 万名技术技能人才，开展相关职业技能培训 20 万人次。

广西壮族自治区提出，现代职业教育加快发展，产教融合不断深化，国家和自治区高水平高等职业学校建设成效显著，4 所高等职业学校进入国家"双高"建设行列。云南省"十四五"职业教育事业发展规划到 2025 年，基本构建类型特色更加鲜明的现代职业教育体系，基本建成职业教育强省，职业教育成为支撑云南产业发展的重要力量；职业学校办学条件全面改善，职业教育办学规模稳步扩大，职业教育人才供给与产业需求匹配度大幅提升，技能型社会建设全面推进，政府统筹管理、社会多元参与的办学格局不断优化，职业教育服务经济社会发展能力显著提升。

云南省提出，到 2025 年，基本构建类型特色更加鲜明的现代职业教育体系，基本建成职业教育强省，职业教育成为支撑云南产业发展的重要力量；职业学校办学条件全面改善，职业教育办学规模稳步扩大，职业教育人才供给与产业需求匹配度大幅提升，技能型社会建设全面推进，政府统筹管理、社会多元参与的办学格局不断优化，职业教育服务经济社会发展能力显著提升。具体目标是：落实立德树人根本任务。德智体美劳教育体系更加健全，将职业道德和职业精神贯穿培养全过程。持续深化"三全育人"综合改革，实现育人育才有机结合。

优化职业教育结构布局。着力优化职业学校布局，升级现有职教园区（中心）功能，建设省级职教园区，发展本科层次职业教育，实施"双优""双高"建设，形成以高职为引领，带动区域中职发展，服务州（市）发展定位的新格局。协同推进产教深度融合。企业参与职业教育办学渠道更加畅通，多元办学、协同育人格局基本形成。专业结构与产业结构契合度进一步提高，企业深度参与人才培养全过程，特色专业群和高水平专业（群）服务云南支柱产业成效明显，职业教育服务产业发展能力持续增强。"三教"改革扎实推进。职教师资培养培训体系健全完善，多渠道解决职教师资增量提质。深化教育教学改革，推进"1+X"证书制度，改进教学内容与教材，实现职业教育提质培优增值赋能。职业教育治理效能不断提高。改革职业教育招考制度。完善职业学校内部治理和质量控制体系。提高信息化基础能力建设，延伸职业学校办学空间，推动校企融合新模式的教学改革，全面提升职业学校治理水平。职业教育服务能力显著增强。育训并举进一步落实，为云南"三个定位"和打造世界一流"三张牌"提供技术技能人才支撑。职业教育助力乡村振兴、兴边富民和服务终身学习体系整体能力进一步提升，形成良好职业教育发展环境。不断拓宽国际合作渠道，"引进来"和"走出去"更加均衡，深入推进一批有国际影响力的职业教育国际合作项目。

四川省要深化职普融通、产教融合、校企校地合作，建立职业启蒙教育、中等职业教育、专科层次职业教育、本科层次职业教育和应用型本科教育、专业学位研究生教育纵向衔接的培养体系。实施中职"双示范"、高职"双高计划"。开展国家产教融合建设试点，创建产教融合示范区，打造高水平专业化产教融合实训基地。培育示范性职业教育集团和产教联盟，支持行业企业参与职业院校办学。强化职业院校"双师型"教职队伍建设，加强"订单式"、定制式人才培养，推行职业技能等级证书，开展"1+X"证书制度试点。

重庆市提出，要完善现代职业教育体系，优化职业教育院校和专业布局结构，持续深化产教融合校企合作，提升技术技能人才培养质量，巩固提高职业教育基础能力。实施职业院校高水平发展计划。支持10所国家级"双高计划"高职院校发展，建成中国特色高水平高职学校2所、专业群12个。建设市级"双高计划"高职院校15所、专业群60个。建设国家级优质中职学校40所、优质专业120个。建设国家级优质技工学校10所、优质专业10个。建设市级"双优计划"优质中职学校50所、专业210个。实施职业教育产教融合计划。支持永川建设西部职教基地，开展"产城职创"融合发展试点。建设高水平专业化产教融合实训基地 120 个。建设一批实体化运作职业教育集团，探索中国特色学徒制。评选一批产教融合型企业。实施职业教育质量提升计划。开展国家职教改革省域试点。推动职业院校办学条件达标。评选市级职业教育改革成效明显的区县 15 个左右。中职生升学比例达到 50% 以上。培育一批"三全育人"学校，培养一批职教名师，开发一批校企双元合作开发的职业教育规划教材、专业教学资源库和在线精品课程，建成一批信息化标杆学校。建成一批示范性虚拟仿真实训基地。

西藏自治区完善现代化职业教育体制机制，全面提升职业教育水平，以增强职业教育适应性为目标，着眼于经济社会发展和未来市场需求科学设置专业，推动建立学校、行业、企业共同参与职业教育的命运共同体、利益共同体、责任共同体，继续推进以政府举办为主、普职融通、产教融合、校企合作、产学研销一体的办学格局。加强基础能力建设，完善现有职业学校办学条件，每个地（市）重点办好一所标准化特色中等职业学校。实施职业教育质量提升计划，推动职业教育教材、教法、教师改革，启动中职学校领航计划，建设一批优质学校和优质专业，以示范带动引领全区中职学校快速发展，推动西藏职业技术学院"双高"建设。优化专业结构空间布局，建设一批特色优质骨干专业，形成具有影响力、竞争力、吸引力的骨干专业群。培养学生德技能并修，培养更多专业技能型实用人才，提高服务经济社会发展的能力。大力发展山地户外运动专业。

二、西南民族地区职业教育存在的问题

西南民族地区职业教育领域存而未解的问题，如专业设置、课程设置、校企合作、产教结合、投入机制、管理机制、师资队伍等，与发达

地区所面临的问题在本质上是相同的。从目前西南地区职业教育发展的整体来看，主要关注的就是这类共性问题。民族特色的职业教育，虽然也都有所提及和安排，但在重视程度、措施、资金、规模等方面，显然没有其他方面突出，甚至显得相当薄弱。

民族职业教育未能突出自身特色，只是跟在发达地区后面，亦步亦趋，如此举措，只会使民族地区与发达地区之间的差距日益增大。西南民族地区要实现跨越式发展，应独辟蹊径，在西南的优势和特色上下功夫，这可能是民族职业教育的根本出路。根据我们对民族地区职业教育情况的调查，有些学校尝试开辟民族特色专业，如黔东南地区职业院校开设银饰、刺绣、蜡染等民族文化特色职业课程，西藏的职业学校开设唐卡工艺课程，等等。但这些课程似乎远不如那些计算机、汽车、电器、医药等专业的发展势头强劲。要使具有民族特色的职业教育真正兴盛起来，不深入研究其根本动因来自哪里，而是盲目跟风，不会有预期效果。

民族职业教育发展的困境，还体现在其他很多方面。民族地区职业教育总体发展水平处在较低阶段，且各地区之间差距很大，发展不平衡。与东部发达地区相比，职业教育在民族教育体系中的地位偏低，结构不合理，投入不足，办学条件差，师资不足，教学质量、办学规模和效益都处在较低水平，都是亟待解决的现实问题。很多问题与西南地区生产条件和经济发展落后、人口素质、传统观念和生活方式等密切关联。民族职业教育在教育教学和管理模式上，也由于起步晚、经验不足、照搬发达地区经验和模式等，显得很不成熟。教育教学过程中的具体问题也有很多，课程体系忽视人的能力培养的系统性、完整性和民族地区经济发展对人才规格要求的特殊性问题；教学内容僵化，难以反映生产领域的新技术、新知识、新工艺和新方法；教学手段单一，现代教育技术、大数据和网络平台未能在职业教育中得到有效利用。

三、民族职业教育改革的思考与建议

国家层面对职业院校发挥民族传统文化保护和传承功能，推动民族职业教育特色发展，早有特别的关注和强调，并采取过一系列措施。《国家教育事业发展第十二个五年规划》提出："重点支持一批以保护传承民族文化艺术、民间工艺特别是非物质文化遗产为特色的职业院校和特色专业。"为加强职业院校民族文化类专业建设，推进民族文化传承与创新，培养符合民族文化产业需要的高素质技术技能人才，2013 年 4 月，教育部、文化部、国家民族事务委员会遴选确定了首批 100 个全国职业院校民族文化传承与创新示范专业点，西南民族特色工艺及歌舞艺术中有 23 个项目在列。2013 年 5 月，教育部、文化部、国家民委下发了《关于推进职业院校民族文化传承与创新工作的意见》，强调推进职业院校民族文化传承与创新的重要意义：是以职业教育基础性作用发展壮大中华文化的基本要求；是提高技术技能人才培养质量，服务民族产业发展的重要途径。总体目标是：通过推进职业院校民族文化传承与创新，提高职业院校学生的民族文化素养，进一步提升学校服务社会主义文化发展的能力；创新人才培养模式，提高民族文化相关专业学生，特别是民族地区学生的职业技能，促进就业，提高就业质量；促进职业教育专业结构调整，优化专业布局，推动民族地区职业教育特色发展；推动职业教育与非物质文化遗产传承人才培养相结合；借民族文化之力，培养高素质技术技能人才，为民族特色产业、文化产业发展提供人才支撑。重点任务包括推动民间传统手工艺传承模式改革、推动民族文化融入学校教育全过程、加强非物质文化遗产传承人才培养、服务相关民族产业转型升级与发展、促进民族地区专业设置调整与优化等方面。另外还包括深化教学改革，推进产教融合；推进课程改革，提升传承能力；

优化专业布局，加强专业建设；加强师资建设，提高培养水平；强化行业指导，改革评价机制等措施。一些省（自治区、直辖市）的政府部门，对这个问题也有清醒的认识并加强了扶持力度。2014 年贵州省民宗委、省教育厅、省文化厅联合下发《贵州省推进职业院校民族民间文化传承创新工作实施办法》，旨在培养出一支民族民间文化职业教育传承队伍，建立起职业教育与非物质文化遗产传承人才培养、优秀民族民间文化教育保护与非教育保护相结合的有效机制，创建贵州多民族文化教育保护与产业应用相结合的有效途径。这些政策举措体现了政府部门对民族职业教育特色发展的高度重视，它为民族特色职业教育指明了发展方向。然而，要推动民族职业教育的现实发生实质性的改变，仅有顶层设计是远远不够的，还需要做很多基础性的工作。

在现代化、全球化和多元化、多极化发展的时代背景下，处在区域经济发展和民族文化力提升交汇口的民族职业教育，尚有许多理论上的重大问题需要厘清，实践上也需要有观念和认识上的统一做基础。民族地区职业教育整体正在按照现代化和全球化的步伐前进，关于课程设置、招生就业、投入产出等一系列重大问题无不以一种统一的范式来认识和阐释，并在同全球化一致的方向上寻求发展的道路。而关于民族职业教育特色发展的道路，追求的则是与多元化相关的差异性和特殊性。将两者有机统一起来，在一个双向互动的关系中探索发展道路，是明智的选择。片面地追求任何一方，都有可能落入简单化的陷阱。民族职业教育的基本理论体系尚需进一步丰富和完善，实践上也需要澄清一些问题。

从理论层面来看，首先，要思考民族职业教育目标和价值定位。至少要考虑的方面：民族优秀传统文化的保护、传承与发展；民族社会个体成员生存发展所必须具备的现代职业技能以及可持续发展的知识与智力支撑；民族社会的可持续发展；为处境不利的少数民族学生和贫困地区因各种原因失学者提供现代职业技能补偿，以实现教育公平。围绕上述价值定位实施民族职业教育，是民族社会发展的现实需要，也是时代赋予民族教育的历史使命。其次，要以历史唯物主义和辩证唯物主义为指导思想，对民族职业教育进行历史的考察，揭示职业演变的历史动因和根本规律，为民族职业教育理论体系奠基于民族历史文化之根提供充分的理论依据。再次，以多学科的视野和科学的认识论，聚焦民族职业教育发展的现实问题，并从发展的趋势中洞察民族职业教育发展的未来前景。在此基础上，制定符合民族生存实际与未来可持续发展的职业教育发展规划。最后，在课程设置及专业结构等方面的指导思想，要坚持"特色"原则，注重内涵建设。应采取非平衡策略，着力扶持优秀的、有特色的专业，选择基础好、条件充足、发展潜力大、特色鲜明、优势明显、文化底蕴丰厚的专业。把民族特色职业教育视为民族文化力的生长点，是指导思想中的要旨。

从实践层面来看，职业教育中最核心的概念是"职业"，没有职业，就没有职业教育。民族地区职业教育培养的人力资源不断外流，说到底还是本地缺乏"职业"，没有职业就没有人才市场。职业的发展，绝不是一个简单的技术问题。可以说，职业领域就是一个生态领域，与之有关的一切要素之间的联系，本质上就是生命联系。民族特色的职业领域需要以民族教育文化事业的发展为其开辟生境，民族文化的式微，会使相关的行业成为无根之木。因此，民族职业教育发展的现实路径之一，就是以文化事业培育民族职业。如果人们对自己的文化都失去了自觉和热情，相关行业的凋敝也就是必然的事情了。由此来看，民族特色职业教育绝不是一个孤立的教育系统，它是民族教育整体文化工程的有机组成部分。用一个简单事实就可以说明这个道理：民族歌舞、刺绣等民族文化进校园活动，拓展了学校课程，使现代学校教育从"文化孤岛"变为与村寨水乳交融的共同体。民间的艺人、匠人会被聘请来指导活动的开展。村寨社会和家长也会参与进来，由此使民族社会成员意识到自身文化的重要性从而产生文化自觉，进而有了保护和传承民族文化的意识。民众的文化自觉是文化发展的根本力量。学生个体则从这些民族文化课程中得到熏陶，学会欣赏和创造、更新自身文化系统中的优秀形式。个体身、心、知的成长和完善都与自己的民族文化发生了内在关联，这就从客观上培植了民族文化的土壤。民族地区学校教育与个体发展和民族社会发展以这样的方式结合，才会有生态的关联性和可持续发展的连续性。

民族职业教育发展的突破口，或者时下人们常说的"增长点"，不在城市而在农村。城市化取向的职业教育从根本上趋同，而民族职业教育的本质特点就是"特色"，差异性和特殊性就是发展的资源。杜威"教育即生活"的哲学中，蕴涵着这样的意义：教育可以创造未来生活。于是，他设计了民主生活的情景，以民主的教育形塑了一代具有民主价值观又懂得民主，并以民主的方式生活的人。它给我们的启示就是，通过教育来引导生活方式，从而为民族特色的职业开辟生境。譬如，从那些即将淡出人们生活世界的民族传统工艺中，提升有真善美价值的优秀形式，让其进入学校的课程，从孩子开始，让他们熟悉它、了解它、热爱它，唤起其对自身文化的记忆，唤醒沉睡的文化基因，通过学习、传承、创造，使那些有价值的东西重新焕发时代的光辉。要实施这样的教育，需要从民族文化的深根所在之处开辟民族职业发展的生态园。

教育之于民族社会个体成员的发展，有三个层次的作用。最低层次，让极度贫困的人口有生存的一技之长。中间层次，是经济学意义上的人力资源开发。个体的知识、学历、创意以及自学习、自适应的能力等要素，都是发展的资源。人们通常讨论最多、最受关注且大力开发的就是这个意义上的人力资源。但这也还没有脱离工具性的窠臼。最高层次，是人的本质的全面发展，人本身就是目的。这就是当今时代所倡导的"以人为本"的教育理念。在这个层次上，劳动不再是简单地谋生的手段，而是人的艺术的、智慧的、创造的品质的对象化活动。这个境界上的教育似乎离现实还很远。但是，人本身的发展，而不是为着某种工具性用途的发展，是教育永远不能放弃的终极关怀。教育可以有短期的功利，但切不可以为那就是教育的全部意义。基于这样的视角来思考民族职业教育，哪怕是最低层次的技术培训，也要向"工匠"级努力，以追寻劳动的崇高意义。有了这样的视角，民族职业教育就不会因为关注的对象和内容的特殊性而降低了教育目的和内容的层次，也不会因为短期的功利忽视了"以人为本"的宗旨。

对民族特色职业教育在整个民族地区职业教育发展中的地位需要有清醒的认识。区域经济发展需要职业教育作支撑，指望以民族特色职业教育带动民族地区职业教育，显然是不现实的。但是，有效利用职业教育已经搭建起来的平台和各种有利条件，充分施展想象力和创造力，突出民族文化特色，并为民族社会底层建构提供有特色的民族职业教育，则是切实可行的道路。要实现这一目的，各级政府及教育主管部门和教育机构，应对涉及民族特色职业教育发展的各种探索性努力给予支持，并赋予其优先权。应该认识到，少数民族特色的职业教育，除了具有满足文化建设和经济发展的基本职能，还对国家政治具有重要的意义，人民安居乐业，国家安全才有保障。基于这一视角，各种乡镇文化事业、技术学校、培训班、学习班以及农村实用技术推广站等职业教育培训网络的建设，无论从形式还是内容来说，都是十分必要的。从西南民族地区职业教育发展整体形势来看，通过改革职业教育的办学体制，基本上都形成了以政府为主体、社会力量共同参与、公办与民办互补的多样化发展局面。然而对广大贫困农村处于底层的少数民族社会而言，靠薄弱的经济基础和社会力量支持民族特色职业教育发展是不现实的，需要政府在政策和经济投入上大力倾斜和扶持。鉴于民族地区职业教育基础薄弱、教学资源不足、师资缺乏等不利条件，应充分利用互联网和多媒体技术，大力发展远程教育，逐步建立能覆盖各个民族村寨，集信息、技术、教育为一体的综合性职业教育平台，以解决由于环境、交通、师资、内容、场地等方面的不利条件所带来的问题。此外，发展民族特色职业教育，切忌用"一刀切"的方式处理问题，特色要特办，像征地、基建、设备购置、招生就业、师资队伍建设等方面，要采取非平衡策略并给予宽松政策，不应该因为一些人为的外部条件限制而使一项有价值的项目无法实施。

民族特色职业教育的理论与实践应力求将全球化与多元化的理念统一于自身。盲目追赶发达地区、寻求统一标准的职业教育发展没有出路，而特色也不是自说自话，更不是停留于低水平上的特色。特色发展需要在洞察全球化的大趋势的基础上，发现深蕴于民族文化之根的、有生命力和可持续发展价值的内生性资源，探索契合民族生存实际的职业教育发展之路。

第三节　探索教育反贫困的现实路径

教育反贫困的号角早已吹响。为阻断贫困代际传递，国家和各级地方政府部门，充分发挥政治优势和制度优势，以国家扶贫开发工作重点县和集中连片特困地区县及建档立卡等贫困人口为重点，采取超常规政策举措，精确瞄准教育最薄弱领域和最贫困群体，实现"人人有学上、个个有技能、家家有希望、县县有帮扶"的目标，促进教育强民、技能富民、就业安民。教育反贫困被列入当前国家重大的政治任务，对民族教育发展的现实条件来说，国家战略、经济基础、文化氛围等一切外部环境，从未有过如此齐备和高度统一的局面。这是一个"非平衡"和"大涨落"的态势，为新的有序发展提供了初始的必要条件。民族教育应当紧紧抓住这个前所未有的历史机遇，夯实基础、拓展空间、开创新局面，推动教育现实发生根本性的转变。

一、夯实基础教育的根基

确立性是一切系统演化的根基，立稳了根基，才有丰富性的展开和开创性的发展。民族基础教育主体分为三个阶段：学前教育有待全面覆盖，义务教育有待巩固提高，高中阶段有待普及。

发展学前教育对民族智力资源开发的价值和意义前文多有阐述，它是基础教育中的基础，是阻断贫困代际传递的根本途径。实现义务教育质量提升和巩固率的提高，以及高中教育的普及，必须改善和完善基本条件，办好贫困地区必要的村小学和教学点，建设好农村寄宿制学校，保障学生就近上学等基本权利。民族教育必须立足于民族生活的实际，开发民族文化课程资源，促进民族智力资源可持续发展。有本土文化之根的教育精英，是将当代民族教育理念落到实处的根本动力之源。校长和具有多元文化素养的教师都是民族教育的精英。少数民族高层次骨干人才培养、特岗教师政策、乡村教师支持计划、国培计划等自上而下的工程，应加强针对性，将之向民族贫困地区倾斜。与之相配合的措施还有实行城镇优秀教师向乡村学校流动、职称与乡村教学经历捆绑的制度，为偏远贫困地区乡村学校流动教师改善生活、工作和住房条件等。此外，还应该探索更多的草根途径，寻求来自底层和本土的增长点和发展资源。

"善建者不拔，善抱者不脱"[①]，坚定推进教育反贫困，斩断贫困之根，连接文化之根，新的有序发展才能奠定真正牢固的根基。

二、以丰富的教育开拓发展空间

如果说夯实基础体现的是系统演化发展起始点的确立性，那么拓展空间则是系统展开所要追求的丰富性。高校招生向民族地区倾斜、民族地区全面普及高中教育、把中等职业教育作为普及高中阶段教育的重点、广泛开展公益性职业技能培训、完善就学就业资助服务体系、助推特色产业发展等都是教育功能丰富性的展开。教育反贫困需要教育展开它全部的丰富性，使贫困人口看到摆脱贫困的力量和资源就在于他们自身。

教育在反贫困中要发挥的重要功能，首先就是帮助贫困人口认识自身的力量。造成贫困的原因有客观条件和环境因素，也有人的力量发挥不够所致。劳动创造世界，惰性带来贫困。反贫困首先要解决精神的贫困，这一方面要靠教育来做"以文化人"的工作，另一方面要辅之以劳动技能的传授。教育当以丰富的内容和多样化的方式和途径，激活贫困人口以劳动创造摆脱贫困的内在动力，并以实际有用的手段加以引导。民族地区独特的自然人文、民族民间优秀文化、工艺制作、歌舞艺术、

---

① 陈鼓应译注：《老子今注今译》，商务印书馆 2003 年版，第 271 页。

地方特产等都是可以依托的丰富资源。与丰富的民族文化资源和自然资源相比，多年来民族地区的学校教育，自身显得相对贫乏和单调。拓展发展的空间，从教育的内容上来说，就是要开发民族文化课程资源。为实现脱贫而扶植和发展乡村旅游、培养新型职业农民、开展对外劳务输出、发展绿色产业和循环经济，助推贫困地区种养业、手工业、农产品加工业等传统产业发展升级等，都是教育大有可为的领域。西南许多民族居住的地方风景优美，人文资源丰富，最适合体验式经济的发展，可以将农业生产过程、自然生态、民族传统文化和独特的生活方式打造成商品，以满足各种不同人群的需要。实践中已经涌现出多种有效的模式，例如，通过成立合作社或生态农业旅游开发公司，将丰富的自然资源和人文资源进行整合；按照园区＋合作社＋基地＋农户的模式，发展现代高效农业和旅游业，走山地特色的现代化产业发展道路；以"三变"为动力机制将市场机制和资本运作模式引入村寨，从而使各类资本要素流动起来，消除资源闲置浪费，破解农业产业发展融资难和资金短缺问题，激活"三农"发展的内生动力，有效促进农业增效、农民增收、农村发展等。这些有效的经验都可以经由教育的途径传授到贫困地区和贫困农户，并提供相关职业技能培训，实现脱贫举措与技能培训精准对接，从而使教育反贫困与民族地区发展力提升内在地关联起来，这是当代民族教育的价值体现，这个过程也必然会使民族教育自身更加丰富。

　　贫困人口居住环境的恶化和生态的退化，一定程度上也与过度开发有关。帮助贫困人口树立生态保护观念和可持续发展意识，不再以涸泽而渔、焚林而猎的方式开发自然，使新的精神文明与脱贫致富内在地关联起来，以新的生产和生活方式保持与自然的和谐共生，也是教育反贫困的一项重要任务。知识的贫乏和内心世界的封闭，往往使人囿于千百年来的陈旧生产和耕作方式，难以跳出农业资源利用的狭窄模式。教育扶贫应致力于让贫困人口开阔眼界、敞亮心胸，充分认识农业资源合理利用的各种途径，以及新能源利用的技术。如前文提到，可将树枝、树皮、落叶、坚果以及农业废弃物、秸秆、稻壳、人畜粪便等废物之中的能量转化成常规的固态、液态和气态燃料，开发和利用这些生物质能源，需要培训农民掌握必要的技术。另外，农业生产资源还可以发挥更多的作用。譬如依托山林、田园、竹楼和原始而有野味的耕作方式，办"休闲农庄""体验农作"或种植合适的经济作物等，都是可以尝试的致富渠道。现代很多生活在繁华都市的人，通常会有"回归田园"的情结，打造富有浓郁民族色彩人文体验经济模式，未尝不是值得探索的脱贫道路。体验式经济模式越是远离城市，就越接近于自然；民族风情越有特色，越能吸引消费者。不管是粮食作物或园林园艺作物，从播种到收获，从生长时的生理特征到加工制品，都有多种体验方式。譬如园艺习作，可以体验到很多程序：选种、育苗、施肥、灌溉、修剪、除草、收获、加工处理等。劳作过程能给人带来乐趣，并学习相关知识，如对农作物习性的了解，劳动果实的采摘、储存、加工技巧和工艺等。可体验的还有很多，如农具操作：牛车、水车、风车、水磨等；特色农艺：纺线织布、剪纸、手工酿酒、土菜烹饪等。作为这种体验式经济活动的供给侧，村民还可将当地的特色文化，如歌舞艺术、婚丧嫁娶、节日庆典、仪式习俗等，在不破坏民族文化生态的前提下，加以精心的合理安排，融入体验生活中。多重的体验，将给人带来深刻的印象。教育能提供科学的知识和实际操作的技术，开拓思路，开阔眼界，提升劳动者致富能力，并且能引导贫困人口合理开发和利用资源，从而带来可持续性发展。

国务院《"十三五"促进民族地区和人口较少民族发展规划》提出要促进民族特色旅游繁荣发展。在人口较少民族地区开展美丽乡村旅游富民工程，打造集自然风光、人文景观于一体的原生态民族风情旅游目的地。扶持建设具有历史、地域、民族特点的特色景观旅游村镇，设计开发民族文化体验项目，促进文化生态旅游业发展。特色村镇民族文化保护与传承，要把"静态保护"和"活态传承"结合起来。通过教育的途径，将民族语言、文化艺术、生产技艺、节庆活动和婚丧习俗融入日常生活，传承民族记忆。教育要致力于培养村镇乡土文化能人、民族民间文化传承人、少数民族非物质文化遗产项目代表性传承人。通过民族文化进校园的活动，开展唱民族歌曲、跳民族舞蹈、演民族戏剧等文化活动，增强民族地区学校与特色村镇的文化联系，提升特色村镇的文化特色和吸引力。

西南民族地区很多地方发展体验式经济具有得天独厚的优势。大力发展第三产业和绿色经济，也是民族地区可持续发展的长久之策。将教育反贫困与自然生态保护和绿色事业有机结合起来，统一规划和部署，协调发展，是民族地区可持续发展的现实需要。因此，不能把教育反贫困仅仅当作政治任务来完成，要从教育的自觉和崇高的使命感出发，谋求民族地区的长远发展。将教育反贫困落到实处，政治手段与制度保障必不可少，而教育主体的功能发挥，也关乎事业的成败。教育反贫困作为民族发展力提升的一个重要组成部分，其丰富性的拓展需要以主体性的发挥为前提。人的生存世界的扩展，源自人的内心世界的宽广。教育者还须以自身的精神脱贫作为教育反贫困的起点。

三、以"互联网 +"助推教育反贫困

教育反贫困第一任务是解决贫困人口的教育问题，以切实有效阻断贫困代际传递；其次就是以丰富的教育形式开拓致富门路。"互联网 +"思维模式，是实现教育反贫困功能最有效的新工具。利用新工具，开拓

新局面，是反贫困斗争获得最后胜利的可靠途径。

互联互通的数字平台是涌现新智慧的最富创意的思维联结途径和方式。民族地区基础教育长期以来无法破解的难题，有可能在"互联网+"时代，因新工具的利用得以化解或消弭于无形，或可因为学习方式的改变，导致教育一切方面发生根本性的变化，从而使问题以新的形式出现。民族地区，特别是偏远贫困的农村，由于教育资源的不足加之教育者自身素质的贫乏，使现代教育同民族生活的实际和民族文化相互隔离，学校成为民族村寨的"文化孤岛"。造成学生学业成就不佳、无心向学的根本原因，说到底都来自贫困。物质的贫困、精神的贫困、教育的贫困等，造成了隐蔽的排斥。排斥是贫困的本质特点，而丰富总是与接纳、吸收、融合有着本质的关联。互联网正是以它的丰富，吸聚了一切的知识资源和智慧资源，从而提供了丰富多彩的全人类共享资源。同时，它也吸引着天生淳朴、好奇的孩子们。一个贫困地区的孩子内心拒斥听不懂的课堂和不理解的文化，却不会拒绝网络。他们向往网络，因为那里面有丰富多彩的世界，能为他们提供一切。孩子们在接触网络的过程中训练了解决复杂问题的方法及交流的技能，内心世界的丰富远远超出他们贫穷的父母。人类是地球生命演化几十亿年所涌现出来的最高智慧携带者，而成就人类的必要条件就是学习。自组织、自维生、自参考、自学习、自适应，使人的内心世界不断丰富，人的需要和能力不断增长，从而使人的适应性生存具有跨越时空和与时俱变的连续性。而被教育、被灌输、被规训则削弱和销蚀人自发的学习本性。互联网带来的学习方式的根本变革，必将使教育的一切方面发生根本性的转变。"互联网+"时代，即使当今最贫困的民族地区，这一切也都正在迅速地成为普遍的现实。

一直以来我们所使用的"教育"概念，总意味着教育者对受教育者所实施的知识与价值观的单向传递。而今，受教育者越来越多地利用网络获得知识，实质上，即使他们不是有意地通过网络学习，"不学之学"所带来的知识也远比从学校和课堂获得的要多。当今时代网络的普及，已经把青少年变成"App 一代"。[①] 这代人的学习方式就是在不断的摸索和尝试中逐渐成熟起来的。国家和各级地方政府部门已开始着手实施在贫困地区普及互联网工程计划，如何引领"App 一代"，这是教育反贫困必须迎接的挑战。教师的作用可能比以往显得更为重要，不过角色需要转换。面对纷至沓来的碎片化知识和令人眼花缭乱的信息，如何进行编码和整理，使其内化为个体未来发展有用的知识，需要教师正确引导。教师在学生个体成长的过程中，始终要发挥积极的主导作用，"以文化人"的手段和途径不同了，但本质功能未变。教师的教育智慧在互联网时代面临着向更高层次的跃迁。利用"互联网+"所提供的资源破解贫困人口的教育问题，早已不再停留于理念层面，而是要进入实践探索的过程。将贫困人口子女教育纳入一个互联互通的大世界，根除贫困才有希望。已有的实践模式如"专递课堂""名师课堂""名校网络课堂""翻转课堂"等，都是以"互联网+教育"助推反贫困斗争可以参考和借鉴的成功经验。当然，互联网时代民族地区的教育实践，还需要结合本地区的实际，探索更多新的形式。

以"互联网+"助推教育反贫困，还指利用互联网进行的扶贫教育服务，以网络通信、物联网、云计算、大数据、人工智能、学习分析、网络安全等为技术手段，针对贫困地区、贫困人口的具体情况和实际需要，提供帮助他们摆脱贫困的学习资源和快速有效的培训指导。[②] 通过

---

① 美国心理学家霍华德·加德纳把当今信息时代的年轻人称为"App 一代"（App Generation），是以数字媒体为基本生活方式的一代人。

② 陈丽：《"互联网+教育"的创新本质与变革趋势》，《远程教育杂志》2016 年第 4 期。

互联网提供的平台配置教育资源帮助贫困人口，可以利用大数据优势从庞大、零碎、分散的发展资源中，提炼并整理出适合各种不同人群的脱贫技术和方式，并利用互联网平台提供给贫困家庭，使其随时随地能凭借网络终端获得优质的致富教育资源；还可以根据扶贫对象的具体情况和致贫原因以及个性特点和差异，以个体为中心设置教育服务的内容和形式，使其能自主安排学习计划和进度，从而可以为"精准扶贫"提供教育的有效措施；互联网还为一些偏远山区的独特产品走出大山、走向世界提供了平台。这就需要利用"互联网＋教育"培训贫困人口，使其学会利用互联网平台，把握市场需求信息，结合偏远山区的生产特点组织贫困人口生产适销对路的农副产品和地方特产；通过电商平台对接市场，发布供求信息，拓宽销售渠道和农资采购渠道，降低成本，提高利润，增加收入；利用互联网进行的教育反贫困，与其他扶贫手段根本不同之处在于，它是"增能型"而不是"救济型"，它提升了"造血"功能而不是直接输血。这就等于为"反贫困"注入了生命动力。"互联网＋教育"的扶贫模式多样化，创新形式不断涌现，扶贫的内容也不断扩展，教学的效果大大提升，教育服务与学习者之间的直接交流和问题解决的实效性，都使教学的质量大大提高。"搭建远程教学站、提供地方订制的培训内容、面授＋远程＋送教的培训方式，动员全社会、东西方共同参与"的模式 ①，就是一种"互联网＋教育"开辟致富之路的有效途径，值得在民族地区推广。

近年来西南地区很多地方通过互联网找到了脱贫致富的新途径，但总体看来，偏远贫困地区的互联网运用远未达到普及的程度。这首先是基础条件和设施不具备，其次是技术能力缺乏。贫困人口文化水平低，

---

① 阎桂枝、何建宇、焦义菊：《教育扶贫的清华模式》，《北京教育（高教）》2014 年第 5 期。

缺乏互联网应用方面的知识和相关技能。这些瓶颈问题不解决，利用互联网脱贫致富就无法实现。西南很多偏远贫困地区，以往流行话语是"要想富，先修路"，今天新流行的则是"要发展，先通网"。道路的延伸是为了开发资源，是"抽血"。网络向贫困地区的延伸，旨在打通贫困地区在人流、物流、信息流、资金流等各种资源间的交流与互动，实质是注入新鲜血液以焕发生命力。所以，要彻底赢得反贫困斗争的最后胜利，首先要加大力度完善"互联网＋教育"所需的基础设施条件，这需要各级地方政府和相关部门，保证有足够的专项资金用于贫困农村宽带网络建设和使用；其次是充分利用云计算、大数据和移动互联技术，建立精准扶贫的大数据管理平台，构建教育扶贫综合信息服务体系；再次，发展农村电商和乡村旅游O2O^①，推助致富特色产业。贫困农村需要通过"互联网＋教育"培养一批"电商明白人"和"电商明白村"，带动和引领互联网经济在贫困地区的发展。

运用"互联网＋"思维模式推助教育反贫困斗争，其现实意义不仅仅限于打赢最后的脱贫攻坚战，还在于为迎接一个新时代的到来所做的一切必要准备。如前所述，互联网正在造就一个真正"万物互联"的现实世界。人工智能、机器人、物联网、无人驾驶交通工具、3D打印、纳米技术、生物技术、材料科学、能源储存、量子计算等诸多领域风起云涌的技术发明和创造，借助互联网实现跨界整合，涌现出"集成式"的突变效果，产生巨大的转型力量。教育要抓住这个重大历史机遇，帮助贫困人口获得走向未来所必需的生存技能和生活智慧，以基于底层的文化建构提升民族地区发展力，为建设公平、正义、和谐、幸福的社会作出贡献。

---

① O2O（Online to Offline）即从线上到线下。指的是来源于美国的新型电子商务模式，把线下的商务机会与互联网结合，使互联网成为线下交易的前台。

主要参考文献

1.《马克思恩格斯全集》第 3 卷，人民出版社 1960 年版。

2.《马克思恩格斯全集》第 4 卷，人民出版社 1995 年版。

3.《马克思恩格斯全集》第 31 卷，人民出版社 1998 年版。

4.《马克思恩格斯全集》第 32 卷，人民出版社 1998 年版。

5.《马克思恩格斯选集》第 1 卷，人民出版社 2012 年版。

6.《马克思恩格斯选集》第 3 卷，人民出版社 2012 年版。

7.《马克思恩格斯文集》第 1 卷，人民出版社 2009 年版。

8.《马克思恩格斯文集》第 5 卷，人民出版社 2009 年版。

9. 马克思:《1844 年经济学哲学手稿》，人民出版社 2000 年版。

10. 马克思:《资本论》（纪念版）第 3 卷，人民出版社 2018 年版。

11. 中共中央宣传部编:《习近平新时代中国特色社会主义思想学习纲要》，学习出版社、人民出版社 2019 年版。

12. 中共中央文献研究室编:《习近平关于社会主义经济建设论述摘编》，中央文献出版社 2017 年版。

13. 丁宏主编:《中国少数民族事业发展报告（2015）》，知识产权出版社 2016 年版。

14. 冯国瑞:《系统论、信息论、控制论与马克思主义认识论》，北京大学出版社 1991 年版。

15. 高占祥:《文化力》，北京大学出版社 2007 年版。

16. 韩达主编:《中国少数民族教育史》第 3 卷，广西教育出版社 1998 年版。

17.胡鞍钢主编：《地区与发展：西部开发新战略》，中国计划出版社 2001 年版。

18.雷毅：《深层生态学思想研究》，清华大学出版社 2001 年版。

19.刘勰：《文心雕龙》，上海古籍出版社 2008 年版。

20.倪胜利：《教育文化论纲》，重庆出版社 2011 年版。

21.史继中：《西南民族社会形态与经济文化类型》，云南教育出版社 1997 年版。

22.舒新城：《中国近代教育史资料》（上），人民教育出版社 1961 年版。

23.宋涛等：《传统裂变与现代化超越——西部大开发与西南少数民族生活方式变革问题研究》，民族出版社 2006 年版。

24.王鉴：《民族教育学》，甘肃人民出版社 2002 年版。

25.张公瑾：《傣族文化》，吉林教育出版社 1986 年版。

26.赵敦华：《现代西方哲学新编》，北京大学出版社 2000 年版。

27.赵世林：《傣族文化志》，云南民族出版社 1997 年版。

28.赵维森：《隐喻文化学》，西北大学出版社 2007 年版。

29.中国现代化战略研究课题组、中国科学院中国现代化研究中心编：《中国现代化报告 2014—2015——工业现代化研究》，北京大学出版社 2015 年版。

30.邹进：《现代德国教育文化学》，山西教育出版社 1992 年版。

31.[巴西] 特奥托尼奥·多斯·桑托斯：《帝国主义与依附》，杨衍永等译，社会科学文献出版社 1999 年版。

32.[比] 伊·普利高津、[法] 伊·斯唐热：《从混沌到有序》，曾庆宏、沈小峰译，上海译文出版社 1987 年版。

33.[德] 爱娃·海勒：《色彩的文化》，吴彤译，中央编译出版社 2004 年版。

34.[德] 恩斯特·卡西尔：《人文科学的逻辑》，沈晖等译，中国人民大学出版社 1991 年版。

35.[德] 弗兰克：《白银资本——重视经济全球化中的东方》，刘北成译，中央编译出版社 2013 年版。

36.［德］赫尔曼·哈肯:《协同学:大自然构成的奥秘》,凌复华译,上海译文出版社 2001 年版。

37.［德］赫尔曼·哈肯:《信息与自组织——复杂系统的宏观方法》,郭治安等译,四川教育出版社 1988 年版。

38.［德］克劳斯·施瓦布:《第四次工业革命》,李菁译,中信出版社 2016 年版。

39.［德］罗哲海:《轴心时期的儒家伦理》,陈咏明等译,大象出版社 2009年版。

40.［德］马克斯·舍勒:《人在宇宙中的地位》,陈泽环等译,上海人民出版社 1989 年版。

41.［德］乌尔里希·贝克:《风险社会》,何博闻译,译林出版社 2004年版。

42.［德］乌尔里希·贝克等:《自反性现代化》,赵文书译,商务印书馆 2001 年版。

43.［法］雅克·德里达:《马克思的幽灵:债务国家、哀悼活动和新国际》,何一译,中国人民大学出版社 1999 年版。

44.［荷］巴鲁赫·斯宾诺莎:《伦理学》,贺麟译,商务印书馆 1983 年版。

45.［荷］巴鲁赫·斯宾诺莎:《政治论》,冯炳昆译,商务印书馆 1999年版。

46.里斯本小组:《竞争的极限:经济全球化与人类未来》,中央编译出版社 2000 年版。

47.［美］刘易斯·托玛斯:《细胞生命的礼赞》,李绍明译,湖南科学技术出版社 1997 年版。

48.［美］B.格林:《宇宙的琴弦》,李泳译,湖南科学技术出版社 2002年版。

49.［美］D.洛耶:《进化的挑战:人类动因对进化的冲击》,胡恩华、钱赵华、颜剑英译,社会科学文献出版社 2004 年版。

50.［美］E.拉兹洛:《决定命运的选择:21 世纪的生存抉择》,李吟波等译,生活·读书·新知三联书店 1997 年版。

51.［美］E.拉兹洛:《用系统论的观点看世界》,闵家胤译,中国社会科学出版社 1985 年版。

52.［美］R.M.加涅:《学习的条件和教学论》,皮连生等译,华东师范大学出版社 1999 年版。

53.［美］阿尔温·托夫勒:《未来的冲击》,孟广均等译,中国对外翻译出版公司 1985 年版。

54.［美］埃里克·詹奇:《自组织的宇宙观》,曾国屏、吴彤等译,中国社会科学出版社 1992 年版。

55.［美］艾里希·弗洛姆:《健全的社会》,孙恺详译,贵州人民出版社 1994 年版。

56.［美］保罗·巴兰:《增长的政治经济学》,蔡中兴、杨宇光译,商务印书馆 2000 年版。

57.［美］亨廷顿:《现代化:理论与历史经验的再探讨》,张景明译,上海译文出版社 1993 年版。

58.［美］卡尔·萨根:《魔鬼出没的世界:科学,照亮黑暗的蜡烛》,李大光译,吉林人民出版社 1998 年版。

59.［美］罗兰·罗伯森:《全球化:社会理论和全球文化》,梁光严译,上海人民出版社 2000 年版。

60.［美］迈克尔·贝希:《达尔文的黑匣子:生化理论对进化论的挑战》,余瑾等译,重庆出版社 2006 年版。

61.［美］米歇尔·沃尔德罗普:《复杂——诞生于秩序与混沌边缘的科学》,陈玲译,生活·读书·新知三联书店 1997 年版。

62.［美］托玛斯·巴斯:《再创未来:世界杰出科学家访谈录》,李尧等译,生活·读书·新知三联书店 1997 年版。

63.［美］伊曼纽尔·沃勒斯坦:《现代世界体系》第 1 卷,郭方、刘新成、张文刚译,高等教育出版社 1998 年版。

64.［美］约翰·布里格斯、［英］F.戴维·皮特:《混沌七鉴:来自易学的永恒智慧》,陈忠、金纬译,上海科技教育出版社 2001 年版。

65.[美] 约翰·杜威:《民主主义与教育》,王承绪译,人民教育出版社1990年版。

66.[美] 约翰·霍兰:《涌现:从混沌到有序》,陈禹等译,上海科学技术出版社2001年版。

67.[英] 阿雷恩·鲍尔德温等:《文化研究导论》,陶东风等译,高等教育出版社2004年版。

68.[英] 阿诺德·汤因比:《历史研究》,曹风等译,上海人民出版社1966年版。

69.[英] 爱德华·泰勒:《原始文化》,蔡江浓译,浙江人民出版社1988年版。

70.[英] 安东尼·吉登斯:《现代性的后果》,田禾译,译林出版社2000年版。

71.[英] 伯特兰·罗素:《西方哲学史》下卷,马元德译,商务印书馆2001年版。

72.[英] 拉尔夫·斯泰西:《组织中的复杂性与创造性》,宋学锋、曹庆仁译,四川人民出版社2000年版。

73.[英] 理查德·道金斯:《自私的基因》,卢允中等译,吉林人民出版社1998年版。

74.[英] 马丁·阿尔布劳:《全球时代:超越现代性之外的国家和社会》,高湘泽、冯玲译,商务印书馆2001年版。

后　记

　　本书根据教育部重点文科基地重大项目"西南民族地区发展力教育提升研究"的最后成果撰写。研究利用了教育部人文社会科学重点研究基地——西南民族教育与心理研究中心提供的平台。该中心在西南广大民族地区，选取了一批有代表性的村落，建立了集田野考察、资料收集、学术研究、信息交流、跟踪监测、网络建设、教学及实验等为一体的立体和网状的田野工作站，为实地考察提供了方便条件。研究中所使用的有关西南民族地区的资料，部分来自课题组研究人员的田野考察，部分来自该中心资料库历年来积累的各种文献。

　　课题研究历时三年，其间课题组人员多次深入西南民族地区，通过问卷、访谈、观察及参与式研究，获得了丰富的一手资料，撰写了多篇调研报告，为了解西南各少数民族自然人文现状及历史文化，认识民族生存和发展的现实，发现要解决的突出问题，思考和探索西南民族地区可持续发展的现实路径，提供了真实可靠的参考资料和研究依据。

　　书稿撰写的过程中，博士研究生吴占杰、李虹汛，硕士研究生何元凯、陈贵林、李亚如、陈雪梅、彭娟、赵洋洋、黄莉君等，在课题调研、资料搜集、书稿校对等方面付出了艰辛的劳动。在此，特向为本书出版作出贡献的所有参与者致以衷心的感谢！

倪胜利

2021 年 8 月